Arnold Bittlinger

**Das Geheimnis
der christlichen Feste**

Arnold Bittlinger

Das Geheimnis der christlichen Feste

Astrologische und tiefenpsychologische Zugänge

Kösel

Von Arnold Bittlinger bei Kösel:

Heimweh nach der Ewigkeit
Tiefenpsychologische Meditationen zum christlichen Glauben

»Das Buch ist ein freundlicher, fröhlich machender Begleiter auf dem Weg zu einem reifen und heilenden Glauben.«
Reformiertes Forum

Das Vaterunser
Erlebt im Licht von Tiefenpsychologie und Chakrenmeditation

Dieses Buch öffnet den Horizont für ein befreiendes und größeres Christentum.

ISBN 3-466-36425-6
© 1995 by Kösel-Verlag GmbH & Co., München
Printed in Germany. Alle Rechte vorbehalten
Druck und Bindung: Kösel, Kempten
Umschlag: Elisabeth Petersen, Glonn
Umschlagmotive: oben: »Die Welt aus der Sicht Gottes« (Ausschnitt), aus: »Das Buch des Himmels und der Erde«, Bibliothèque Nationale, Paris; unten: Darstellung der Planeten und des Tierkreises von Johannes de Scarabosco (Ausschnitt, 16. Jhdt.), The Pierpont Morgan Library, New York
1 2 3 4 5 · 99 98 97 96 95

Gedruckt auf umweltfreundlich hergestelltem Werkdruckpapier (säurefrei und chlorfrei gebleicht)

Inhalt

Vorwort

Für viele Menschen sind die christlichen Festzeiten zu einer Verlegenheit geworden. Sie wissen nicht, was sie damit anfangen sollen. So ist z.B. die Familie, die sich in der Adventszeit allabendlich um den Adventskranz versammelt, adventliche Lieder singt und eine Adventsverheißung betrachtet (so wie ich dies noch in meinem Elternhaus erlebt habe), zu einer Seltenheit geworden. Die altvertrauten Symbole der christlichen Festzeiten reden nur noch zu wenigen Menschen.

Mich bewegt deshalb seit langem die Frage: Wie können wir einen neuen Zugang zu den Festzeiten des Kirchenjahres finden? Wie können die mit den christlichen Festzeiten verbundenen Symbole, Bilder und Texte so belebt werden, daß wir ihre verwandelnde Kraft in unserem Leben erfahren? Ich denke, daß uns die Tiefenpsychologie bei der Beantwortung solcher Fragen eine wesentliche Hilfe sein kann. Für die Tiefenpsychologie – insbesondere für die Analytische Psychologie, wie sie C.G. Jung gelehrt hat – sind nämlich Symbole innerseelische Bilder, die heilend und verwandelnd wirken können. Zu solchen Bildern gehören auch die faszinierenden Symbole der Sterne mit ihren Tierkreiszeichen und Planetengestalten. Diese Symbolsprache prägt und durchzieht das ganze Kirchenjahr und nimmt die Festzeiten und den feiernden Menschen mit hinein in eine geheimnisvolle und doch so nahe Welt. So begegnen uns in den vier Sonntagen des Advent die den Tierkreis prägenden vier Elemente und in der Karwoche die sieben Planeten, die gleichzeitig Urbilder der sieben Wochentage sind. Im Stern von Bethlehem begegnet uns eine symbolträchtige Sternenkonjunktion und in den Edelsteinen der Himmelsstadt die vom Christuslicht durchstrahlten und zur Reife gekommenen Weltzeitalter.

Wenn wir diese Symbole auf unsere Seele wirken lassen, geschieht ein doppeltes: Wir begegnen einerseits den archetypischen Bildern, die uns auf unserem individuellen Weg zur Ganzheit hilfreich begleiten, andererseits nehmen uns die Symbole hinein in die überindividuelle kosmische Wirklichkeit, in der wir ebenfalls beheimatet sind. Vor allem jedoch begegnet uns in allen Symbolen das zentrale Urbild, das hinter allen archetypischen Bildern und Gestalten steht: Jesus Christus. Er begegnet uns nicht nur als der »kosmische Christus«, der »das All in allem erfüllt« (Epheser 1,23), sondern auch als der »Christus in uns«, als unser wahres Selbst.

Es ist das Anliegen dieses Buches, daß uns dieser Christus mehr und mehr erfüllt und uns der Ganzheit entgegenführt.

Zürich, Pfingsten 1995   *Arnold Bittlinger*

Die Adventszeit

Symbolik des Adventskranzes

Das Kirchenjahr beginnt mit der Adventszeit. Das uns vertrauteste Symbol dieser Zeit ist der Adventskranz:
In einer schematischen Darstellung ist der Adventskranz ein Doppelkreis mit vier Eckpunkten, den vier Kerzen:

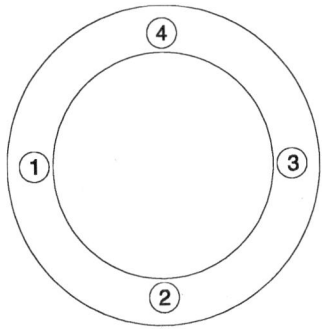

Wenn wir die vier Eckpunkte durch Linien miteinander verbinden, dann haben wir die Grundform eines Mandala, nämlich die Verbindung von Kreis und Quadrat:

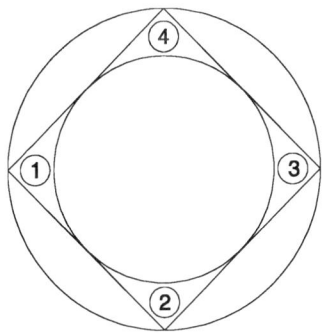

9

Was bedeutet ein solches Mandala? Es ist ein Ganzheitssymbol, d.h. eine Vereinigung der Gegensätze. Das Eckige (Quadrat) und das Runde (Kreis) sind zu einer Einheit verbunden.

Das Quadrat ist Ausdruck der *irdischen Ganzheit*, die durch die Vier gekennzeichnet ist. So teilen wir den *Raum* in vier Himmelsrichtungen ein, die *Zeit* in vier Jahreszeiten, die *Materie* in vier Elemente und die menschliche *Psyche* in die vier Temperamente und ihre Entsprechungen.[1]

Der Kreis dagegen ist Ausdruck der *himmlischen*, ewigen Ganzheit, die ohne Anfang und ohne Ende ist.[2]

Im Adventskranz-Mandala sind die beiden Wirklichkeiten vereinigt: das Irdische und das Himmlische, das Endliche und das Unendliche, das Zeitliche und das Ewige. Der Adventskranz ist somit Abbild einer Ganzheit, die alles umgreift.

Wir können uns das noch weiter verdeutlichen, wenn wir die vier Eckpunkte mit den vier Elementen verbinden:

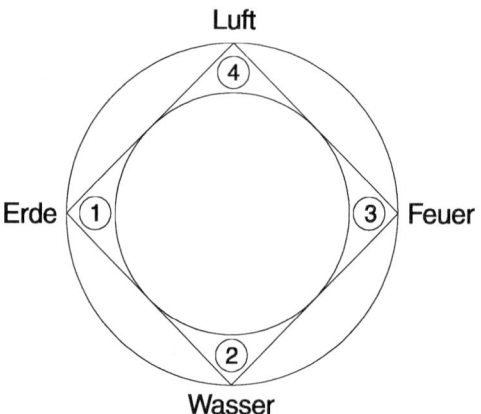

Im 6. Jh. v. Chr. schaute der Prophet Ezechiel in einer Vision die vier Elemente folgendermaßen:

> Ich sah, wie ein gewaltiger WIND kam
> und eine große WOLKE
> und loderndes FEUER
> und mitten im Feuer blinkendes ERZ.[3]

Wind, Wolke, Feuer, Erz – in diesen Namen begegnen uns die vier Elemente Luft, Wasser, Feuer, Erde. Die Luft als gewaltiger Wind, das Wasser als große Wolke, das Feuer als lodernde Flamme und die Erde als blinkendes Erz. Und inmitten dieser vier Elemente schaut der Prophet Ezechiel vier lebende Wesen. Er schreibt:

Ihre Gesichter sahen so aus:

vorne: ein *Menschen*gesicht
auf der rechten Seite: ein *Löwen*gesicht
auf der linken Seite: ein *Stier*gesicht
und hinten: ein *Adler*gesicht.[4]

Wenn wir uns vorstellen, daß ein solches Wesen so in unserem Mandala steht, daß das Menschengesicht nach oben (nach »vorn«) schaut, dann ist das Adlergesicht »hinten«, während das Löwengesicht zur Rechten und das Stiergesicht zur Linken ist:

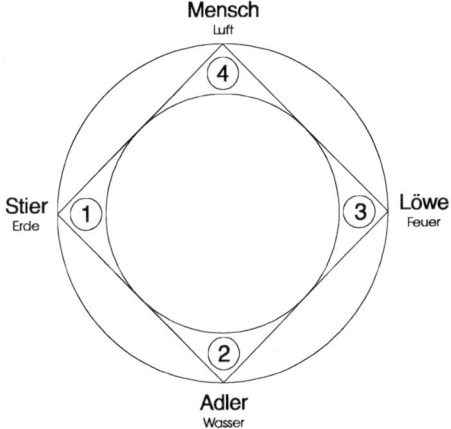

Diese vier Gesichter sind den vier Elementen zugeordnet. Nach uralter Symbolik gehört zur Erde das Stiergesicht, zum Wasser das Adlergesicht, zum Feuer das Löwengesicht und zur Luft das Menschengesicht.[5] Diese vier Gesichter drücken etwas vom

Wesen Gottes aus. Wie das Wesen eines Künstlers in seinen Kunstwerken erkannt werden kann, so kann das Wesen Gottes in seiner Schöpfung erkannt werden – auch in den vier Elementen Erde, Wasser, Feuer, Luft und in den dazugehörenden Gesichtern: Stier – Adler – Löwe – Mensch.

Diese vier Gesichter Gottes können wir den vier Adventssonntagen zuordnen. Das ist *eine* Möglichkeit, der Adventszeit eine neue Symbolkraft zu verleihen.

Ich hatte Gelegenheit, dieses Modell in einigen Radiosendungen einem größeren Personenkreis vorzustellen, und war erstaunt, wie stark das Echo auf diese Sendungen war. Ganz offensichtlich redet die uralte Symbolik der vier Elemente und die mit ihr verbundene Tierkreis-Symbolik heute in neuer Weise zu vielen Menschen. Die alten Symbole sind gewissermaßen von den Toten auferstanden.[6]

Vier Sonntage im Advent – vier Gesichter Gottes

1. Sonntag im Advent – Tag der Erde

Der erste Sonntag im Advent ist der Tag der Erde. Am 1. Advent zünden wir eine Kerze an. Die eine Kerze ist Symbol für die Einheit alles Geschaffenen. Sie redet von der einen Erde, der wir alle entstammen und zu der wir alle zurückkehren. Die Erde ist unsere Mutter.

Das Evangelium, das in der frühen Christenheit – besonders in Rom – dem 1. Adventssonntag zugeordnet war und das heute noch in der Evangelischen Kirche am 1. Advent gelesen wird, ist die Erzählung vom Einzug Jesu in Jerusalem:

Als sie nach Betphage an den Ölberg kamen, sagte Jesus zu seinen Jüngern: Gehet in das Dorf, das vor euch liegt. Dort werdet ihr sogleich eine Eselin angebunden finden und ein Füllen bei ihr. Bindet sie los und bringt sie mir … Die Jünger taten, wie Jesus ihnen aufgetragen hatte und brachten die Eselin und das Füllen, legten ihre Mäntel darüber und Jesus setzte sich darauf. Eine große Menschenmenge aber breitete ihre Kleider auf dem Weg aus, andere hieben Zweige von den Bäumen und streuten sie auf den Weg.[7]

In dieser Erzählung ist von einem Berg die Rede, von Bäumen und Zweigen, von einer Eselin mit ihrem Füllen und von der Volksmenge. Es ist also vom Mineralreich die Rede, vom Pflanzen- und Tierreich und vom Menschen – ein Bild der von Gott erschaffenen und belebten Erde. Und in der Mitte Jesus, der auf einer Eselmutter reitet – ein Bild des mütterlichen, mit seiner Schöpfung verbundenen Gottes.

Zur Erde gehört seit alters das Symbol des Stieres. Sprachlich erinnert das Wort Stier an »starr« und »stur«. Der Stier symbolisiert die starre und sture Beharrlichkeit der Erde. Das

Stiergesicht offenbart somit das beharrliche und zuverlässige Erd-Gesicht Gottes, des Gottes, der gesagt hat:

»Solange die Erde besteht soll nicht aufhören Saat und Ernte, Frost und Hitze, Sommer und Winter, Tag und Nacht.«[8]

Dieser beharrliche, zuverlässige Gott wird in der Bibel manchmal mit einem Felsen verglichen. So wird er z.B. »Fels des Heils« genannt oder »der Fels deiner Stärke« oder »der ewige Fels«.[9]

Auch Berge werden in der Bibel mit Gott in Verbindung gebracht, so z.B. beim Propheten Daniel, wo Gottes Herrschaft mit einem Berg verglichen wird, der die ganze Erde erfüllt,[10] oder in Psalm 121, wo es heißt:

»Ich hebe meine Augen auf zu den Bergen. Woher kommt mir Beistand? Mein Beistand kommt von Gott, der Himmel und Erde gestaltet.«[11]

Auch im Evangelium des 1. Advents ist von Bergen die Rede. Jesus kommt vom Öl-Berg herab und reitet hinauf zum Berg Zion, dem Berg, auf dem der Tempel steht.

Der Berg ist Symbol für das bergende, mütterliche Gesicht Gottes, des Gottes, der gesagt hat:

»Ich will euch beistehen wie einem seine Mutter beisteht.«[12]

Oder:

»Kann auch eine Frau ihres Kindleins vergessen, daß sie sich nicht erbarme über den Sohn ihres Leibes? Und ob sie seiner vergäße, so will ich doch deiner nicht vergessen.«[13]

Das Element Erde und das damit verbundene Stier-Gesicht sind Symbole des zuverlässigen mütterlichen Gottes.

Der Erd-Aspekt Gottes kommt in einer russischen Ikone, die den Einzug Jesu in Jerusalem darstellt, besonders deutlich zum Ausdruck.[14]

Jesus sitzt im »weiblichen« Seitensitz auf dem Reittier[15], hinter ihm erhebt sich ein gewaltiger Felsenberg. Im Schutze dieser »bergenden« Mütterlichkeit tummeln sich Kinder: Drei Kinder schneiden auf den Bäumen Zweige ab, drei Kinderpaare umringen das mütterliche Reittier: Die beiden rechts empfangen Jesus in festlichen Kleidern[16], die beiden in der Mitte breiten

Tücher auf den Weg, während die beiden links mit sich selber beschäftigt sind. Hier ist das beliebte hellenistische Motiv des Dornausziehers aufgegriffen. Im Unterschied zum hellenistischen Vorbild, wo der Dornauszieher sich selber den Dorn entfernt, zieht auf der Ikone ein Kind dem anderen den Dorn aus dem Fuß – ein möglicher Hinweis darauf, daß die »Erde« zwar verletzt, aber im Umkreis Jesu auch Hilfsbereitschaft weckt.[17]

2. Sonntag im Advent – Tag des Wassers

Der zweite Sonntag im Advent ist der Tag des Wassers. Am 2. Advent zünden wir zwei Kerzen an. Die Zahl zwei ist Symbol für die Gegensatzstruktur alles Geschaffenen. In einem Evangelientext, der dem 2. Advent zugeordnet ist, begegnet uns das Element Wasser. Auch von einer Wolke ist die Rede – wie in der Vision des Ezechiel:

>*»Das Meer wird donnern und toben*
>*Man wird den Menschensohn*
>*in einer Wolke kommen sehen.«*[18]

Die Wolke als Symbol Gottes begegnet uns auch an anderen Stellen der Bibel, z.B. beim Zug des Volkes Israel durch die Wüste, wo Gott in Gestalt einer Wolke dem Volke voranzieht oder über der Stiftshütte lagert.
Auch mit Wasser wird Gott in Verbindung gebracht, z.B. am Anfang der Johannes-Offenbarung:

>*»Seine Stimme war wie starkes Wasserrauschen.«*[19]

Während das Erd-Element die bergende Mütterlichkeit und Zuverlässigkeit Gottes zum Ausdruck bringt, kennzeichnet das Wasser-Element den nicht faßbaren Gott, der uns manchmal hell und belebend, manchmal jedoch dunkel und bedrohlich erscheint. Wasser bringt die Gegensatzstruktur Gottes zum

Ausdruck. Das wird auch am Symbol des Adlers deutlich, der dem Wasser zugeordnet ist.

Was haben Adler und Wasser miteinander zu tun? Der Adler ist doch kein Wasser-Vogel! Nein, das ist er nicht. Aber darum geht es auch gar nicht, sondern es geht um das, was beiden gemeinsam ist – und das ist die *Gegensatz-Struktur*.

Der Adler ist einerseits ein Raubtier und wird deshalb mit dem Skorpion und mit der Schlange in Verbindung gebracht, andererseits gilt er als König der Vögel, der dem Himmel nahe ist.

Dieser Doppelaspekt wird auch durch das Wasser zum Ausdruck gebracht. Wasser ist auf der einen Seite todbringend, z.B. beim Untergang von Schiffen oder bei Überschwemmungen, auf der anderen Seite jedoch lebenspendend, z.B. als Trinkwasser und als erquickender Regen.

Es verwundert deshalb nicht, daß der Bericht über den im Wasser des Jordan taufenden Johannes ebenfalls zu den Texten gehört, die am 2. Adventssonntag gelesen werden.[20] Das Untertauchen im Wasser ist Symbol für das Sterben und den Tod, das Auftauchen aus dem Wasser ist Symbol für die Auferstehung und das Leben. In der Taufe Jesu wird das Adler-Gesicht Gottes besonders deutlich. Gott offenbart sich einerseits als der helle Gott, der vom Himmel herabruft:

»Dies ist mein lieber Sohn, an dem ich Wohlgefallen habe«

und andererseits als der dunkle Gott, der Jesus in die Wüste treibt, damit er vom Teufel versucht wird.[21]

Und so heißt es in einem Adventslied von Jochen Klepper:

»Gott will im Dunkel wohnen und hat es doch erhellt.«[22]

Das Adler-Gesicht ist Symbol des verborgenen und rätselhaften Gottes, dessen Tun uns unbegreiflich ist. Das Adlergesicht ist das *hintere* Gesicht Gottes – das Gesicht, das unseren Augen verborgen ist.

Der Wasser-Akpekt Gottes wird in einer griechischen Ikone der Taufe Jesu[23] deutlich zum Ausdruck gebracht (siehe Seite 19). Besonders eindrücklich weist der gespaltene Felsen auf die Polarität hin. Jesus steht in der Mitte zwischen dem taufenden Johannes auf der linken Seite, dessen Geste das *Unter*tauchen symbolisiert, und den Engeln auf der rechten Seite, die ihre himmlischen Gewänder für den *auf*tauchenden Jesus bereithalten.

Auf der linken Seite – zu Füßen Jesu – sitzt der personifizierte Jordan, ein Motiv, das an die antiken Flußgötter erinnert. Über dem Haupt Jesu erblicken wir den Strahl des Gottesgeistes, der in Jesus Wohnung nimmt und ihn dadurch in die Zwiespältigkeit des geisterfüllten Menschen treibt.[24]

3. Sonntag im Advent – Tag des Feuers

Der dritte Sonntag im Advent ist der Tag des Feuers. Am 3. Advent zünden wir drei Kerzen an. Drei ist die Zahl der Bewegung, die ihren eindrücklichsten Ausdruck im lodernden Feuer findet.

In einem der Evangelien-Texte, der dem 3. Advent zugeordnet ist, weist Johannes der Täufer auf Jesus hin mit den Worten:

»Ich taufe euch mit Wasser. Es kommt aber einer, der stärker ist als ich, … der wird euch mit dem Heiligen Geist und mit Feuer taufen.«[25]

Zum Wasser des 2. Advent kommt am 3. Advent das Feuer. Feuer und Wasser gehören zusammen. Feuer und Wasser sind als dynamische Polarität Ausdruck der Ganzwerdung des Menschen. So spielt z.B. in Mozarts »Zauberflöte« der Gang durch Feuer und Wasser die entscheidende Rolle bei der Einweihung von Tamino und Pamina.[26] Mann und Frau müssen sich im Wasser und im Feuer bewähren.

Auch in der Bibel begegnet uns die Polarität von Wasser und Feuer. So lesen wir z.B. beim Propheten Jesaja:

»Wenn du durchs Wasser gehst, will ich bei dir sein, daß dich die Ströme nicht ersäufen, und wenn du durchs Feuer gehst, sollst du nicht verbrennen.«[27]

Im Buch der Psalmen wenden sich die Geretteten an Gott und sprechen:

»Wir sind in Feuer und Wasser geraten, aber du hast uns herausgeführt und erquickt.«[28]

Wenn also im Evangelium des 3. Advents von der Taufe mit Wasser und Feuer die Rede ist, dann geht es hier um die Erfahrung der Ganzheit, um die Begegnung mit dem dunklen und dem hellen Gott, mit dem ganzheitlichen Gott, der unser Vater und unsere Mutter ist. Während am 2. Adventssonntag die Gegensätze im Unbewußten, d.h. im Nacheinander erfahren werden, begegnen sie uns am 3. Adventssonntag im Miteinander. Das bedeutet, daß das, was verborgen ist, durch das Feuer ans Licht gebracht wird. Taufe in Wasser und Feuer bedeutet, daß Altes in den Tod gegeben wird und Neues aufersteht. Was ist das Alte, das in den Tod gegeben werden soll? Es sind zunächst alle Einseitigkeiten, dann aber auch die falschen und lebenshemmenden Gewohnheiten, die sich in unserem Leben eingeschliffen haben. Und schließlich ist es auch das einstmals Gute und Bewährte, das jedoch unterdessen verbraucht und ausgeleiert ist. All das gilt es in den Tod zu geben, damit Neues aufersteht. Taufe mit Wasser und Feuer bedeutet die Vereinigung der Gegensätze. Menschwerdung geschieht dort, wo in uns das Himmlische und das Irdische, das Bewußte und das Unbewußte, das Männliche und das Weibliche vereinigt werden.

Feuer ist Symbol für den dynamischen Aspekt Gottes. Im Unterschied zum mütterlichen Erd-Symbol ist das Feuer Symbol des väterlichen Gottes. Im Unterschied zum dunklen Wasser-Symbol und zur verbergenden Wolke symbolisiert das Feuer den hellen Gott, der sich offenbart.

Gott wird auch sonst in der Bibel mit dem Feuer in Verbindung gebracht. So geleitet er z.B. das Volk Israel in der Nacht in Gestalt einer Feuer-Säule durch die Wüste. Er wird auch als ein »verzehrendes Feuer« bezeichnet:

»Die Herrlichkeit des ewigen Gottes war anzusehen wie ein verzehrendes Feuer.«[29]

»Der ewige Gott ist ein verzehrendes Feuer.«[30]

Dieses »verzehrende Feuer« verzehrt alles, was unser Leben verfremdet und zerstört.

Gott handelt durch sein Wort. Der Feueraspekt Gottes wird deshalb auch auf sein Wort übertragen. So sagt Gott:

»Ist mein Wort nicht wie ein Feuer und wie ein Hammer, der Felsen zerschmeißt?«[31]

Das Feuer begegnet uns besonders im Bild der Sonne, dem mythologischen Ursprung des Feuers,[32] und so ist es nicht verwunderlich, daß Gott auch mit der Sonne in Verbindung gebracht wird, z.B.:

»Der ewige Gott ist Sonne und Schild.«[33]
»Die Augen des ewigen Gottes sind heller als die Sonne.«[34]

Und von Christus heißt es:

»Sein Angesicht leuchtete wie die helle Sonne.«[35]

4. Sonntag im Advent – Tag der Luft

Der vierte Sonntag im Advent ist der Tag der Luft oder des Geistes. Am 4. Advent zünden wir vier Kerzen an. Die Vier ist eine Ganzheitszahl. Sie steht für die vier Himmelsrichtungen Nord, Süd, Ost und West oder für die vier Jahreszeiten Frühling, Sommer, Herbst und Winter oder auch für die vier Elemente Erde, Wasser, Feuer, Luft. Die Vier weist somit hin auf die ganze oder heile Schöpfung.

Dem 4. Advents-Sonntag ist das Evangelium von der Ankündigung der Geburt Jesu zugeordnet. Der Engel Gottes sagt zu Joseph im Traum:

> *»Joseph, du Sohn Davids,*
> *fürchte dich nicht,*
> *Maria als deine Frau zu dir zu nehmen,*
> *denn was sie empfangen hat,*
> *das hat sie vom Heiligen Geist empfangen.*
> *Sie wird einen Sohn gebären, den sollst du Jesus nennen,*
> *denn er wird sein Volk heil machen.«*[36]

Engel sind »Wind-Götter«.[37] Sowohl im Alten als auch im Neuen Testament ist das Wort für Wind identisch mit dem Wort für Geist.

Dem Propheten Elia begegnet Gott in einem sanften, stillen Sausen,[38] und an Pfingsten kommt Gottes Geist in einem gewaltigen Sturmwind.[39]

In der Vision des Ezechiel wird der Luft- oder Geist-Aspekt Gottes durch das Gesicht eines Menschen dargestellt. Das erinnert an das Evangelium des 4. Advents, wo gesagt wird, daß der *Mensch* Jesus aus dem *Geist* geboren ist:

> *»Was Maria empfangen hat, das hat sie vom Heiligen Geist empfangen. Sie wird einen Sohn gebären, den sollst du Jesus nennen.«*[40]

In der Gestalt des Jesus von Nazareth zeigt Gott sein Angesicht von vorn. Im Menschen Jesus hat sich Gott am vollkommensten geoffenbart – in ihm zeigt er sein eigentliches Wesen. Bei dieser Menschwerdung Gottes durch den Geist spielen Engel eine besondere Rolle – sowohl bei der Ankündigung an Maria[41] als auch bei der Mitteilung an Joseph[42] als auch bei der Geburt Jesu[43]. Immer wieder kommen Engel vor.

Engel begegnen uns schon in den ältesten Kulturen.[44] Sie sind alles andere als harmlose Flügelwesen. So meint C.G. Jung: »Die Begegnung mit den Engeln hat dämonische Qualität. Als Grenzerlebnis ist es ein Erlebnis auf Gedeih und Verderb. Entweder findet ein Mensch zu seinem geistigen Schicksal, oder er zerbricht daran.«[45]

Und Rainer Maria Rilke schreibt:

> »Jeder Engel ist schrecklich.
> Und dennoch, weh mir, ansing ich euch,
> fast tödliche Vögel der Seele,
> wissend um euch.
> Wohin sind die Tage Tobiae,
> da der Strahlendsten einer
> stand an der einfachen Haustür,
> zur Reise ein wenig verkleidet
> und schon nicht mehr furchtbar...
> Träte der Erzengel jetzt, der gefährliche,
> hinter den Sternen
> eines Schrittes nur nieder und herwärts:
> hoch aufschlagend erschlüg' uns
> das eigene Herz...«[46]

Die Begegnung der Maria mit dem Engel Gabriel, der die Geburt Jesu ankündigt, wird sowohl auf den Ikonen der Ostkirche als auch auf abendländischen Bildern häufig dargestellt. Dabei ist eine Entwicklung in der Tätigkeit der Maria festzustellen: Im Protevangelium des Jakobus werden zwei Engelsbegegnungen überliefert, eine am Brunnen[47] und eine in der Stube:

23

»Maria nahm den Krug und ging hinaus, um Wasser zu schöpfen. Und siehe, eine Stimme sprach: ›Sei gegrüßt, du Begnadigte unter den Frauen.‹ Und sie schaute sich nach rechts und links um, woher die Stimme komme, und sie erbebte. Und dann ging sie zurück in ihr Haus, stellte den Krug ab, nahm den Purpur, setzte sich damit auf ihren Stuhl und spann ihn aus. Und siehe, ein Engel des Herrn stand plötzlich vor ihr und sprach: ›Fürchte dich nicht, Maria, denn du hast Gnade gefunden vor dem Allmächtigen und wirst aus seinem Wort empfangen.‹ Als sie das hörte, zweifelte sie bei sich selbst und sprach: ›Ich sollte empfangen vom Herrn, dem lebendigen Gott, und gebären, wie jede Frau gebiert?‹ Und der Engel des Herrn sprach: ›Nicht so, Maria, Kraft des Höchsten wird dich überschatten, darum wird auch das, was aus dir geboren wird, heilig, Sohn des Höchsten genannt werden, und du sollst seinen Namen Jesus (›Rettung‹) heißen, denn er wird sein Volk von seinen Sünden retten.‹ Und Maria sprach: ›Siehe, ich bin die Magd des Herrn vor ihm; mir geschehe nach seinem Wort.‹«[48]

Da Maria nach dem Protevangelium des Jakobus Purpurfäden für den Tempelvorhang spinnt,[49] wird sie auf den Ankündigungsbildern der Ikonenmalerei in der Regel mit einer Spindel dargestellt, so z.B. auf einer Byzantinischen Ikone aus dem 15. Jahrhundert.[50] (Siehe Seite 25)

Beim Spinnen wird unbearbeitetes Rohmaterial durch Drehen der Spindel zu Garn gezwirnt, d.h. Ungestaltetes wird gestaltet, Unbewußtes wird bewußt. Der »rote Faden«, den Maria spinnt, erinnert an den roten Faden, der sich durch jedes Menschenleben zieht, der jedoch oft erst hinterher erkannt wird.[51]

In der Antike waren es die Schicksalsgöttinnen, die den Lebensfaden der einzelnen Menschen gesponnen haben.[52]

Und so wird Maria gelegentlich auch als Schicksalsgöttin dargestellt, z.B. auf einem Fresko aus dem 12. Jahrhundert.[53]

In einem ostkirchlichen Hymnus an Maria heißt es:

»Wie aus Fäden, in Meerpurpur getaucht, ward das geistige Purpurgewand des Immanuel drinnen in deinem Schoß gewebt.«[55]

Daß dieses Kind Symbol ist für das innere göttliche Kind, das in uns allen geboren werden will, wird deutlich an einer russischen Ikone[56], auf der das Kind nicht in der Gebärmutter, sondern im Herzen entsteht. (Siehe Seite 27)

Die Entstehung des Kindes ist verbunden mit der Botschaft des Engels. Psychologisch kann diese Botschaft als »Einfall« oder als »Intuition« gedeutet werden, die uns »beschwingt« und »beflügelt«[57]und die Entstehung des inneren Kindes bewirkt. Helene Hoerni-Jung versteht die Botschaft des Engels als ein Ergriffensein und Erfülltsein von einem inneren Auftrag, als ein Müssen, das sich mit der Vernunft allein nicht erklären läßt: »Wie ein Same keimt und reift ein solcher Ein-Fall

in unserer Seele. Eines Tages nimmt er Gestalt an und tritt als Tat, Werk, Aufgabe oder Verpflichtung ans Tageslicht, wie das Kind aus der Mutter... Es ist der leise Engels-Spruch, den es zu vernehmen gilt, hat er doch stets mit dem Sinn unseres je eigenen Lebens zu tun.«[58]

27

Nach C.G. Jung ist Jesus Christus der Archetyp des Selbst, das sich u.a. auch im Bilde des Kindes bemerkbar macht: »Man erfährt das Selbst als Lebendigkeit spendende Kraft in sich. Diese wirkt helfend und heilend. Der Vorstoß zu dieser inneren Quelle ist immer ein erschütterndes und tief religiöses Erlebnis, das uns zu unserer bestmöglichen Entfaltung antreibt.«[59]

Auf manchen Verkündigungs-Ikonen wird Maria mit einer abwehrenden Handhaltung gemalt. Dadurch wird ihr Zweifel ausgedrückt. Bei einem inneren Impuls oder »Einfall« hat der Zweifel eine wichtige Funktion. Er bewahrt vor dem Abheben. »Nur wer zweifelt, kommt zur rechten Einsicht.«[60]

Auf anderen Ikonen dagegen, in denen das Kind in Maria bereits sichtbare Gestalt angenommen hat, fehlt diese Zweifelsgeste. Im Gegenteil, auf der Ikone aus dem 12. Jahrhundert[61] hält Maria ihre rechte Hand schützend vor das werdende Kind.

Es ist nun interessant, wie sich die Bildinhalte im Laufe der Kunstgeschichte weiterentwickelt haben.

Auf Leonardo da Vincis Erstlingsbild[62] ist Maria nicht mit Spinnen beschäftigt, sondern mit Weben. Sie sitzt an einem Webrahmen:

Auch das »Weben« bringt zum Ausdruck, daß etwas Neues entsteht, und zwar durch den Impuls Gottes, in dem wir »leben und *weben*«.[63]

Auf dem bekannten Verkündigungsbild des Matthias Grünewald[64] ist Maria weder mit Spinnen noch mit Weben beschäftigt, sondern mit Lesen. Sie sitzt vor einem Buch und liest die göttliche Verheißung:

»Siehe, eine Jungfrau wird schwanger werden und einen Sohn gebären, den wird sie Immanuel nennen.«[65]

Durch das Buch wird zum Ausdruck gebracht, daß die Geburt des göttlichen Kindes durch das göttliche *Wort* geschieht.[66] Maria hält dem Engel außerdem ihr *Ohr* hin, damit das Verheißungswort befruchtend in sie eindringe. Nach einer im Mittelalter verbreiteten Auffassung geschah die Empfängnis des göttlichen Kindes durch das Ohr.[67]

Bei Grünewald kommt, im Unterschied zu den bisherigen Verkündigungsdarstellungen, der Engel von rechts (vgl. geg. S. 88).

Eine Weiterentwicklung und Zusammenfassung der bisherigen Verkündigungsszenen begegnet uns bei El Greco.[68] (Siehe Seite 30)

Bei El Greco kommt der Engel – wie bei Grünewald – ebenfalls von rechts, und Maria sitzt – wie bei Grünewald – vor einem Buch. Zu ihren Füßen steht jedoch ein Nähkörbchen mit einer Schere – eine Weiterentwicklung des »Spinnens« und »Webens«.

Sowohl bei Grünewald als auch bei El Greco kommt im wehenden Engelsgewand und in der eindrücklichen Darstellung der Geistes-Taube der Luft-(= Geist)-Charakter des Verkündigung-Vorganges besonders deutlich zum Ausdruck und damit die Botschaft, daß die *Mensch*-Werdung des göttlichen Kindes durch den *Geist* geschieht.

29

Kehren wir zurück zu den vier Gesichtern Gottes, die uns im Adventskranz begegnen. Im *Menschen* Jesus von Nazareth zeigt Gott sein Angesicht von vorne. Es ist das menschliche Angesicht Gottes. In Jesus hat Gott sich am vollkommensten geoffenbart, da zeigt er sein eigentliches Wesen. Jesus sagt: »Wer mich sieht, der sieht den Vater.«[69]

In Jesus von Nazareth begibt sich Gott hinein in unsere irdische Wirklichkeit. Als Abbild Gottes offenbart Jesus in seinem Leben und Wirken alle vier Gesichter Gottes, jedoch nicht als Vision wie bei Ezechiel, sondern als leibhaftige Anschauung:

☐ Sein bewahrend-mütterliches *Erd*-Gesicht malt uns besonders der Evangelist *Lukas* vor Augen. Ihm ist deshalb das Symbol des *Stieres* zugeordnet.

☐ Sein geheimnisvolles, hintergründiges *Wasser*-Gesicht begegnet uns vor allem bei *Johannes*. Ihm wird deshalb das Symbol des *Adlers* zugeordnet.

☐ Sein dynamisch-väterliches *Feuer*-Gesicht erkennen wir besonders *im Markus*-Evangelium. Zu ihm gehört deshalb der *Löwe*.

☐ Das Gesicht des aus dem *Geist* geborenen Immanuel zeigt uns vor allem *Matthäus*. Ihm wird deshalb das Symbol des *Menschen* zugeordnet.

Vier Gesichter der Adventszeit
– vier Gesichter des Menschen

Die vier Gesichter der Adventszeit sind nicht nur vier Gesichter Gottes, sondern sie sind auch unsere Gesichter. Die Symbole der Adventszeit sind Bilder für unsere Menschwerdung. Menschwerdung heißt, daß wir in das Ganzheitsbild unseres wahren Selbst umgestaltet werden oder, anders ausgedrückt: in das Bild Christi. Es gilt nun zunächst zu beachten, daß die vier Gesichter Stier, Adler, Löwe und Mensch nur *eine* Ausdrucksform des betreffenden Elementes sind. Jedes Element wird jedoch durch zwei weitere Tierkreiszeichen, also durch insgesamt drei Zeichen zum Ausdruck gebracht:

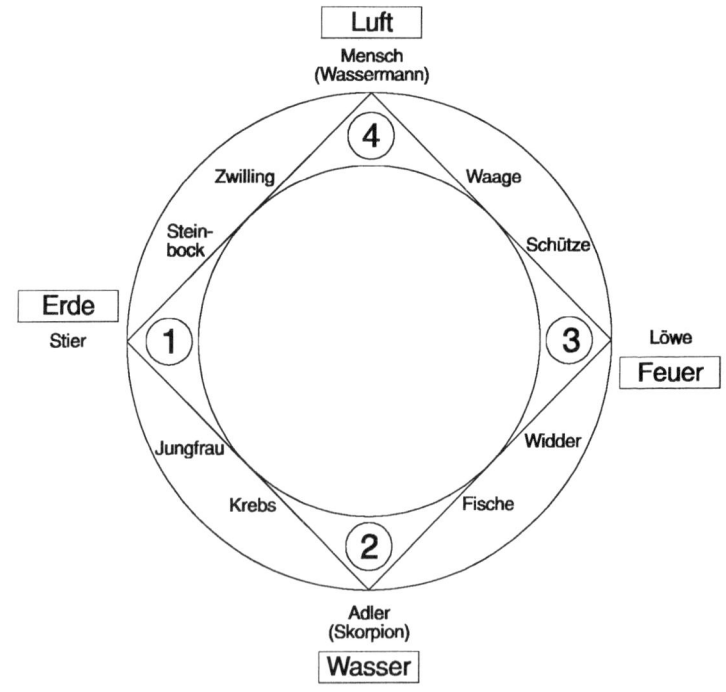

Wir alle sind in einem bestimmten Tierkreiszeichen geboren und gehören deshalb auch zu einem der vier Elemente.

Wir können uns deshalb fragen: Was bedeutet es, daß ich gerade *diesem* Tierkreiszeichen und damit *diesem* bestimmten Element zugeordnet bin? Wir können außerdem erkennen, daß wir als Zugehörige zu einem bestimmten Element noch zwei Geschwister haben. Wenn wir z.B. ein Stier sind, haben wir als Geschwister den Steinbock und die Jungfrau. Es ist nun eine interessante Aufgabe, unsere beiden Geschwister ein wenig näher kennenzulernen.

Es gilt jedoch zu beachten, daß die vier Elemente Erde, Wasser, Feuer, Luft bei keinem Menschen ganz rein auftreten, sondern sie sind überlagert von anderen »Farben«. Es ist wie bei einem Vierfarben-Druck.[70] Da steht zunächst jede Farbe für sich und kann für sich betrachtet werden. Erst durch das Übereinanderlegen von verschiedenen Farben entsteht ein Bild, das der Realität – in unserem Fall der psychischen Realität des einzelnen Menschen – entspricht. Dabei wird es in der Regel so sein, daß bei einem Menschen die eine Farbe dominiert, beim andern eine andere, d.h. der eine Mensch ist von einem Element besonders geprägt, der andere von einem andern. Aber jeder Mensch hat auch andere Seiten, d.h. seine »Hauptfarbe« ist von anderen Farben überlagert. (Das Neue Testament spricht von der »Buntfarbigkeit« des göttlichen Schenkens.[71]) Es ist die Aufgabe eines jeden einzelnen Menschen, diese »Buntfarbigkeit« zu entfalten und zu gestalten.

Wir wollen nun die vier Elemente und die damit verbundenen zwölf »Gesichter« im einzelnen betrachten und uns dabei fragen, was diese Symbole uns persönlich zu sagen haben.

Der Erdaspekt des 1. Advent

Am 1. Advent steht die *Erde* im Mittelpunkt. Ihr sind die Symbole Steinbock, Stier und Jungfrau zugeordnet. Wir alle entstammen der Erde. In ihr haben wir unsere Wurzeln. Psychologisch heißt das, daß wir bewußt im Hier und Jetzt, in der Alltags-Realität leben, daß wir unseren Sinnen vertrauen. Erdmenschen haben eine gut entwickelte Empfindungsfunktion. Sie nehmen die äußere Realität mit ihren Sinnen wahr. Erdmenschen sind interessiert an dem, was *da* ist. Sie haben ein gutes Verhältnis zu ihrem Körper und zu allem Materiellen, denn sie sind mit der »Mutter« Erde verbunden (Mutter = »Mater«, Materie). Sie haben deshalb auch eine gute Einstellung zu Geld, Besitz und Ordnung.

Wo liegen die *Sehnsüchte* der Erdmenschen? Unsere Sehnsüchte werden in der Regel durch den Gegentyp verkörpert (der aber zugleich Angst auslöst![72]). Der Gegentyp des Erdmenschen ist der Feuermensch. Der Erdmensch sehnt sich nach einem Sinn im Leben, der über das Materielle, in dem er verwurzelt ist, hinausgeht. Er sehnt sich nach dem, was ihn erlöst aus der Verstrickung in den Wurzeln. C.G. Jung hat das Bild einer Frau veröffentlicht,[73] in dem diese Sehnsucht zum Ausdruck kommt. Es ist eine Frau, die in den Wurzeln verstrickt ist. (Siehe Seite 35)

Und wonach sehnt sich diese Frau? Sie sehnt sich nach der Erlösung aus dem Verstrickt-Sein in den Wurzeln.

Der Erdmensch sehnt sich nach der Freiheit, nach dem inneren Kind, nach den Überraschungen, nach einem immer wieder neuen Entzücken. Der in seinen Wurzeln verstrickte Erdmensch hat Sehnsucht nach der überirdischen Dimension. Und wie kann diese Sehnsucht Wirklichkeit werden? Das Bild jener Frau gibt eine Antwort: Der untere und der obere Bereich des Bildes sind durch einen Kreis verbunden, in dem eine meditierende Frau sitzt. Die Antwort lautet also: In einer Meditation, die mit der Arbeit an der Selbstwerdung verbunden ist,[74] können unsere Sehnsüchte Wirklichkeit werden.

Wenn wir uns am ersten Advent mit dem Erdgesicht befassen, dann kommt es darauf an, ob wir selber in einem Erdzeichen geboren sind oder nicht. Sind wir in einem Erdzeichen geboren, dann geht es darum, daß wir zunächst unser *eigenes* Zeichen meditieren (z.B. den Stier) und dann unsere beiden Erdgeschwister kennenlernen (also den Steinbock und die Jungfrau). Wenn wir *nicht* in einem Erdzeichen geboren sind, dann geht es darum, daß wir uns am 1. Advent mit dem uns fremden Erd-Element vertraut machen, und zwar in seiner dreifachen Ausformung. Die Unterschiede zwischen den drei Aspekten des Erdmenschen hat Oskar Adler[75] in einem Bild verdeutlicht. Er ordnet den drei Tierkreiszeichen den dreifachen Umgang mit der fruchtbringenden Erde zu: dem Steinbock das Pflügen und das Säen, dem Stier das »Warten« (und zwar im doppelten Sinn: als Hegen und Harren) und der Jungfrau das Ernten.

Der *Steinbock* bricht den Boden auf, er pflügt und sät, so daß Neues entstehen kann.

Der Steinbock-Mensch ist ein Mensch, der hart und diszipliniert arbeitet. Er pfadet Wege für den Neubeginn, ihm wird Genügsamkeit und Ausdauer zugeschrieben. Er ist getrieben von einem inneren Muß, er ist ein Mensch, der sich in seine Aufgabe hineinkniet. (Die Körperregion, die dem Steinbock zugeordnet ist, sind die Knie!) Dem Streben nach Höhe entspricht beim Steinbock die Tatsache, daß er sich dem inneren Muß beugt. Der Steinbock-Aspekt Jesu (Jesus ist Urbild des Menschen, er begegnet uns als Symbol unseres wahren Selbst in allen Tierkreiszeichen!) ist das Getriebenwerden durch dieses innere Muß. So sagt Jesus schon als 12jähriger:

»Wisset ihr nicht, daß ich im Hause meines Vaters sein *muß?*«[76]
Oder es heißt von ihm: »Er *mußte* durch Samarien reisen.«[77]
Seinen Jüngern erklärte Jesus, daß er verfolgt und getötet
werden *muß*, um dann wieder aufzuerstehen.[78]

Ein zweites Zeichen im Erdaspekt ist der *Stier*.

Der Stier ist der Venus zugeordnet (deshalb sitzt auf dem Stier
eine Frau). Der Stier beherrscht den Monat Mai, den Monat
des Wachstums, der ebenfalls der Venus gewidmet ist (und
der im christlichen Bereich der Monat der Maria ist!).
Der Stier hat eine besondere Nähe zum Wachstum. Er hat die
Fähigkeit, materielle Probleme zu lösen und seine Bedürfnisse
zu befriedigen. Die fünf Sinne spielen für ihn eine wesentliche
Rolle. Es ist der Hauptrepräsentant der Erde und deshalb ihr

zentrales Symbol. Der Stier liebt Geselligkeit, Nähe, Vertraut-
heit, Wärme. Stiermenschen sind zuverlässige Menschen. Sie
geben nicht schnell eine Zusage, sondern überlegen sich eine
Sache vorher gründlich. Ein rechter Stiermensch hält das, was
er verspricht. Man kann sich auf ihn verlassen.

Das dritte Erdzeichen ist die *Jungfrau*. Die Jungfrau wird häufig
– wie auf unserem Bild – mit einer Ähre abgebildet.

Sie ist diejenige, die die Ernte einbringt. Sie erntet, was gesät
wurde und was gewachsen ist. Das gilt auch für den geistigen
Bereich: Die Jungfrau liebt das Vollendete, die Perfektion. Die
Jungfrau liebt aber auch Zurückhaltung und Distanz, sie liebt
das Klare und das Reine. Zum Wesen der Jungfrau gehören
also Klarheit und Perfektion.

Einübung in den Erd-Aspekt

Wie können wir uns am 1. Advent und in der 1. Adventswoche in den Erd-Aspekt einüben? Wir können uns z.B. mit Lehm oder Ton befassen und versuchen, uns selber – möglichst mit geschlossenen Augen – zu modellieren und dabei daran denken, daß wir aus »Erde« bestehen und dorthin zurückkehren werden.[79] Bei einer solchen Selbstdarstellung kommt es nicht auf äußere Ähnlichkeit oder auf »Schönheit« des Modellierten an, sondern darauf, daß das Geschaffene ein echter Ausdruck einer inneren Realität ist.[80]

Besonders naheliegend ist es, wenn wir in der 1. Adventswoche Krippenfiguren aus Ton modellieren. Auch in solchen Figuren können wir uns selber ausdrücken.[81]

Neben dem »handgreiflichen« Umgang mit »Erde« können wir auch die Erd-Symbole des Tierkreises meditieren und uns z.B. bei der Meditation des *Steinbocks* fragen: »Was muß in meinem Leben neu werden? Wo muß ich *jetzt* etwas *anfangen*, was ich schon längst gerne angefangen hätte?« (Das Leben ist so kurz! Worauf warte ich noch?) Es genügt, wenn wir einen ganz kleinen Schritt in die Richtung gehen, die uns als die richtige erscheint, im Wissen darum: »Wenn ein Mensch sich auf den Weg macht, machen sich die Engel ebenfalls auf den Weg.«[82]

Oder wenn ich den *Stier* meditiere, kann ich mich fragen: »Was muß jetzt in meinem Leben *wachsen* und *reifen?* Was muß ich schützen und bewahren? Was muß ich durchtragen (oder »durchstieren«!) – auch wenn es schwerfällt oder mühsam ist.

Oder wenn ich die *Jungfrau* meditiere, kann ich mich fragen: »Was muß ich heute (oder in dieser Woche oder in meinem Leben) *zum Abschluß* bringen? Was habe ich angefangen, aber nicht zu Ende gebracht? Was wartet noch auf die Vollendung? Was hindert mich, das zu vollenden, was ich *eigentlich* vollenden sollte? Wogegen muß ich mich abgrenzen, damit ich Zeit und Kraft gewinne für das Wesentliche?«

Die Adventszeit ist eine Zeit der Besinnung. Wir sollten sie nicht mit allen möglichen Adventsfeiern oder sonstigen Aktivitäten beladen, sondern zu uns selber kommen. Dazu kann die Beschäftigung mit der »Erde« und mit ihren verschiedenen Aspekten eine wesentliche Hilfe sein.

Der Wasseraspekt des 2. Advent

Am zweiten Advent wenden wir uns dem Element Wasser zu. Ihm sind die Symbole Krebs, Skorpion und Fische zugeordnet. Wasser ist ein besonders wandlungsfähiges Element. Es verändert sich je nach Temperatur. Es kann kalt, warm oder heiß, fest, flüssig oder gasförmig sein. Viele Mythen reden davon, daß alles aus dem Wasser entstanden ist. Auch der biblische Schöpfungsbericht beginnt damit, daß der Geist Gottes über der Urflut brütet.

Psychologisch ist Wasser der Gegenpol zu Luft. Während die Luft nach oben steigt, zieht es das Wasser nach unten. Während die Luft das Denken symbolisiert, ist das Wasser Symbol für die Gefühle. Unsere Gefühle werden – genau wie Wasser – beeinflußt von der Außentemperatur, sie sind deshalb starken Schwankungen unterworfen. Für einen Wassermenschen ist das, was er fühlt, die eigentliche Realität. Gefühle kann man nicht erklären, denn die Erklärung und das Wort gehören zum Denken. Es ist deshalb einem richtigen Gefühlsmenschen fast unmöglich, etwas logisch zu erklären. Der Wassermensch drückt sich nicht in abstrakten Begriffen oder logischen Schlußfolgerungen aus, sondern in Bildern und Symbolen, in Düften und Farben, in Musik und Bewegung, in Blicken und Berührung.

Im Unterschied zum Luftmenschen haben Wassermenschen Tiefgang. Sie sind selten oberflächlich. Sie können sich gut in andere Menschen einfühlen, sie sind sensibel und empathisch. Ihre Gefühle sind jedoch wie Wasser, sie kommen und gehen, es gibt keine beständigen Gefühle. Wassermenschen urteilen nicht nach »richtig oder falsch«, nicht nach »recht oder unrecht«, sondern nach »angenehm oder unangenehm«, nach »schön oder häßlich«, nach »bequem oder unbequem«. Ihre Urteile sind nicht objektiv, sondern subjektiv und deshalb manchmal auch unfair, denn sie legen ihre eigenen Wertmaßstäbe häufig auch anderen an, und zwar auch Menschen, auf die sie überhaupt nicht passen (Luftmenschen tun dies übrigens auch!). Im Unterschied zum Erdmenschen ist der Wassermensch nicht an der äußeren Realität interessiert, sondern ihm geht es eher um die innere Realität. Wassermenschen leben gerne in einer Traumwelt. Im Unterschied zum Erdmenschen sind Wassermenschen nicht an harter Arbeit (wie z.B. der Steinbock) interessiert, sondern am Spiel. Oskar Adler schreibt: »Der Wassermensch ist nicht nur ein verträumter, sondern auch ein verspielter Mensch.«[83] Er fühlt sich von Friedrich Schiller verstanden, der einmal gesagt hat: »Nur wo der Mensch spielt, ist er wahrhaft Mensch.«[84] Das Leben ist für den Wassermenschen ein großer Spielplatz seiner Leidenschaften und Gefühle. Ein Wassermensch bleibt zeitlebens ein großes Kind.

Wasser- und Erdmenschen beeinflussen sich gegenseitig, so wie sich Wasser und Erde gegenseitig beeinflussen. Beim Zusammentreffen von Wasser und Erde werden Erdmenschen aufgeweicht. Wenn Wasser in die Erde eindringt, dann wird die Erde weich und gestaltbar, die Fruchtbarkeit wird gefördert. Ohne Wasser kann die Erde nicht fruchtbar sein. Umgekehrt: Wenn Erde ins Wasser eindringt und sich mit ihm vermischt, dann gewinnt das Wasser an Festigkeit, es ist nicht mehr gar so fließend und unberechenbar. Das gilt auch im übertragenen Sinn.

Die Sehnsüchte des Wassermenschen sind jedoch die Qualitäten des Gegentyps, nämlich des Luftmenschen. Diese Qualitäten sind beim Wassermenschen meistens sehr schwach entwickelt und liegen häufig im Schatten. Es ist die Sehnsucht nach Weltgewandtheit und Unabhängigkeit, nach Objektivität und klarem Denken, alles Dinge, die beim Wassermenschen unterentwickelt sind.

Wenn wir uns am zweiten Advent mit dem Wasser befassen, dann befassen wir uns mit dem Krebs, mit dem Skorpion und mit den Fischen. Alle drei Symbole machen deutlich, daß wir es beim Wasser mit einem »fremden« Element zu tun haben, mit einer uns Menschen verborgenen Welt. Krebs, Skorpion und Fische sind Kaltblütler und leben in Regionen, in denen Menschen normalerweise nicht leben und auf die Dauer auch nicht leben können.

Wenn wir uns am 2. Advent mit dem Wasser-Aspekt befassen, dann befassen wir uns – wenn wir ein Wassermensch sind – mit uns selber und mit unseren beiden Geschwistern. Wenn wir kein Wassermensch sind, dann begegnen wir einer uns fremden, vielleicht sogar sehr fremden Welt.

Welches sind die unterschiedlichen Aspekte bei den verschiedenen Wasser-Symbolen? Im *Krebs* begegnet uns das Wasser als Regen, Quelle oder auch als Bach, d.h. als erquickendes und fruchtbar machendes Wasser. Das Wasser des Krebses kann uns aber auch als breiter Strom begegnen, der durch fruchtbare Landstriche fließt. (Diese Wasserqualität hat Friedrich Smetana in seinem musikalischen Gemälde »Die Moldau« gültig gestaltet.)

Im *Skorpion* begegnet uns das Wasser als Moor oder Strudel, als dunkles, hintergründiges und bedrohliches Wasser (vgl. hierzu Schillers »Taucher«: *»Da drunten aber ist's fürchterlich!«*). In den *Fischen* begegnet uns das Wasser als Ozean.

Das Wasser begegnet uns zunächst als *Krebs.* (Siehe Seite 43)

Der Krebs ist dem Mond zugeordnet. So wie der Löwe das einzige Zeichen ist, das der Sonne zugeordnet ist, ist der Krebs das einzige Zeichen, das dem Mond, der »Luna«, zugeordnet ist. Krebsmenschen sind deshalb »lunisch« (allemannisch) oder launisch, d.h. sie haben etwas von der Wechselhaftigkeit des Mondes.

Der Mond ist Ausdruck des Urweiblichen. Der Krebs sehnt sich nach Geborgenheit und Sicherheit. Ohne Geborgenheit fühlt sich der Krebs nackt und verletzlich. Er hat ein großes Bedürfnis nach Zärtlichkeit. Ein Krebs fürchtet überlegene Kritik, vor allem, wenn sie von einem Denkmenschen, seinem Gegenpol, kommt. Er hat z.B. Prüfungsängste. Er braucht Sympathie und Zuwendung. Diese Zuwendung kann er – wenn er sich recht entwickelt – auch weitergeben. Er kann sich der Schwachen und Hilfsbedürftigen annehmen und eine starke Empathie entwickeln. Er kann Menschen zu ihrer Entfaltung verhelfen. Er kann ihnen Mut einflößen, und wird dann für solche Menschen wie ein Trunk frischen Wassers. Krebs-Menschen sind empfindsam, sensibel und besitzen eine beharrliche Kraft. Wie Wasser paßt sich der Krebsmensch den Situationen an. Wie ein Fluß paßt er sich der vorgegebenen Form an, aber er verändert sie auch ganz allmählich. Veränderung durch Anpassung ist die Devise des Krebs-Menschen (»steter Tropfen höhlt den Stein«). Ein Krebs-Mensch setzt sich durch Nachgeben durch. Ich kenne einige Krebsmenschen, die eine verblüffende Fähigkeit haben, durch Nachgeben viel zu erreichen – oft mehr als ein draufgängerischer Feuermensch.

Ein weiteres Wasser-Zeichen ist der *Skorpion*.

Im Skorpion kommt die Wandlungsfähigkeit des Wassermenschen besonders deutlich zum Ausdruck. Der »Skorpion« begegnet uns in der Überlieferung auch noch in zwei weiteren Gestalten, nämlich in seiner niederen, unerlösten Form als Schlange und in seiner erlösten Form als Adler. Der Skorpion ist in besonderer Weise dazu aufgerufen, mit sich selber zu ringen. Er hat eine unerhörte Spannweite in sich. Es geht beim Skorpion-Menschen, der sich nach »oben«, zur Ganzheit hin entwickelt, immer wieder darum, daß er die Schlange in sich selber, den nach unten ziehenden Aspekt, wahrnimmt und sich mit ihm auseinandersetzt. Wenn ein Skorpion dies nicht tut, dann kommt seine Schlangen- und Drachenqualität zu Vorschein: Er kann fanatisch, dogmatisch, sadistisch und masochistisch sein. Er hat eine besondere Fähigkeit, die Fehler anderer Menschen aufzuspüren und sie mit scharfem Stachel zu brandmarken. Er kann Menschen »eins auswischen«. Andererseits kann er aber auch – wenn er sich in Richtung »Adler« entwickelt – eine enorme Selbstdisziplin entfalten, bis hin zur Aufopferung. Für einen Skorpion ist der größte Sieg, den er erlangen kann, jeweils der Sieg über sich selbst. Mein Vater hatte als Wahlspruch ein Wort von Walther von der Vogelweide:

> »Wer schlägt den Löwen,
> wer schlägt den Riesen,
> wer überwindet jenen und diesen?
> Das ist der, der sich selbst bezwingt.«

Dieses Wort habe ich oft aus seinem Mund gehört. Erst wesentlich später, als ich mich näher mit den Sternen befaßt habe, wurde mir bewußt, daß mein Vater ein Skorpion war. Wenn ein Skorpion sich auf den Weg zur Ganzheit begibt, dann kann er große Willenskraft, Entschlossenheit, Selbständigkeit und vor allem Tiefgang entwickeln. Als Wasserzeichen besitzt der Skorpion-Mensch große Sensibilität und Verletzlichkeit. Er hat Angst vor Schwäche und vor Zurückweisung. Oft sind seine Gefühle jedoch verdeckt. Wenn der Skorpion-Mensch nicht an sich arbeitet, wenn er nicht seine Schatten-Aspekte anschaut, dann können sich seine verletzten Gefühle zu einem tiefen Groll oder Haß verdichten. Wenn dann diese unterdrückten Gefühle einmal durchbrechen, dann kann sein Skorpion-Stachel sehr verletzten und sogar töten.[85] Wenn jedoch ein Skorpion in seine eigene Tiefe hinabsteigt und sich auf die innere Reise begibt, dann kann er sich in einen Adler verwandeln, in das Haupt-Symbol des Wasserzeichens, das dem Evangelisten Johannes, dem ehemaligen »Donnersohn« und späteren Apostel der Liebe zugeordnet ist.[86]

Das dritte Wasserzeichen sind die *Fische:*

Fische-Menschen haben eine hohe Empfindsamkeit und Verletzlichkeit, sie fühlen sich durch die Übermacht der auf sie einstürmenden Eindrücke oft überwältigt. Caspar David Friedrich hat ein Bild gemalt, auf dem ein einsamer Mönch vor einem riesigen Ozean steht. Das ist das Bild eines Fisch-Menschen.

Fisch-Menschen fühlen sich ausgeliefert an eine größere Macht, entweder an die Umwelt oder an die eigene Tiefe. Fisch-Menschen haben hohe Ideale und Sehnsucht nach einer vollkommenen Welt. Sie leiden an der Diskrepanz zwischen diesen Idealen und der Realität. Dem Sternzeichen der Fische sind die Füße zugeordnet. Oskar Adler schreibt dazu: »In dieser Region sammeln sich, gleich dem Schmutz an den Füßen, alle Reste des Vererbungsschuttes, alle Reste unseres Vergangenheitsschuttes, alles Niedrige und Niederzerrende. Darum ist es gerade dem höheren Fische-Menschen gegeben, von diesem Schmutz zu reinigen, den andern die Füße zu waschen, wie Christus, der Fisch (Ichthys), es getan hat.«[87]

Einübung in den Wasser-Aspekt des 2. Advents

Wie können wir uns am 2. Advent und in der 2. Adventswoche in den Wasser-Aspekt einüben?

Wir können z.B. mit Wasserfarben malen – möglichst »naß in naß« – und dabei versuchen, unsere Gefühle und Stimmungen in Farben auszudrücken. Es geht dabei nicht darum, daß wir »schöne« Bilder malen, sondern daß unsere Bilder ein echter Ausdruck unserer Gefühle sind.

Wir können aber auch unsere Seele vom »Wasser« bewegen lassen, z.B. durch die Moldau von Smetana, durch die Wassermusik von Händel oder das Forellenquintett von Schubert, und uns in die Stimmungen und Gefühle hineinbegeben, die diese Musik in uns auslöst.

Oder wir können ein Adventslied wie »Es kommt ein Schiff geladen«[88] oder: »O Gott, ein Tau vom Himmel gieß«[89] meditieren und uns dadurch bewegen lassen.

Neben diesen direkten »Wasser«-Meditationen können wir jedoch auch die Wasser-Symbole des Tierkreises meditieren und uns z.B. bei der Meditation des Krebses fragen, wie es mit der Entfaltung unserer Gefühle steht (eine Frage, die besonders für Luft-Menschen sehr wichtig ist!). Wir können uns weiterhin fragen: Gibt es in meinem Leben genügend Zeiten, in denen ich mich – wie ein Krebs – zurückziehen kann? Habe ich genügend Zeiten der Einsamkeit und Stille, in denen meine Seele atmen und mit Gott reden kann? Wenn nein, was kann ich tun, damit sich dieser Zustand ändert?

Oder wenn ich den *Skorpion* meditiere, kann ich fragen: Kenne ich die Abgründe meiner Seele? Kenne ich meine Schlangen- und Drachenseite? Ist es mir existenziell bewußt, daß es keine Schandtat und kein Verbrechen auf Erden gibt, zu dem nicht auch in der Tiefe meines Unbewußten eine Veranlagung wäre? Weiß ich, daß dieser mein Schatten zu mir gehört?
Ich kann weiterhin fragen: Wie kann ich mich so mit den »dunklen« Gestalten in meiner Seele auseinandersetzen, daß aus dem Hin- und Hergerissen-Werden zwischen Himmel und Hölle die Ganzheit des Adlers entsteht?

Oder wenn wir die *Fische* meditieren, können wir uns fragen, wo wir in unserem Leben verletzt worden sind und welche Wunden noch schmerzen. Wir können uns auch unseren »ozeanischen« Gefühlen hingeben und uns unsere Träume und Sehnsüchte bewußtmachen.

Die Meditation des Wasser-Elements in der 2. Adventswoche ruft uns nicht so sehr zu Aktivitäten auf, sondern vielmehr zur Hingabe an unsere Gefühle, an Schmerz und Trauer, aber auch an Freude und Hoffnung, an Sehnsucht und Liebe.

Der Feueraspekt des 3. Advent

Am dritten Advent wenden wir uns dem Element Feuer zu. Ihm sind die Symbole Widder, Löwe und Schütze zugeordnet. Feuer kann man nicht in eine Form pressen. Feuermenschen brauchen Bewegungsfreiheit. Für Feuermenschen ist das Leben voller Möglichkeiten, die sie intuitiv erahnen. Intuition ist die große Gabe der Feuermenschen. Sie haben Visionen,

wie das Leben sein sollte, sein könntc, und tun etwas dafür, daß es so wird. Feuermenschen sind rastlos unterwegs, aber sie haben Schwierigkeiten mit der äußeren Realität, wenn sie sich ihren Visionen und Intuitionen entgegenstellt. Besondere Schwierigkeiten haben Feuermenschen mit starren, konservativen Elementen. Das ist einleuchtend, denn der Gegenpol des Feuermenschen ist die Erde. Die fehlt dem Feuermenschen. Deshalb lebt in ihm die Sehnsucht, oft unbewußt, nach den Qualitäten dieses Gegenpols, nach den Qualitäten der Erdmenschen. Es geht dabei vor allem um den praktischen Umgang mit den ganz gewöhnlichen Dingen des Alltags, die ein Feuertyp eher als »banal« bezeichnen würde.

Bei einer Tagung habe ich einmal den Begriff »banal« gebraucht, und zwar im Sinne von C.G. Jung (Jung war ebenfalls ein Feuermensch!), der in einem Seminar einmal gesagt hat: »Die Muladhara-Welt (= die Welt des der Erde zugeordneten Wurzel-Chakras) ist ein ganz *banaler* Ort: Da ist Familie, Beruf, Theater, Eisenbahn oder Rechnungen, die zu bezahlen sind.«[90] Ich war erstaunt über die empörte Reaktion einiger TeilnehmerInnen über den Ausdruck »banal«. Ich stellte fest, daß die Empörten Erdtypen waren! Was für Feuermenschen Banalitäten sind, sind für Erdmenschen ganz wesentliche Realitäten, und umgekehrt: Was für Feuermenschen Realitäten sind, sind für Erdmenschen oft unrealistische Phantastereien und Spinnereien.

Der dritte Advent bietet dem Feuermenschen die Möglichkeit, sich selber und seine beiden Geschwister näher kennenzulernen und zu meditieren. Die anderen haben die Möglichkeit, sich mit einem ihnen weniger vertrauten Aspekt ihrer Psyche zu befassen.

Wenn wir die drei Feuersymbole des Tierkreises bestimmten Feuer-Aspekten zuordnen wollen, dann könnte der *Widder* für die ungestüme Gewalt des Feuers stehen, die in Hochöfen Eisen zum Schmelzen bringt oder ungebändigt Schaden anrichten kann, so wie es Friedrich Schiller in seinem Lied von der Glocke ausgedrückt hat:

Furchtbar wird die Himmelskraft,
Wenn sie der Fessel sich entrafft,
Einhertritt auf der eignen Spur
Die freie Tocher der Natur.
Wehe, wenn sie losgelassen,
Wachsend ohne Widerstand
Durch die volksbelebten Gassen
Wälzt den ungeheuren Brand!
Denn die Elemente hassen
Das Gebild von Menschenhand.[91]

Der *Löwe* dagegen steht für den wohltuenden, wärmenden und leuchtenden Aspekt des Feuers. Er steht für das Feuer der Sonne, das die Welt durchstrahlt und wärmt.[92]

Das Feuer des *Schützen* ist der Feuer-Aspekt des göttlichen Geistes, der verwundet und heilt.[93]

Der *Widder* ist das erste Zeichen des Tierkreises. (Siehe Seite 51)

Der Widder bricht dem Neuen Bahn. Er ist der nach vorwärts stürmende, »rücksichts-lose« (= der nicht »zurück«-schauende) Mensch im Sinne des Jesus-Wortes: »Wer seine Hand an den Pflug legt und sieht zurück, der ist nicht geeignet für das Reich Gottes.«[94] Er ist der todesverachtende Mensch, der voll dem Leben zugewandt ist.

Alexander der Große wird oft mit Widderhörnern dargestellt. Er ist Symbol für den vorwärtsstürmenden, weltverändernden Eroberer. Widdermenschen brauchen immer etwas, worauf sie ihren Tatendrang richten können, was sie »anfeuert«. Oft verpuffen sie aber auch ihre Kräfte in einem »Strohfeuer«. Für den Widdermenschen bietet die Welt lauter unentdeckte Möglichkeiten. Widdermenschen geben oft Anstoß zu einem wesentlichen Fortschritt. Manchmal sind sie aber auch »anstö-ßig«, je nachdem, wie Menschen sich zum Tatendrang der Widdermenschen einstellen.

Ein zweites Feuerzeichen ist der *Löwe*. (Siehe Farbtafel geg.
S. 48)

Traditionell verbindet man den Löwen-Menschen mit Stolz,
Eitelkeit, Selbstüberschätzung, aber auch mit Würde, Selbstsi-
cherheit und Kraft. Löwen-Menschen stehen gerne im Mittelpunkt. Sie stehen aber auch in der Gefahr, sich selbst zu
überschätzen. Wenn ein Löwe den Weg zur Selbsterfahrung
und Selbstwerdung beschreitet, dann kann sein natürliches
Gefühl für Würde und Strahlkraft auch auf andere übergreifen.
Diese fühlen sich dann nicht erdrückt von einem Löwen, sondern er wird ihnen zum Leitbild für ihre eigene Löwenseite.
Der Löwenmensch ist Symbol für ein ICH, das mit sich selber

51

ringt, bis es von seinem wahren SELBST besiegt wird. Søren Kierkegaard hat das einmal so ausgedrückt: »Der Beter ringt mit Gott im Gebet und siegt dadurch, daß Gott in ihm siegt.«[95] Auf unserem Bild wird dieses Ringen als ein Kampf des »sonnigen« Simson[96] mit dem Löwen dargestellt.[97] Es geht dabei um das Ringen der ICH-Sonne und des ICH-Löwen mit der SELBST-Sonne und dem SELBST-Löwen. Ziel eines solchen Ringens ist das Einswerden des ICH mit dem SELBST im Sinne des Pauluswortes: »So lebe ich nun, doch nicht mehr ich (= mein ICH), sondern Christus (= mein SELBST) lebt in mir.«[98]

Der *Schütze* ist der Kentaur, eine Verbindung von Tier und Mensch, der mit dem Pfeil nach oben, nach dem Göttlichen zielt.

Er ist der Mensch, der sich aus dem Tier heraus erhebt und nach dem Göttlichen strebt. In diesem Schützenaspekt steckt eine ungeheure Dynamik. Der Schütze fragt nach dem Sinn seines Lebens und seiner Handlungen. Bei ihm ist die Intuition oft besonders stark ausgebildet, so daß er auch andere »erleuchten« kann – wenn sie sich erleuchten lassen. Der Schütze kann mit seiner Direktheit auch schockieren. Er kann andere verletzen, ohne daß er es selber merkt. Aber er kann auch heilen. Als Kentaur ist er der verwundete Heiler.[99]

Einübung in den Feuer-Aspekt des 3. Advents

Wie können wir uns am 3. Advent und in der 3. Adventswoche in den Feuer-Aspekt einüben?

Wir können uns z.B. ganz bewußt den Lichtern des Adventskranzes zuwenden. Wir können auch sonst in der Wohnung Kerzen aufstellen und das warme Kerzenlicht auf uns wirken lassen. Wenn wir eine Kerze meditieren, sollten wir – wenn möglich – eine reine Bienenwachs-Kerze entzünden, um den feinen Duft zu kosten, den das Bienenwachs verbreitet, wenn es von der Flamme verzehrt wird.

Wir können auch Weihrauch oder Räucherstäbchen entzünden oder die Flammen eines Kaminfeuers beobachten.

Sinnvoll ist es auch, wenn wir in der 3. Adventswoche einmal alles was uns Mühe macht, unsere Probleme und unser Versagen, alles Leid und alle Schmerzen auf einen Zettel schreiben und dann dem Feuer übergeben in der Gewißheit, daß Gott aus all dem, was uns belastet, etwas Gutes macht, denn »denen, die Gott lieben, müssen *alle* Dinge zum Guten mitwirken«[100]. Neben diesen direkten »Feuer«-Meditationen können wir jedoch auch die Feuer-Symbole des Tierkreises meditieren.

So können wir uns bei der Meditation des *Widder* fragen: Wie steht es bei mir mit dem Jesus-Wort: »Wer seine Hand an den Pflug legt und sieht zurück, der ist nicht geeignet für das Reich Gottes«?[101] Wir können uns fragen: Bin ich bereit, den mir

von meinem wahren Selbst (= vom Christus in mir) vorgezeichneten Weg zwar mit »*Vor*sicht« aber ohne »*Rück*sicht« zu gehen
– auch wenn ich dadurch für manche »anstößig« werde?

Bei der Meditation des *Löwen* geht es um die Frage, ob wir
manchmal auch durchlässig werden für unsere »Sonnenseite«.
Spürt unsere Umwelt wenigstens gelegentlich etwas von der
Wärme des in uns wohnenden Christus? Wir können weiter
fragen: Wie steht es bei mir mit der Würde und der Selbstsi-
cherheit?

Bei der Meditation des *Schützen* geht es um die Frage, ob wir
das göttliche Feuer so durch uns wirken lassen, daß es verwundet und heilt? Dies ist zunächst eine Frage an uns selbst: Bin
ich bereit, den dunklen und kranken Gestalten in mir in die
Augen zu schauen und sie dann vom göttlichen Feuer verwandeln zu lassen? Wage ich es auch, dem andern die Wahrheit
zu sagen – selbst wenn es ihn schmerzt und verwundet?
Feuer ist das Element, das am stärksten zur Verwandlung und
Reifung beiträgt. Es verwandelt und erneuert uns Menschen
und die Welt.[102]

Der Luftaspekt des 4. Advent

Am vierten Advent wenden wir uns dem Element Luft zu. Der
Luft sind die Symbole Zwillinge, Waage und Wassermann
zugeordnet. Luft ist leicht und klar. Sie hat im Unterschied
zum Wasser keine Tiefe. Luftmenschen werden deshalb häufig
als oberflächlich empfunden oder als »Luftikusse«. Die Luft-
zeichen sind die einzigen, in denen kein Tier vorkommt, d.h.
es fehlt ihnen das im Boden verankerte Animalische. Zwillinge,
Waage, Wassermann haben sich aus der Erdgebundenheit
heraus entwickelt. Sie brauchen deshalb umso nötiger die
Ergänzung durch die anderen Tierkreiszeichen.
Luftmenschen haben es mit der »oberen« Welt zu tun, mit
dem Denken. Es sind also Denktypen. Sie haben einen weiten

Blick. Sie sind nicht engstirnig, sondern »open-minded«, offen für neue Ideen.

Weil sich Luftmenschen in den Höhen des Geistes bewegen, wirken sie oft kühl, manchmal sogar ausgesprochen kalt. Luftmenschen sind abstrakte Denker, sie akzeptieren nur das, was sie verstehen. Selbst ihre Gefühle erfassen sie mit dem Denken. Sie denken, was sie fühlen. Wenn man einen Luftmenschen fragt, was er gerade fühlt, dann sagt er: »Ich muß darüber nachdenken« oder er sagt: »Ich *denke,* daß ich mich ganz gut fühle.« Ein Luftmensch versucht, seine Gefühle mit Worten auszudrücken, so als wollte er eine Mathematikaufgabe lösen. Luft-Menschen haben jedoch eine tiefe Sehnsucht nach den Qualitäten ihres Gegenpoles, nach der Gefühlswelt des Wasser-Menschen. Diese Sehnsucht ist in einem Luft-Menschen oft besonders stark, denn Luftmenschen haben in den tiefsten Tiefen ihrer Seele außerordentlich starke Gefühle, die gelegentlich auch emphatisch durchbrechen können. In der Regel sind diese Gefühle jedoch zugedeckt – manchmal wie mit einer Betonplatte.[103]

Wenn wir uns am 4. Advent mit dem Luft-Aspekt befassen, dann begegnet uns dieser Aspekt wieder in drei Zeichen.

Wenn wir zu einem dieser drei Zeichen gehören, können wir uns selber und unsere beiden Geschwister näher kennenlernen, wenn wir zu einem anderen Zeichen gehören, dann haben wir die Chance, einem uns vielleicht recht fremden Aspekt zu begegnen.

Wenn wir uns die drei Luft-Zeichen vorstellen, dann können wir uns z.B. die Zwillinge als Windböen vorstellen, die ständig wechseln – mal stark, mal weniger stark; mal kommt der Luftstoß aus der einen Richtung, mal aus der anderen. Diese neckischen zwillingshaften Windböen begegnen uns z.B. im Märchen »Die Gänsemagd«, wo die Gänsemagd singt: »Weh, weh Windchen, nimm Kürdchen sein Hütchen.«[104]

Die *Waage* dagegen ist ein milder, sanfter, warmer Wind an einem Sommerabend oder auch ein »goldener Oktober«-Wind (die Waage beherrscht den Oktober).

Der *Wassermann* gleicht der kühlen, klaren Höhenluft, der Welt des reinen Geistes.

Nun wollen wir die Luftzeichen im einzelnen betrachten – zunächst die *Zwillinge*.

Zwillinge offenbaren die Doppelqualität alles Seienden. Sie erfahren in sich selber die Aspekte menschlich/göttlich, sterblich/unsterblich, männlich/weiblich, alt/jung, glücklich/unglücklich usw. Für einen Zwilling gibt es nie nur eine Wahrheit, sondern für ihn hat jede Wahrheit viele Gesichter. Zwillinge sind neugierig, möchten gern alles kennenlernen. Sie haben große Mühe, sich für eine Sache zu entscheiden, wenn es mehrere Möglichkeiten gibt. Zwillinge sind flexibel und können sich schnell auf eine neue, unvorhergesehene Situation einstellen.

Waage-Menschen haben einen hohen Sinn für Schönheit und Harmonie.

Sie lieben Heiterkeit und Gemeinschaft, es sind versöhnliche Menschen, die sich gerne aus Konflikten heraushalten oder, wenn sie ihnen nicht ausweichen können, einen Kompromiß suchen. Waage-Menschen suchen ständig die ergänzende Hälfte, damit die Waage im Gleichgewicht ist. (Wenn die Harmonie jedoch nur gespielt wird und nicht echt ist, dann kann es sein, daß bei Waage-Menschen Schattenaspekte durchbrechen.) Für die Waage ist die Meinung der Umwelt wichtig, sie wägt die Meinungen der andern ab und liebt den Kompromiß. Die

Waage ist Symbol für die Gerechtigkeit und für die Unpartei-
lichkeit. Die Göttin der Gerechtigkeit, »Justitia«, wird deshalb
mit einer Waage dargestellt.

Der *Wassermann* ist trotz seines Namens ein Luftzeichen. Er
steht über dem Wasser in der klaren Luft und gießt das »Wasser
des Geistes« aus.[105]

Der Wassermann liebt die Unabhängigkeit wie kaum ein anderes Tierkreiszeichen, er kann deshalb niemals einem Guru
verfallen. Während die Waage sagt: »Wir sind alle gleich« und
sich deshalb in Gemeinschaft wohl fühlt, sagt der Wassermann:
»Wir sind alle verschieden.« Er geht deshalb seinen eigenen
Weg. In der Gemeinschaft ist der Wassermann wie die Säulen

eines Tempels: Jede steht für sich allein, obwohl alle zusammengehören. Er ist wie die Eiche in einem Eichenhain. Jede steht für sich allein. Ein Wassermann erträgt Gemeinschaft nur mit ebenfalls Alleinstehenden. Wer sich zu eng an einen Wassermann klammert, den stößt er ab.

Das anbrechende Wassermann-Zeitalter ist ein Zeitalter, in dem die verschiedenen Menschen sich zwar akzeptieren, aber es ist keine Gleichmacherei, sondern im Gegenteil eine Vereinigung der Gegensätze (eine »Conjunctio oppositorum«). So finden sich im beginnenden Wassermann-Zeitalter die verschiedenartigen Menschen zusammen, z.B. in der UNO, die ja alles andere als eine Gleichmacherei ist! Sie ist im Gegenteil eine Gemeinschaft von sehr unterschiedlich geprägten Menschen und Nationen. Auch in der ökumenischen Bewegung geht es nicht um Gleichmacherei, sondern um eine Einheit in der Verschiedenheit.[106]

Einübung in den Luft-Aspekt des 4. Advents

Wie können wir uns am 4. Advent (und eventuell in der 4. Adventswoche) in den Luft-Aspekt einüben?

Wir können z.B. einen Spaziergang machen und uns ganz bewußt der kalten Dezemberluft aussetzen. Wir können die Luft »schmecken«, die wir einatmen, und den Wind spüren, der unser Gesicht sanft oder beißend kalt berührt.

Falls wir Kontakt zu Kindern haben, können wir ein Windrädchen basteln (und es z.B. mit vier Weihnachtssternen bekleben) und es im Freien (z.B. vor dem Fenster oder auf dem Balkon) aufstellen und beobachten, wie es sich – je nach Windstärke – schnell oder weniger schnell dreht.

In der unmittelbaren Vor-Weihnachtszeit des 4. Advent haben auch Blasinstrumente eine besondere Bedeutung. Falls wir ein Blasinstrument spielen, können wir dieses Instrument wieder einmal hervorholen und beobachten, wie die Atemluft sich in Töne verwandelt. Falls wir (noch) kein solches Instrument spielen, haben wir Gelegenheit, jetzt damit zu beginnen. Wie wäre es mit der Blockflöte (sie ist für den »Einstieg« besonders geeignet) oder mit der Panflöte?

Neben dem direkten Kontakt mit der »Luft« können wir natürlich auch die Luft-Zeichen des Tierkreises meditieren.

Wenn wir die *Zwillinge* meditieren, können wir uns fragen: Wie steht es mit meiner Flexibilität? Wie kann ich es lernen, mich auf neue, ungewohnte und unvorhergesehene Situationen einzustellen? Wir können uns auch fragen: Welche Aufmerksamkeit widme ich meinem innerseelischen Gegenpol? Was kann ich tun, um ihn zu integrieren?

Wenn wir die *Waage* meditieren, fragen wir nach unserer Fähigkeit, Frieden zu stiften und Harmonie zu verbreiten. Wie steht es mit meiner Toleranz und der Fähigkeit, die Meinung anderer gelten zu lassen – auch wenn ich sie für falsch halte?

Und schließlich der *Wassermann.* Er hat die reinste Beziehung zur geistigen Welt und ist deshalb die Zentralfigur der Luft-Symbole. Wenn wir den Wassermann meditieren, dann fragen wir: Wie steht es mit unserem Kontakt zur geistigen Welt? Wie ist meine Einstellung zur Religion? Zu Gott? Zur jenseitigen Welt? Wie könnte ich es lernen, besser auf die Stimme des göttlichen Geistes (= der Stimme meines wahren Selbst) zu hören? Wassermann-Menschen sind unabhängige Menschen. Es geht deshalb auch um die Frage: Wie steht es mit meiner inneren Unabhängigkeit? Kann ich dem Wehen des Geistes folgen – unabhängig von der Meinung der andern?

Die Luft ist das Element, das uns am stärksten daran erinnert, daß wir nur dann zu unserem Menschsein heranreifen, wenn der Geist Gottes unser Leben erfüllt und regiert.

✳

Vier Sonntage im Advent – vier Gesichter Gottes, die auch unsere Gesichter sind.[107]

An Weihnachten kommt noch ein fünftes Gesicht hinzu, gewissermaßen als Quintessenz, nämlich das Gesicht des »Sol invictus«, der unbesiegbaren Sonne, die Symbol des Christus und unseres wahren Selbst ist. In Christus sind alle Elemente und alle Tierkreiszeichen vereinigt. Dieser Christus ist nicht nur in Bethlehem geboren, sondern er will in uns allen Gestalt gewinnen und uns zur Ganzheit führen.

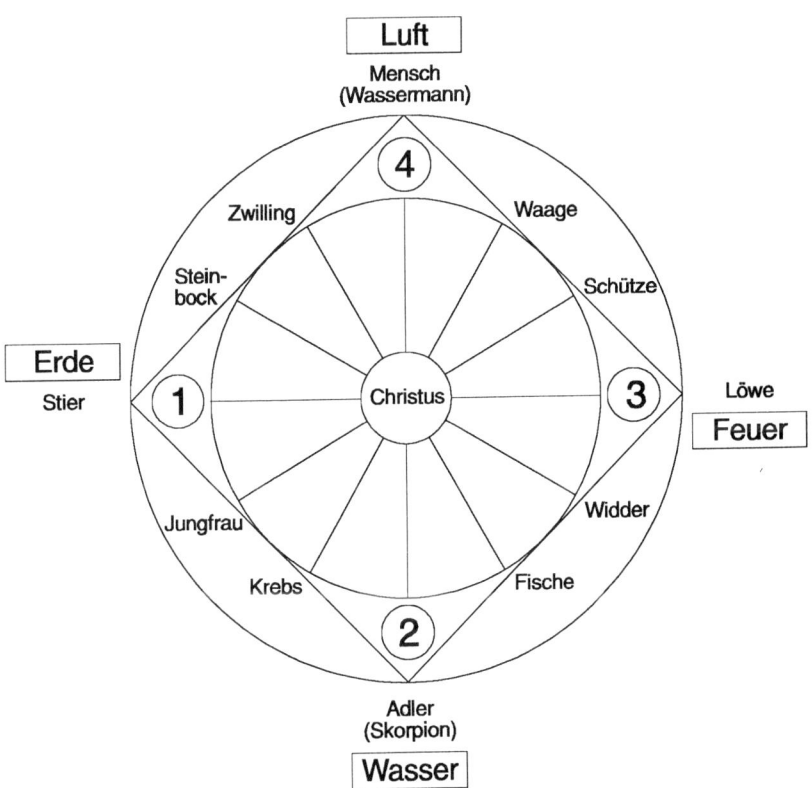

Weihnachten und Epiphanias

Der Stern von Bethlehem

Im Neuen Testament begegnen uns zwei verschiedene Weihnachtserzählungen. Die eine steht im zweiten Kapitel des Lukasevangeliums, die andere im zweiten Kapitel des Matthäusevangeliums.

Betrachten wir zunächst den Bericht des Matthäus: Die Weihnachtsgeschichte des Matthäusevangeliums beginnt mit den Worten:

»Als Jesus in Bethlehem in Judäa geboren war zur Zeit des Königs Herodes, siehe, da kamen Magier aus dem Osten nach Jerusalem und sagten: Wo ist der neugeborene König der Juden? Wir haben seinen Stern (oder: sein Gestirn) am Morgenhimmel gesehen und sind gekommen, um ihm zu huldigen.«[1]

Jahrhundertelang haben Menschen gerätselt, was das wohl für ein Stern gewesen sein mag, von dem hier im Matthäusevangelium die Rede ist. Erst im Jahre 1603 wurde diese Frage in einer neuen, überraschenden Weise beantwortet. Der kaiserliche Hofastronom Johannes Keppler entdeckte nämlich am 17. Dezember 1603 eine Sternenkonjunktion, die ihn im höchsten Maß erregte. Und zwar handelte es sich um eine Konjunktion der Planeten Jupiter und Saturn im Sternbild der Fische. Und warum meinte Keppler, daß diese Konjunktion so bedeutsam sei? Keppler erinnerte sich an den berühmten jüdischen Astrologen Rabbi Arbabanel, der im 15. Jahrhundert in Spanien lebte und für das Jahr 1464 die Geburt des Messias vorausgesagt hatte, und zwar deshalb, weil er für das Jahr 1464 dieselbe Sternenkonjunktion errechnet hatte, die Keppler jetzt, am 17. Dezember 1603, mit Hilfe seines einfachen Fernrohrs am nächtlichen Sternenhimmel sah: eine Konjunktion von Jupiter und Saturn im Sternbild der Fische.[2] Keppler überlegte: Wenn ein jüdischer Gelehrter in dieser Konjunktion einen Hinweis auf das Kommen des Messias sah, dann müßte ja für die Christen, die in Jesus den Messias sehen, die Frage auftauchen, ob auch zur Zeit der Geburt Jesu diese Konjunktion am Sternhimmel zu sehen war. Keppler rechnete und entdeckte, daß im Jahr 7 v. Chr. diese Konjunktion am nächtlichen Himmel zu sehen war und zwar dreimal, nämlich am 29. Mai, am 3. Oktober und am 4. Dezember. Im Computer- Kosmogramm[3] sieht diese dreifache Konjunktion folgendermaßen aus:

Am 29. Mai:

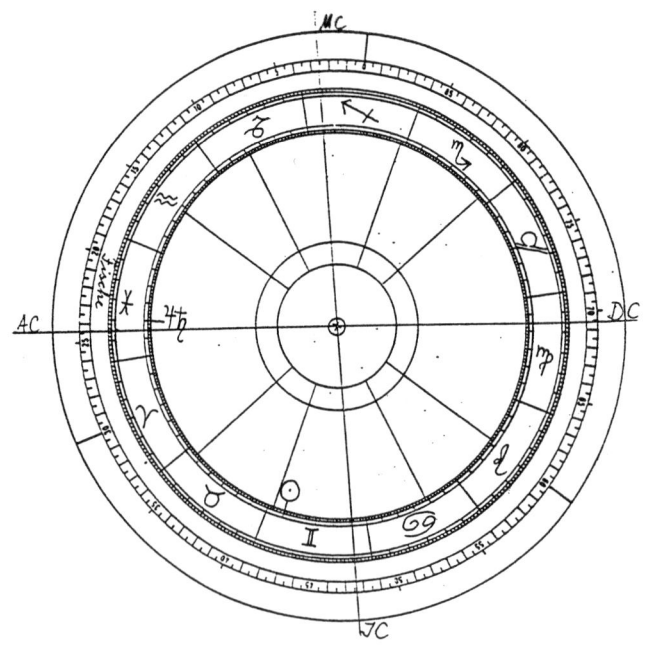

Am 3. Oktober:

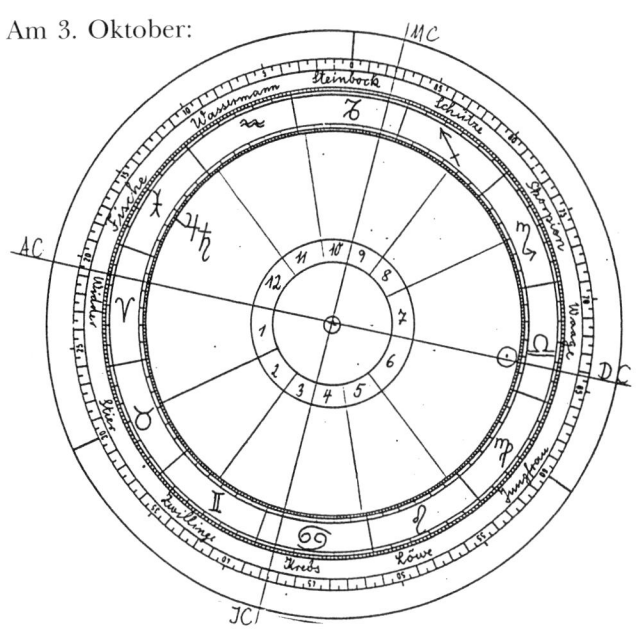

Am 4. Dezember:

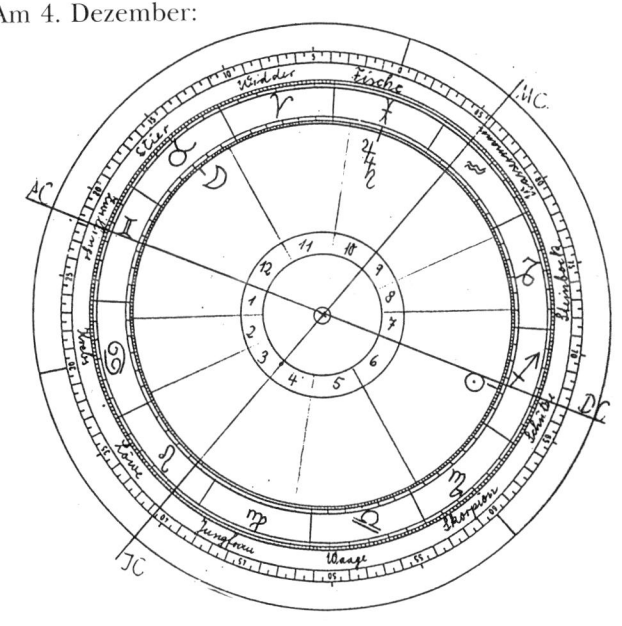

65

Daß diese Konjunktion im Jahre 7 v. Chr. und nicht im Jahre 0 zu sehen war, störte Keppler nicht, denn zur Zeit Kepplers war es längst bekannt, daß das Jahr der Geburt Jesu fehlerhaft errechnet worden war. Der jüdische König Herodes, der zur Zeit Jesu über Judäa herrschte, ist nämlich bereits im Jahre 4 v. Chr. gestorben. Jesus mußte also vor dem Jahre 4 vor unserer Zeitrechnung geboren sein. Wenn man vor dem Tode des Herodes auch noch den Besuch der Magier aus dem Osten und den Aufenthalt in Ägypten einordnen will, dann ist das Jahr 7 »v. Chr.« ein realistisches Datum.

Aber was war so aufregend an der Sternenkonstellation dieses Jahres? Und inwiefern konnte man von dieser Konstellation auf die Geburt eines »Königs der Juden« schließen? Mit dieser Frage hat sich u.a. auch C.G. Jung eingehend befaßt. (Es ging ihm dabei vor allem um die psychologische Bedeutung einer Konjunktion der Planeten Saturn und Jupiter im Tierkreiszeichen der Fische.)[4]

Zunächst der *Saturn.* Der Saturn gilt seit alters als der Stern Israels, der unter dem Namen *kewan* sogar zeitweilig im Tempel zu Jerusalem verehrt wurde. Das hebräische Wort kewan stammt vom babylonisch-assyrischen Wort *kaiwànu* – dem Namen für den Planeten Saturn. Die altgriechische Übersetzung des Alten Testamentes (die sogenannte Septuaginta) übersetzt dieses Wort mit »rephan« (das R wurde im Altgriechischen aspiriert gesprochen (»chrephan«), was diesen Buchstaben in die Nähe der k-Laute rückt; »rephan« war deshalb klanglich kaum von »kewan« zu unterscheiden). Natürlich haben die alttestamentlichen Propheten gegen einen solchen »Götzendienst« gewettert! Aber daß der Prophet Amos[5] in seiner Scheltrede den Kewan den Israeliten gegenüber als »Stern eures Gottes« bezeichnet, zeigt, wie tief die Verehrung des Saturn im Volk Israel verankert war. Amos erwähnt den Saturn sogar in doppelter Weise. Er bezeichnet nämlich den Kewan auch noch mit seinem akkadischen Namen *sakkut*[6] und sagt: »Sakkut, euer König«.

Es ist nun interessant, daß im Neuen Testament der erste christliche Märtyrer, Stephanus, ausgerechnet diese Amos-Stelle aufgreift, um den Abfall des Gottesvolkes Israel zu brandmarken.[7] Daß sowohl Amos als auch Stephanus die Verehrung des Saturn anprangern, macht deutlich, daß dieser Stern für die Volksreligion Israels recht bedeutsam war. Seine Verehrung wurde schon für die Zeit der Wüstenwanderung angenommen.[8]

Bis zum heutigen Tag ist der »Tag des Saturn« (engl. der *satur-day*) der heilige Tag der Juden. So schreibt Alfons Rosenberg als Jude: »Saturn ist der Planet und Schutzherr des jüdischen Volkes, wie auch das Symbol des Sabbats, des Saturn-Tages.«[9]

Als Stern, der ordnet und begrenzt, ist der Saturn außerdem Symbol des jüdischen Gesetzes.

Nun ist es interessant, daß neben mancherlei anderem Getier wie Schlange, Skorpion, Katze, Maus und Fuchs auch der Esel dem Saturn zugeordnet ist.[10] Infolgedessen war es ein weitverbreitetes Gerücht, das sich hartnäckig bis in die christliche Zeit hinein gehalten hat, daß die Juden in ihrem Tempel einen Eselskopf anbeten. So schreibt z.B. der jüdische Historiker Flavius Josephus in seiner Verteidigungsrede gegen Apion: »Apion erfrecht sich zu behaupten, die Juden hätten in ihrem Heiligtum einen Eselskopf aufgestellt, den würden sie anbeten und dem gelte der gesamte Gottesdienst.«[11] Da die Christen in der Anfangszeit als jüdische Sekte galten, wurde die Behauptung der Eselskopfverehrung auch auf die Christen übertragen, wovon der bekannte römische Spottkruzifixus ein eindrückliches Zeugnis ablegt.[12] (Siehe Zeichnung Seite 68)

Es verwundert deshalb nicht, daß auch christliche Apologeten wie z.B. Tertullian sich gegen diese Verleumdungen zur Wehr setzen mußten. Hinter dem Esel steht Saturn, der Stern des Volkes Israel.[13]

Der Saturn galt aber auch als Stellvertreter der Sonne. Er galt – wie die Sonne – als der Allsehende und der Allweise.[14] Er war der Stern der Gerechtigkeit und Inbegriff der gerechten

göttlichen Weltordnung, sowohl im Himmel als auch auf Erden.

Und was bedeutet der *Jupiter?* Jupiter ist der höchste Gott der Römer.[15] Sein Stern ist der Königsstern. In Babylon galt Jupiter als Stern des Lichtgottes und Weltschöpfers Marduk. Er wird als »Hirt der Sterne« und als »Regent der Planeten« bezeichnet. Er gilt als Heil- und Friedensbringer, der aus der Fülle Schenkende, der Gnade und Segen bewirkt.[16]

Wenn sich nun Jupiter und Saturn in einer Konjunktion vereinen, dann kann das astrologisch so gedeutet werden, daß bei den Juden (»Saturn«) der König (»Jupiter«) der Gerechtigkeit (»Saturn«) geboren wird und daß der Neugeborene eine Inkarnation des höchsten Gottes (»Jupiter«) ist.

Und wenn darüber hinaus die Begegnung der beiden Planeten im Sternbild der *Fische* stattfindet, dann wird dadurch deutlich, wo dieser König geboren wird. Die Fische galten nämlich als Symbol des Landes Amurru, d.h. des »Westlandes« (von Babylon aus gesehen), des damaligen Palästina.[17] Daß diese

Konjunktion im Jahre 7 v. Chr. in Babylon beachtet wurde, ist durch Keilschrift-Aufzeichnungen der babylonischen Astrologenschule von Sippar bezeugt.[18]

Das Zeichen der Fische hat jedoch noch eine weitere Bedeutung. Als letztes Zeichen im Tierkreis gelten die Fische als Zeichen »des Endes der irdischen Welt und darum als Grenzstelle des Transitus, des Hinübergehens ins Jenseitige«[19].

Der neugeborene König kann deshalb als König der Endzeit verstanden werden, mit dem der alte Äon zu Ende geht und der neue Äon anbricht.[20] Bei diesem Übergang handelt es sich nicht nur um ein »kleines« Weltenjahr von ca. 2100 Erdenjahren, sondern um ein »großes« Weltenjahr von ca. 26000 Erdenjahren.[21]

Zusammenfassend können wir also sagen, daß von babylonischen Astrologen die große Konjunktion von Jupiter und Saturn im Sternbild der Fische folgendermaßen gedeutet werden konnte: »Der neugeborene König ist eine Inkarnation des höchsten Gottes (Jupiter). Er wird eine gerechte Weltordnung (Saturn) und ein neues Zeitalter (Fische) heraufführen. Er ist im Westland (Fische) als Israelit (Saturn) geboren worden.«

Wenn wir nun das Kosmogramm der dreimaligen Erscheinung dieser Konjunktion betrachten, dann wird deutlich, daß noch zwei weitere Konjunktionen sichtbar werden,[22] nämlich bei der ersten Erscheinung am 29. Mai 07 eine Konjunktion von Mars und Pluto in Opposition zu Jupiter und Saturn. (Siehe Seite 70 oben)

Dies kann folgendermaßen gedeutet werden: Der neugeborene König wird (im Unterschied zu Rom) gerade kein Gewaltherrscher sein, sondern ein Friedenskönig.

Eine zweite, zusätzliche Konjunktion erfolgt bei der dritten Erscheinung am 4. Dezember 07, nämlich eine Konjunktion von Venus und Neptun. (Siehe Seite 70 unten)

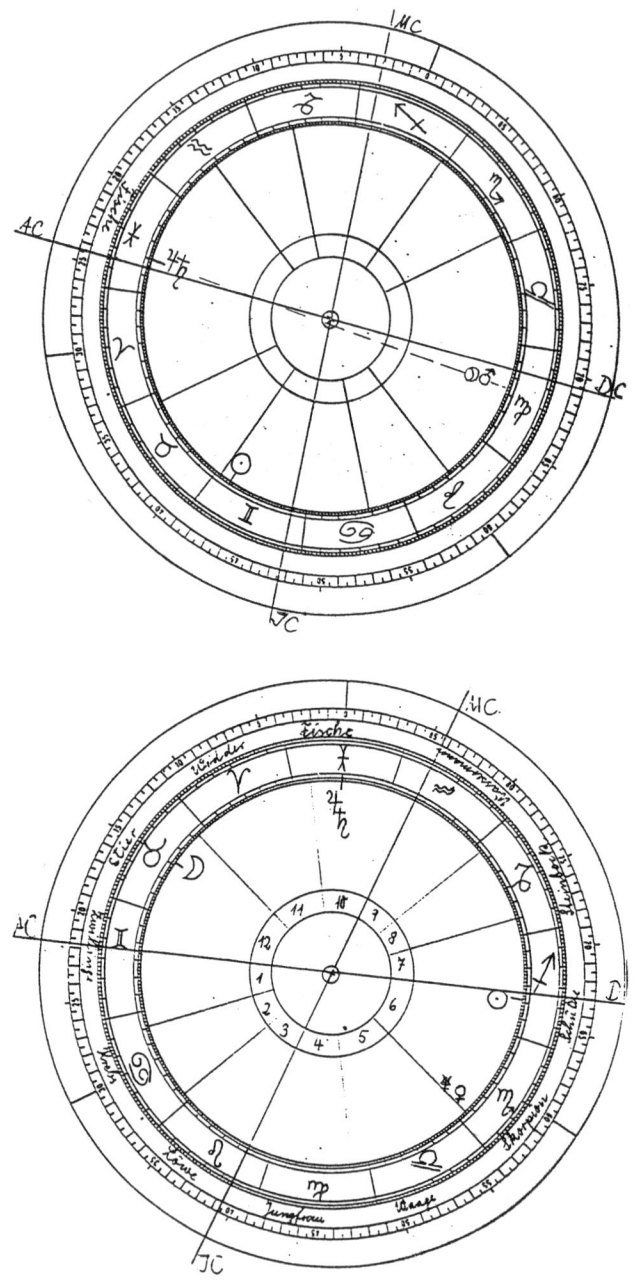

Das könnte bedeuten, daß der neugeborene König ein König der Liebe (Venus) sein wird, und zwar der »mystischen« Liebe (Neptun), einer Liebe, die im Neuen Testament »Agape« genannt wird.[23]

Für einen *jüdischen* Schriftsteller wie Matthäus hatte die Konjunktion Jupiter/Saturn im Zeichen der *Fische* noch eine weitere Bedeutung, denn der Fisch ist in der altjüdischen Überlieferung ein Zeichen des Messias, weshalb noch heute bei jeder jüdischen Freitagabendfeier am Beginn des auf die messianische Endzeit weisenden Sabbats der Fisch als messianische Speise, als Vorkosten des Paradieses genossen wird.[24]

Es ist deshalb nicht verwunderlich, daß im Mittelalter jüdische Astrologen in Verbindung mit dieser Konjunktion das Kommen des Messias (für das Jahr 1464) erwartet haben. Auch Herodes fragt die Schriftgelehrten, als er von dieser Konjunktion hört, wo der »Christus«, d.h. der Messias, geboren werden soll, während die nichtjüdischen babylonischen Gelehrten nur nach dem neugeborenen »König« gefragt haben.

Wir haben also in der Erzählung des Matthäus ein recht anschauliches Bild der Sternenkunde der damaligen Zeit.

Und was heißt das alles psychologisch? In Beantwortung dieser Frage weist C.G. Jung zunächst darauf hin, daß nach altiranischer Auffassung Jupiter »Leben« und Saturn »Tod« bedeutet.[25] Die Konjunktion Jupiter-Saturn bedeutet deshalb eine »Vereinigung extremer Gegensätze«.[26] Für Jung ist es außerdem bedeutsam, daß die Annäherung der beiden Planeten ausnahmsweise groß und daher von eindrucksvoller Lichtstärke war. Zudem fand sie heliozentrisch in der Nähe des Äquinoktialpunktes statt, der zwischen Widder und Fischen, also zwischen Feuer und Wasser lag.[27]

Auch die Tatsache, daß die erste Konjunktion am 29. Mai sichtbar wurde, ist für Jung bedeutsam. Wenn nämlich Jesus bei dieser ersten Begegnung von Jupiter und Saturn geboren worden ist, dann war er ein Zwilling, und das würde bedeuten, daß Jesus – wie das ägyptische Brüderpaar Horus und Seth – sowohl Opferer als auch Geopferter war, was »das Drama des

christlichen Mythos in gewissem Sinn präfigurieren« würde.[28]
Die biblische Parallele zu Horus und Seth ist die Geschichte
von Kain und Abel. Indem Christus sowohl Opferer als auch
Opfer ist, versöhnt er Kain und Abel miteinander. Zum Zwil-
lingsaspekt Christi zitiert Jung eine Legende aus der *Pistis
Sophia,* in der die Mutter Maria zu Jesus spricht:

*Als du klein warst, bevor der Geist über dich gekommen war, kam,
während du dich mit Joseph in einem Weinberg befandest, der Geist
aus der Höhe und kam zu mir in mein Haus, dir gleichend, und
nicht hatte ich ihn erkannt, und ich dachte, daß du es wärest.
Und es sprach zu mir der Geist: Wo ist Jesus, mein Bruder, damit
ich ihm begegne? Und als er mir dieses gesagt hatte, war ich in
Verlegenheit und dachte, es wäre ein Gespenst, um mich zu versuchen. Ich nahm ihn aber und band ihn an den Fuß des Bettes,
das in meinem Hause war, bis daß ich zu euch, zu dir und Joseph
auf das Feld hinaus ginge und euch im Weinberg fände, in dem
Joseph den Weinberg bepfählte. Es geschah nun, als du mich das
Wort zu Joseph sprechen hörtest, begriffest du das Wort, freutest
dich, sprachst: Wo ist er, auf daß ich ihn sehe, denn ich erwarte
ihn an diesem Ort. Es geschah aber als Joseph dich diese Worte
sagen hörte, wurde er bestürzt und wir gingen zugleich hinauf,
traten in das Haus ein und fanden den Geist an das Bett gebunden.
Und wir schauten dich und ihn an, und wir fanden dich ihm
gleichend. Und es wurde der an das Bett Gebundene befreit, er
umarmte dich und küßte dich, und du selber küßtest ihn, und ihr
wurdet eins.«[29]*

Jung meint zu dieser Legende: »Jesus wird demnach als eine
Doppelpersönlichkeit aufgefaßt, welche einesteils aus dem
Chaos bzw. der Hyle emporwächst, anderenteils als Pneuma
vom Himmel heruntersteigt.«[30]
Bei den »Zwillingen« denken wir an die Dioskuren (»Zeuskna-
ben«), Kastor und Pollux, die dem Sternbild seinen Namen
gegeben haben. Diese Zwillinge hat Zeus als Schwan gezeugt.
Sie wurden aus einem Ei geboren, das Leda gelegt hatte. Von

den Zwillingen war der eine, nämlich Kastor, sterblich, während der andere, nämlich Pollux, unsterblich war. Hier haben wir also eine weitere Conjunctio oppositorum, ein Hinweis auf die Doppelnatur Christi, der sowohl Gott und somit unsterblich, als auch Mensch und somit sterblich ist.

Auch das Götterpaar Apollon und Dionysos wird gelegentlich im Zusammenhang mit den Zwillingen erwähnt. Apollon ist der Vertreter der Sobrietas (Nüchternheit) und Dionysos der Vertreter der Ebrietas (Trunkenheit). Die Konjunktion dieser beiden ist die Sobria ebrietas, die nüchterne Trunkenheit. Diese Konjunktion ist Ausdruck des nachpfingstlichen, in seiner Gemeinde inkarnierten Christus, wie er vor allem von Paulus von Tarsus beschrieben wird.[31]

Jung geht dann weiterhin auf die Weltzeitalter ein und meint: »Jesus wird als Widder geopfert und als Fisch geboren.«[32] Jesus ist somit der letzte Widder und der erste Fisch,[33] d.h. mit Jesus beginnt das Zeitalter der Fische, das nach Jung ein Zeitalter ist, in dem die Gegensätze offenbar werden.

Das Zeichen der Fische ist ein gegenläufiges Zeichen. Jung versteht den Christus als den *einen* Fisch, der sich am Anfang des Fischezeitalters entfaltet. Ihm folgt am Ende des Fischezeitalters der zweite Fisch, nämlich der Antichrist. Jung schreibt: »Der Beginn der Enantiodromie (= Gegenläufigkeit, Verf.) müßte logischerweise zwischen die beiden Fische fallen.

In unmittelbarer Nachbarschaft des zweiten Fisches beginnt die Zeit der Renaissance, und mit ihr kommt jener Geist, der in der Moderne gipfelt«[34] – also der antichristliche Geist.

Während im Fischezeitalter die Gegensätze offenbar werden, stellt sich im folgenden Wassermannzeitalter das Problem der Gegensatzvereinigung. Jung schreibt:

Wenn der Äon der Fische, wie es allen Anschein hat, hauptsächlich durch das archetypische Motiv der feindlichen Brüder regiert ist, dann wird sich koinzident mit der Annäherung des nächsten platonischen Monats, nämlich des Aquarius, das Problem der Gegensatzvereinigung stellen. Es wird dann nicht mehr angehen, das Böse bloß als Privatio boni zu verflüchtigen, sondern dessen wirkliche Existenz muß anerkannt werden. Dieses Problem aber wird weder von der Philosophie, noch von der Nationalökonomie, noch von der Politik, noch von den historischen Konfessionen, sondern nur vom einzelnen Menschen her gelöst werden, d.h. aus der Urerfahrung des lebendigen Geistes.[35]

Vom 6. Januar zum 25. Dezember

Neben der Weihnachtsgeschichte des Matthäus-Evangeliums begegnet uns im Neuen Testament noch eine zweite Weihnachtsgeschichte, nämlich im Lukas-Evangelium. Die Weihnachtsgeschichte des Matthäus-Evangeliums wird in den christlichen Kirchen am 6. Januar gelesen, die des Lukas-Evangeliums am 25. Dezember. Der 6. Januar ist das ursprüngliche Datum des Weihnachtsfestes, an dem die orthodoxen Kirchen des Ostens bis heute festhalten. Dieses Datum geht zurück auf die Feier der Geburt des Sonnengottes Aion aus der Jungfrau Kore.[36] Dieses Fest wurde vor allem in Ägypten gefeiert und war verbunden mit einem Gang zum Nil, aus dem man heilbringendes Wasser schöpfte. Der 6. Januar wurde deshalb später, als sich im Westen der 25. Dezember als Weihnachtsdatum durchsetzte mit der Taufe Jesu verbunden. Der 6. Januar war außerdem der Tag des Dionysos. Deshalb wird am 6. Januar in der christlichen Kirche auch der Bericht vom Weinwunder in Kana gelesen – ein Hinweis auf Jesus als den »wahren« Dionysos.

Wie kam es jedoch zur Feier der Geburt Jesu am 25. Dezember? Dieses Datum hat eine jüdische und eine römisch-hellenistische Wurzel. Eine der geistigen Wurzeln dieses Datums ist das jüdische Chanukka-Fest, das zum ersten Mal am 25. Dezember des Jahres 165 v. Chr. als Fest des Lichtes gefeiert wurde. Nach jüdischer Überlieferung ist das Chanukka-Fest folgendermaßen entstanden: Nachdem die Makkabäer den durch Antiochus Epiphanes besetzten und entweihten Tempel im Jahre 165 v. Chr. zurückerobert hatten, stellten sie fest, daß die Menorah (der siebenarmige Leuchter) zertrümmert war. Daraufhin nahmen sie ihre Lanzen und schmiedeten daraus eine behelfsmäßige Menorah. Sie haben also Kriegswaffen in ein Friedensgerät zur Ehre Gottes umgewandelt! Sie stellten weiterhin fest, daß nur noch ein ganz kleiner, mit dem Siegel des Hohepriesters versehener Krug Öl vorhanden war. Mit diesem wenigen Öl hätte der Leuchter nur knapp einen Tag brennen können. Um heiliges Öl neu herzustellen, brauchten sie jedoch nach jüdischer Vorschrift acht Tage. Wie durch ein Wunder brannte der Leuchter acht Tage lang, so lange, bis neues Öl bereitet war. Zur Erinnerung an dieses Lichtwunder feiern die Juden seither das Chanukka-Fest; sie benützen dazu einen achtarmigen Leuchter zur Erinnerung an diese acht Tage, mit einem Zusatzlicht, dem »Schamosch«, d.h. dem »dienenden Licht«, mit welchem die anderen acht Lichter angezündet werden, und zwar der Reihe nach jeden Abend ein weiteres, bis alle acht Lichter brennen.

Während das jüdische Chanukka-Fest eine der geistigen Wurzeln des Weihnachtsfestes ist, ist der römische Kult des Sol invictus die unmittelbare historische Wurzel für die Festlegung des Weihnachtsfestes auf den 25. Dezember. Der römische Kaiser Aurelian, dem es gelungen war, das gefährdete römische Reich noch einmal zu festigen, und Rom mit der zum Teil heute noch erhaltenen Aurelianischen Mauer zu umgeben, führte auch einen zentralen Reichskult ein, den Kult des Sol invictus, der unbesiegten Sonne.[37]

Der Anlaß für die Einführung dieses Kultes am 25. Dezember des Jahres 274 n. Chr. war die Tatsache, daß Aurelian das Zentralheiligtum des Sonnen-Gottes in Palmyra erobert hat. Die Römer drückten dies so aus: »Der Sonnengott ist auf die Seite der Römer übergetreten, deshalb konnte Aurelian die Stadt Palmyra erobern. Fortan bekennt sich der Sonnengott zu den Römern.«

Aurelian setzte dann in Rom statt der Jupiter-Priester Sonnen-Priester ein, d.h. Sol (= die Sonne) wurde jetzt oberster Gott und löste damit den Jupiter ab. Im Reichskult des Sol invictus am 25. Dezember flossen mehrere Ströme zusammen, so vor allem neben dem altorientalischen Sonnenkult die Wintersonnenwende, in der sich die Sonne als unbesiegt und unbesiegbar erweist, und dann vor allem die Saturnalien, die in Rom besonders beliebt waren. Die Saturnalien waren wilde, ausgelassene Feiern, die eine gewisse Ähnlichkeit mit unseren Fasnachts-Veranstaltungen hatten. Bei diesen Feiern wurde z.B. auch der Unterschied zwischen Sklaven und Herren zeitweilig aufgehoben – die Herren bedienten ihre Sklaven.

Für die Christen war der 25. Dezember aus zwei Gründen ein besonders geeignetes Datum: Einerseits wird Gott schon im Alten Testament als die »Sonne der Gerechtigkeit« bezeichnet,[38] ein Name, der später auf Christus übertragen wurde.[39] Christus konnte deshalb problemlos mit dem Sol invictus identifiziert werden. Andererseits waren die Nichtchristen durch die Feiern der Saturnalien so in Anspruch genommen, daß die vielfach unter Verfolgung leidenden Christen während dieser Zeit in Ruhe gelassen wurden und ungestört die Geburt ihres Erlösers feiern konnten.

Eine griechische Weihnachtsikone

Neben dem Bericht des Matthäusevangeliums[40] sind es vor allem die Weihnachtserzählunges des Lukasevangeliums und des Protevangeliums des Jakobus, die die christliche Kunst entscheidend beeinflußt haben. Zunächst der Bericht des Lukas:

Es begab sich aber zu der Zeit, daß ein Befehl vom Kaiser Augustus ausging, alle Welt solle sich für die Steuern eintragen lassen. Diese Eintragung war die erste, und sie geschah zu der Zeit, als Quirinius Stadthalter in Syrien war. Und alle gingen hin, um sich eintragen zu lassen, jeder in seine Stadt. Da ging auch Joseph aus Galiläa, aus der Stadt Nazareth, nach Judäa hinauf zur Stadt Davids, die Bethlehem heißt, weil er aus dem Hause und Geschlechte Davids stammte, um sich eintragen zu lassen zusammen mit Maria, seiner Verlobten, die war schwanger. Als sie aber dort waren, kam die Zeit da sie gebären sollte, und sie gebar ihren ersten Sohn, wickelte ihn in Windeln und legte ihn in eine Krippe, denn sie hatten sonst keinen Platz in der Herberge. Es waren aber Hirten in derselben Gegend auf dem Felde, die hüteten nachts ihre Herde. Und der Engel des Herrn trat zu ihnen, und die Klarheit des Herrn umleuchtete sie, und sie fürchteten sich sehr. Und der Engel sprach zu ihnen: Fürchtet euch nicht. Siehe, ich verkündige euch große Freude, die dem ganzen Volk widerfahren wird, denn euch ist heute in der Stadt Davids der Heiland geboren, das ist Christus, der Herr. Und das nehmt zum Zeichen: Ihr werdet ein Kind finden in Windeln gewickelt und in einer Krippe liegend. Und plötzlich war bei dem Engel die Menge der himmlischen Heerscharen, die lobten Gott und sprachen: Ehre sei Gott in der Höhe und Frieden auf Erden bei den Menschen seines Wohlgefallens. Und als die Engel von ihnen zum Himmel fuhren, sagten die Hirten: Laßt uns nun nach Bethlehem gehen und sehen, was geschehen ist, wie es uns der Herr verkündiget hat. Und sie gingen eilends und fanden Maria und Joseph, dazu das Kind in der Krippe liegend.[41]

Und nun der Bericht des Protevangeliums des Jakobus:

Es wurde aber vom König Augustus ein Befehl ausgegeben, alle Einwohner Bethlehems in Judäa sollten sich aufschreiben lassen. Und Joseph sprach: »*Ich werde meine Söhne aufschreiben lassen, was aber soll ich mit diesem Mädchen machen? Wie soll ich sie aufschreiben lassen? Als meine Frau? Da schäme ich mich. Oder als Tochter? Aber es wissen ja alle Söhne Israels, daß sie nicht meine Tochter ist. Der Tag des Herrn selbst wird es machen, wie der Herr es will.*« *Und er sattelte seinen Esel und setzte sie darauf, sein Sohn zog und Samuel folgte. Und sie näherten sich auf drei Meilen. Da wandte Joseph sich um und sah sie traurig und sprach bei sich selbst:* »*Vielleicht bedrängt sie das, was in ihr ist.*« *Und wieder wandte Joseph sich um und sah sie lachen. Und er sprach zu ihr:* »*Maria, was ist das mit Dir, daß ich dein Angesicht bald lachend, bald traurig sehe?*« *Und sie sprach zu ihm:* »*Joseph, ich sehe zwei Völker mit meinen Augen, ein weinendes und ein klagendes und ein fröhliches und ein jauchzendes.*« *Und sie kamen halbwegs, und Maria sprach zu ihm:* »*Joseph, hebe mich vom Esel herab, denn Das in mir bedrängt mich und will herauskommen.*« *Und er hob sie herunter und sprach zu ihr:* »*Wo soll ich dich hinbringen und deine Unziemlichkeit in Schutz bringen? Denn der Ort ist einsam.*«*
Und er fand dort eine Höhle und führte sie hinein und ließ seine Söhne bei ihr stehen und ging hinaus, um eine hebräische Hebamme in der Gegend von Bethlehem zu suchen. Ich aber, Joseph, ging umher und ging doch nicht umher. Und ich blickte hinauf zum Himmelsgewölbe, und ich sah es stillestehen, und ich blickte hinauf in die Luft und sah die Luft erstarrt und die Vögel des Himmels unbeweglich bleiben. Und ich blickte auf die Erde, und ich sah eine Schüssel stehen und Arbeiter darum gelagert, und ihre Hände in der Schüssel. Aber die Kauenden kauten nicht, und die etwas aufhoben, hoben nichts auf, und die etwas zum Munde führten, führten nichts zum Munde, sondern alle hatten das Angesicht nach oben gerichtet. Und siehe, Schafe wurden umhergetrieben und kamen doch nicht vorwärts, sondern standen

still; und der Hirt erhob die Hand, sie (mit dem Stecken) zu schlagen, aber seine Hand blieb oben stehen. Und ich blickte auf den Lauf des Flusses, und ich sah die Mäuler der Böcke darüberliegen und nicht trinken. Dann aber ging alles auf einmal wieder seinen Lauf.

Und siehe, eine Frau stieg vom Berge herab und sprach zu mir: »Mann, wohin gehst du?« Und ich sprach: »Ich suche eine hebräische Hebamme.« Und sie antwortete mir: »Bist du aus Israel?« Und ich sprach zu ihr: »Ja«. Sie aber sprach: »Wer ist die, die in der Höhle gebiert?« Und ich sprach: »Meine Verlobte.« Und sie sprach zu mir: »Sie ist nicht deine Frau?« Und ich sprach zu ihr: »Es ist Maria, die im Tempel des Herrn aufgezogen wurde und ich bekam sie durchs Los zur Frau. Und doch ist sie nicht meine Frau; sondern ihre Empfängnis ist vom heiligen Geist.« Und die Hebamme sprach zu ihm: »Ist das wahr?« Und Joseph sprach zu ihr: »Komm und sieh!«

Und die Hebamme ging mit ihm. Und sie traten an den Ort der Höhle, und siehe, eine lichte Wolke überschattete die Höhle. Und die Hebamme sprach: »Erhoben ist heute meine Seele, denn meine Augen haben Wunderbares gesehen; denn Israel ist das Heil geboren.« Und sogleich verschwand die Wolke aus der Höhle, und ein großes Licht erschien in der Höhle, so daß die Augen es nicht ertragen konnten. Kurz darauf zog sich jenes Licht zurück, bis das Kind erschien, und es kam und nahm die Brust von seiner Mutter Maria. Und die Hebamme schrie auf und sprach: »Was für ein großer Tag ist heute für mich, daß ich dies nie dagewesene Schauspiel gesehen habe.« Und die Hebamme kam aus der Höhle heraus, und es begegnete ihr Salome. Und sie sprach zu ihr: »Salome, Salome, ich habe dir ein nie dagewesenes Schauspiel zu erzählen: eine Jungfrau hat geboren, was doch die Natur nicht zuläßt.« Und Salome sprach: »So wahr der Herr, mein Gott lebt, wenn ich nicht meinen Finger hinlege und ihren Zustand untersuche, so werde ich nicht glauben, daß eine Jungfrau geboren hat.«

Und die Hebamme ging hinein und sprach: »Maria, leg dich bereit, denn ein nicht geringer Streit besteht um dich.«

Und als Maria dies hörte, legte sie sich bereit und Salome legte ihren Finger hin zur Untersuchung ihres Zustandes. Und sie erhob ein Wehgeschrei und sprach: »Wehe über meinen Frevel und meinen Unglauben; denn ich habe den lebendigen Gott versucht; und siehe, meine Hand fällt vom Feuer verzehrt von mir ab.«

Doch dann betete Salome, und ein Engel sagte zu ihr, daß sie das Kind aufheben und tragen solle. Da wurde ihre Hand wieder heil.[42]

Die Weihnachts-Ikonen der Ostkirche basieren nicht nur auf den beiden neutestamentlichen Weihnachtsberichten, sondern auch auf der Erzählung des Protevangeliums des Jakobus. Das gilt auch von einer griechischen Weihnachts-Ikone aus dem 16. Jahrhundert.[43] (Siehe Farbtafel geg. S. 80)
Wir wollen diese Ikone im einzelnen betrachten:

Die Sphaira

Am oberen Rand der Ikone sehen wir eine dunkle Halbkugel, die sogenannte Sphaira. Dieses griechische Wort (von dem unser Wort »Sphäre« abstammt), bedeutet »Kugel« und bezeichnet vor allem die Erd- oder Himmelskugel. In der Ikonenmalerei ist die Sphaira Symbol für Gott. Sie erscheint in der Regel als Halbkugel, d.h. die andere Hälfte ist verborgen. Dadurch wird zum Ausdruck gebracht, daß Gott eine verborgene und eine geoffenbarte Seite hat. In der Regel wird die Sphaira auf den Ikonen dunkel dargestellt, manchmal auch schwarz, um zu zeigen, daß selbst die offenbarte Seite geheimnisvoll ist und auch dunkle Aspekte hat. Helene Hoerni-Jung deutet: »Sein Licht wird schwarz dargestellt, weil Gott, obwohl Licht, auf immer unerklärliches, dunkles Geheimnis bleibt.«[44] So sagt es auch Jochen Klepper in seinem Adventslied: »Gott will im *Dunkel* wohnen und hat es doch *erhellt.*«[45]

Als *vollkommener* Körper ist die Kugel Symbol der Ganzheit und Einheit Gottes. Als runder Körper ist sie Ausdruck der Bewegung. Als runder Körper hat eine Kugel »stets die Tendenz zu rollen und wird so auch zum Bild der steten Bewegung und immerwährenden Lebendigkeit. Gott bringt die Dinge ins Rollen.«[46]

Aus der Gottes-Sphaira dringt ein Lichtstrahl ins Innere der Erde ein und bahnt sich seinen Weg in eine Höhle, in der Jesus geboren wird.

Die Höhle

Daß Jesus in einer Höhle geboren wurde, ist älteste christliche Überlieferung. Schon im Protevangelium des Jakobus wird anschaulich berichtet, daß Joseph in der Nähe von Bethlehem eine Höhle fand, in die er Maria geleitete[47] und in der Jesus geboren wurde.[48]

Auch der Apologet Justin[49] und die Kirchenväter Origenes, Eusebius und Hieronymus bezeugen, daß Jesus in einer Höhle geboren worden ist. Auch die bethlehemitische Lokaltradition spricht von einer Höhle.

Über dieser Geburtshöhle hat Kaiser Konstantin im Jahre 330 die heute noch gut erhaltene fünfschiffige Basilika bauen lassen, die sogenannte Geburtskirche. Der Hochaltar dieser Kirche steht direkt über der Geburtshöhle Christi, die in der Krypta der Kirche heute noch besichtigt werden kann. An der Stelle, an der nach der Lokaltradition Christus geboren wurde, ist ein vergoldeter, vierzehnstrahliger Silberstern angebracht mit der Inschrift: »Hic de virgine Maria Jesus Christus natus est.«[50]

Was bedeutet nun die Tatsache, daß ein Strahl aus der göttlichen Sphaira in den Leib der Erde bis zur Höhle vordringt? Es begegnet uns hier die uralte Symbolik der Befruchtung der Erdmutter Gaia durch den Himmelsgott Ouranos.[51]

In der griechischen Ikonenmalerei lebt also auch hier, wie so oft, ein altgriechischer Mythos weiter. Nach der älteren Überlieferung ist die Erdmutter Gaia dem Ouranos übergeordnet, denn sie ist nicht nur Gattin, sondern auch Mutter des Ouranos. Gaia, die am Anfang aller Dinge aus dem Urchaos aufgetaucht ist,[52] hat den Ouranos in Parthenogenese (= als Jungfrau ohne Vater) geboren.[53]

Die Höhle auf unserer Ikone stellt also den Uterus der Mutter Erde dar. Die Erde selber ist die »Gebär-Mutter«, in der das göttlichen Kind gebildet wurde. Die Betonung der Mutter Erde wird auch durch die braune Farbe der Ikone unterstrichen.

Maria

Auf vielen Verkündigungs-Ikonen spiegelt sich dieses mythische Geschehen in der Gestalt der Maria. Maria, Abbild und Personifikation der Gaia (= der Mutter Erde), wird von Ouranos begattet. Dies wird in der Ikonographie so zum Ausdruck gebracht, daß der Strahl der Sphaira in Maria eindringt.[54]

Auf unserer Weihnachts-Ikone liegt Maria auf einer mandorlaförmigen Unterlage. Eine Mandorla ist eine mandelförmige Gloriole, die den ganzen Körper umschließt (im Unterschied zum Heiligenschein, der nur den Kopf umleuchtet). Auf Geburtsikonen wird diese Mandorla als weibliche Geburtsöffnung gedeutet.[55] Anstelle des Kindes liegt jedoch in der Mandorla Maria. Dadurch wird zum Ausdruck gebracht, daß Maria die Gebärende und die Geborene zugleich ist. Helene Hoerni-Jung deutet dies so: »Aus der Geburt geht nicht nur das Kind hervor, sondern auch die Mutter, das Mütterliche.«[56] Maria wird also selber zu ihrem eigenen Wesen geboren, indem sie Christus gebiert. Eine Frau, die zum ersten Mal gebiert, wird durch diese Geburt zur Mutter. Durch die erste Geburt wird somit nicht nur das »Kind« geboren, sondern auch die »Mutter«.

Maria ist Symbol für das Geschehenlassen der Neugeburt. Schon in der Ankündigung sagt Maria: »Mir geschehe wie du gesagt hast.«[57] In der Ostkirche ist deshalb der Titel »Gottesgebärerin« ein Dauertitel. Maria ist als Gottesgebärerin nicht nur die »Mutter Gottes«, sondern sie ist auch diejenige, die ständig das Göttliche neu hervorbringt. Das Tuch, auf dem Maria liegt, ist rot. Rot ist die Symbolfarbe sowohl für die Erde, als auch für den Heiligen Geist, der Maria befruchtet hat. Das Tuch und das Gewand der Maria erinnern an eine Lemniskate (d.h. an eine liegende Acht), ein Symbol für die Unendlichkeit und für die göttliche Welt.

Die rote Farbe und die runden Linien sind Symbol des Mütterlichen. Die geraden Linien und das blaue Gewand sind Symbol für die Jungfräulichkeit. Unsere Ikone ist also eine Darstellung der jungfräulichen Mutter. So wie Maria nach der Auffassung der Ostkirche immerdar »Gottesgebärerin« ist, ist sie auch »immerdar Jungfrau«. Diese Bezeichnungen sind keine biologischen Aussagen, sondern symbolische. Sie haben etwas mit Ganzheit zu tun.

Maria wendet dem Kind den Rücken zu. Was bedeutet das? Ich habe lange nach einer Erklärung gesucht. Schließlich habe ich einen alten Ikonenmaler getroffen und ihn gefragt. Er sagte: »Für mich ist das so: Jesus ist für alle da. Es gibt kein ausschließliches Verhältnis zwischen Maria und Jesus. Maria gibt ihr Kind frei, sie will es nicht als Alleinbesitz. Dies wird dadurch zum Ausdruck gebracht, daß sie ihm den Rücken zukehrt.«

Maria steht nicht nur objektstufig für die Geburt eines realen Kindes aus Fleisch und Blut, sondern auch subjektstufig für das göttliche Kind, das in uns allen geboren werden will.

Das Kind

Was ist dieses göttliche Kind? Es steht für das neue Leben, das in uns geboren wird. Es ist das eigentliche Leben, nach dem wir uns im Grunde unseres Herzens alle sehnen. Das Kind ist Symbol für die Tatsache, daß wir das Leben noch einmal ganz von vorne beginnen können. Wenn wir das Kind meditieren, dann stellen wir uns vor, daß jetzt all das leben darf, was wir bisher unterdrückt haben. Alle vergangene Schuld ist jetzt ausgelöscht (aber aus den Fehlern, die wir gemacht haben, können wir lernen, es anders zu machen!). Wir können noch einmal die Träume von Liebe und Glück träumen. Die Macht der Gewohnheit ist aufgehoben, und wir können noch einmal ganz von vorne beginnen. Der heutige Tag ist der erste Tag der Wegstrecke, die noch vor uns liegt. Eine solche Meditation ist keine Illusion, sondern sie ist eine Kraftquelle für einen tatsächlichen Neubeginn.

In jedem Menschenherzen – zu allerinnerst – wartet ein solches Kind darauf, daß es endlich leben darf, daß es endlich von uns angenommen wird. Wenn wir es wagen, vielleicht gegen alle Vernunft und gegen unsere bisherige Gewohnheit, unsere Träume zu leben, dann werden wir entdecken, daß dieses göttliche Kind nicht ein Luftgespinst ist, sondern ein *Immanuel*, d.h. ein Gott mit uns.[58]

Das Kind steht für Bereiche der Psyche, die spontan ins Bewußtsein drängen und gelebt werden wollen, ohne von der Vernunft gezeugt zu sein. Sie sind »jungfräulich«, nicht von der Vernunft geboren, sondern von innen heraus. Auch die Akzeptanz des Kindes geschieht nicht aus der Vernunft heraus, sondern aus der Tiefe unseres wahren Selbst. Es ist ein inneres Muß. Wer das innere Kind nicht annimmt, wie z.B. Herodes, der verspielt eine Chance, vielleicht sogar *die* Chance für eine Erneuerung seines Lebens. Das innere Kind wird nur durch die Liebe geboren, manchmal gegen alle äußeren Vernünftigkeiten, so wie es Erich Fried in einem Gedicht zum Ausdruck bringt:

Es ist Unsinn
sagt die Vernunft
Es ist was es ist
sagt die Liebe

Es ist Unglück
sagt die Berechnung
Es ist nichts als Schmerz
sagt die Angst
Es ist aussichtslos
sagt die Einsicht
Es ist was es ist
sagt die Liebe

Es ist lächerlich
sagt der Stolz
Es ist leichtsinnig
sagt die Vorsicht
Es ist unmöglich
sagt die Erfahrung
Es ist was es ist
sagt die Liebe[59]

Die Krippe

Die Krippe auf unserer Ikone besteht aus geflochtenen Zweigen, also aus Holz. Auf anderen Ikonen ist die Krippe eine große Holzkiste.[60] Hier begegnet uns die im alten Griechenland weit verbreitete Symbolik des aus dem »Holz« geborenen göttlichen Kindes, das seinen deutlichsten Ausdruck im Mythos von der Baumgeburt des Adonis findet, die von Ovid anschaulich geschildert wird:[61]

Die in einen Myrrhenbaum verwandelte Mutter gebiert das
Kind folgendermaßen:

Einer Kreißenden gleich
sich krümmend ächzte und stöhnte
oftmals der Baum
und ward von fallenden Tränen[62]
gefeuchtet.
Siehe! Die milde Lucina,[63]
tritt zu den leidenden Zweigen,
legt an den Stamm ihre Hände
und spricht die entbindenden Worte.
Risse treibt der Baum
und gibt aus dem Spalt seiner Rinde
los seine lebende Last.
Ein Knabe wird frei, den die Nymphen
betten auf weichen Kräutern
und salben mit Tränen der Mutter.
Loben müßte der Neid seine Schönheit;
denn so wie die kleinen Liebesgötter
auf Bildern mit nackenden Leibern gemalt sind,
so war er zu schaun.

Was aber haben Christus und Adonis miteinander zu tun?
Schon im Alten Testament wird der Adonis-Kult erwähnt,[64] und
zwar interessanterweise ohne Abwertung. Wenn sonst irgend-
ein Kult aus der Heidenwelt erwähnt wird, haben die Propheten meist heftig dagegen gewettert. Bei Sacharia jedoch wird
der Adonis-Kult rein sachlich erwähnt. In der hellenistischen
Umwelt des Neuen Testaments war der Adonis-Kult außerordentlich beliebt – auch in Bethlehem. Dort hat die Weihnachts-
feier ein altes Adonis-Fest abgelöst.[65] So erinnert der aus
Baumzweigen geflochtene Korb (oder die Holzkiste) an die
Baumgeburt des Adonis. Daß der Name der Mutter des Adonis
»Myrrha« auch in der Erzählung von den Weisen aus dem
Morgenland auftaucht,[66] ist sicherlich kein Zufall. Die Myrrhe,
das kostbare Harz, das aus den Tränen der Myrrha entstanden
ist, diente als Weihrauch, aber auch als Medizin und als Likör.
In Griechenland wurde Myrrhe auch zum Würzen von Wein

benutzt.[67] Wir sehen also, wie hintergründig eine schlichte Holzkiste auf einer Ikone sein kann.[68]

Ochs und Esel

Auf keiner Geburts-Ikone fehlen Ochse und Esel. Diese beiden Tiere sind immer mit dabei. Sie sind anscheinend für die frühe Christenheit sehr wichtig, obwohl diese beiden Tiere in den Weihnachtsgeschichten des Neuen Testamentes nicht erwähnt werden. Die biblische Grundlage wurde erst von Origenes im dritten Jahrhundert gelegt, indem er die Stelle aus dem Propheten Jesaja: »Ein Ochse kennt seinen Herrn und ein Esel die Krippe seines Herrn, aber Israel kennt es nicht, und mein Volk hat keine Einsicht«[69] auf die Geburt Jesu bezog. Es gibt jedoch auch eine mythologische Grundlage für diese beiden Tiere. In vielen Mythen gehören Tiere mit zur Geburt eines göttlichen Kindes.[70] So wird z.B. der Heilgott Asplkepios zwischen Ziege und Hund geboren. Die Ziege, die nach oben klettert, symbolisiert den Himmel, während der Hund zur Unterwelt gehört. Ziege und Hund sind somit Symbol der Verbindung von Himmel und Erde. Auch bei Jesus heißt es im Zusammenhang mit seiner Geist-Geburt: »Er war bei den *Tieren,* und die *Engel* dienten ihm.«[71] Was aber bedeuten Ochs und Esel?

Ochs und Esel begegnen uns schon sehr früh in der christlichen Kunst:[72]

Auf diesem Relief sind weder Maria noch Joseph zu sehen. Religionsgeschichtlich sind Ochs und Esel höchst bedeutsam. Schon im vierten Jahrtausend v. Chr. spielt der Stier[73] in Mesopotamien eine wesentliche Rolle im Fruchtbarkeitskult. Hohe Bedeutung erlangt der Stier besonders im kretisch-mykenischen Kulturkreis und dann vor allem in Ägypten, wo der Apis-Stier göttlich verehrt und sogar mumifiziert wurde.

In Griechenland war der Stier dem Poseidon zugeordnet. Auch im Streit zwischen Apoll und Hermes spielen Rinder eine wesentliche Rolle,[74] ebenso als Ursache der Leiden des Odysseus.[75]

Im römischen Kulturbereich begegnet uns der Stier vor allem in den Mithras-Heiligtümern als zentrales Opfertier. Weiterhin begegnet uns der Stier in der Astrologie, wo er das Erd-Element repräsentiert.

Es ist verständlich, daß sich die Propheten Alt-Israels heftig gegen den Stierkult gewehrt haben, denn der Stier-Kult hatte für Israel eine unerhört starke Anziehung. So macht auch die Erzählung vom goldenen Stierbild[76] deutlich, wie sehr es das Volk zum mütterlichen Stierkult zurückzog – und zwar in der Zeit, in der das Stier-Zeitalter vom Widder-Zeitalter abgelöst wurde. Bei der Wüstenwanderung spiegelt der Sog »zurück nach Ägypten« die Sehnsucht nach dem mütterlichen, erdgebundenen Stierkult.

Der Ochse ist Symbol für die Verbindung Jesu zur mütterlichen Erde. Er erinnert uns daran, daß hinter unserer leiblichen Mutter die Mutter Erde steht.[77]

Der Esel ist ebenfalls mit Israel verbunden. In der Bibel begegnet uns der Esel als ein Tier, das offen ist für die göttliche Wirklichkeit[78] und als Reittier des Friedenskönigs.[79] Der Einzug Jesu in Jerusalem wird ebenfalls als Einzug auf einem Esel dargestellt. Im Hellenismus ist der Esel Reittier des Dionysos, des Gottes des Weines und der Sinnenfreude. Es wird außerdem überliefert, daß der Esel durch das Abfressen der Rebentriebe die Winzer das Beschneiden des Weinstocks gelehrt habe[80] und daß das Geschrei der Esel, auf denen Dionysos und seine Begleiter ritten, die gegen Dionysos kämpfenden Giganten in die Flucht gejagt hätten.[81]

Besonders beliebt war in der antiken Welt der Roman des Apuleius »Der goldene Esel«, der auf dem Hintergrund der Mysterien von Eleusis die erotischen Abenteuer des in einen Esel verwandelten Lucius schildert.[82]

Auch in der Grimmschen Märchensammlung begegnet uns ein »Eselein«,[83] das zwar äußerlich ein Esel ist, aber innerlich ein Königssohn.[84]Daß »innen« mehr ist, als der äußere Schein zu erkennen gibt, wird deutlich am wunderschönen Lautenspiel des Esels, in dem die innere Musik äußerlich hörbar wird.[85]

Das Märchen »Das Eselein« geht auf eine vollständig erhaltene lateinische Dichtung zurück, die Jakob Grimm als Vorlage für sein Märchen diente.[86] Auch in einer indischen Sage begegnen uns wesentliche Motive dieses Märchens. Der Esel hat auch eine besondere Nähe zu Saturn, der das Innere »Muß« symbolisiert. An der Krippe Jesu ist er Symbol für den Weg, den Jesus gehen *muß*, weil es sein Weg ist.

Somit steht auch hinter dem Esel eine ganze Welt von Vorstellungen.

In Ochs und Esel wird das volle, erdgebundene Menschsein Jesu mit seinen Leiden und Freuden und der ihm vorgezeichnete Weg symbolisch zum Ausdruck gebracht.[87]

Psychologisch könnte man die Anwesenheit der beiden Tiere auch so deuten, daß bei schicksalshaften Übergängen Instinktkräfte mitwirken, die den Prozeß fördern[88], und dann könnte man die Jesajastelle: »Ein Ochse kennt seinen Herrn und ein Esel die Krippe seines Herrn, aber Israel kennt es nicht und mein Volk hat keine Einsicht« (Jesaja 1,3) so verstehen, daß unsere Instinkte und unser Körper besser Bescheid wissen, worum es geht, als unser Intellekt.

Während Ochs und Esel und die Pflanzen auf unserer Ikone deutlich machen, daß die Menschwerdung Jesu verbunden ist mit dem vegetativen und animalischen Bereich, weisen die Sphaira und die Engel darauf hin, daß die Geburt des göttlichen Kindes etwas mit dem Himmel zu tun hat.

Engel

Engel sind Verbindungsglied zwischen Gott und Mensch, zwischen Materie und Geist. Nach antiker Auffassung bestehen sie aus Äther. Äther ist eine »Materie, die keine Materie ist«, ein »unstofflicher Stoff«. Nach altchristlicher Überlieferung sind Engel hierarchisch gegliedert. Die obersten Engel sind die Erzengel. An ihrer Spitze steht Michael, daneben Gabriel, Raphael und Uriel. Dionysios Areopagita beschrieb im fünften Jahrhundert diese Engelshierarchien in einer visionären Schau.[89] Jesus sagt, daß wir Menschen nach dem Sterben »sein werden wie die Engel«.[90]

Psychologisch sind Engel Urbilder unserer menschlichen Existenz, die uns schützen und leiten. Die Stimme der Engel ist die Stimme unseres wahren Selbst. »Im Bild des Engels redet Gott in der Gestalt des eigenen Wesens zum Menschen.«[91] Im Bild des Engels redet Gott durch uns zu uns. Er redet durch unser wahres SELBST zu unserem bewußten ICH.

Gitta Mallasz schreibt: »Der Engel sagt: Ich bin du, höre zu.«[92] Es gilt, auf die Botschaft der Engel zu horchen und dann zu gehorchen, zu lauschen und dann das Erlauschte Tat werden zu lassen.

Engel sind als Urgestalt unseres eigenen Wesens die andere Seite unserer bewußten Persönlichkeit, die mehr weiß und deshalb Schaden abwenden und Weisung erteilen kann. Wilhelm Stählin hat es einmal so formuliert: »Es wird in uns etwas gegenwärtig und mächtig, das in jeder Hinsicht einer anderen Welt zugehört. In der Berührung mit dieser verborgenen Wirklichkeit erfahren wird etwas, was wir nicht wissen, und eine Weisung, die wir nicht kennen.«[93] Auch unser wahres Selbst ist eine »ganz andere Welt«. Es hat zwar einen subjektiven Aspekt, ist aber selber ganz objektiv und größer als wir selber. Die doppelte Funktion der Engel wird in unserer Ikone dadurch ausgedrückt, daß sie Gott loben (d.h. sie sind auf die andere Welt ausgerichtet) und daß sie den Menschen dienen als Stimme des wahren Selbst.

Die Magier

Auf unserer Ikone sehen wir drei Magier. Das Matthäus-Evangelium erwähnt jedoch keine Zahl, sondern erwähnt lediglich »Magier aus dem Osten«.[94] Die *drei* Magier hat man von den drei Geschenken abgeleitet. Später wurden sie zu drei *Königen,* dann »wußte« man ihre *Namen:* Kaspar, Melchior, Balthasar. Und schließlich unterschied man drei Altersstufen: junger Mann, Mann im mittleren Alter und alter Mann. Die drei Magier wurden dadurch zu einem männlichen Äquivalent der drei mythologischen Frauen-Gestalten: Großmutter, Mutter und Kind.[95] Und dann wußte man, daß der Jüngste dunkelhäutig war.

Von drei Männern, von denen der Jüngste anders ist als die anderen, erzählen viele Märchen. In einer späteren Erzählung wird dann berichtet, daß noch ein vierter König mit dabei war.[96]

Die *Geschenke* der Magier sind Gold, Weihrauch und Myrrhe. *Gold* steht für den höchsten Wert. Es ist das Endprodukt des alchemistischen Prozesses. Gold ist Symbol des wahren Selbst, des inneren Christus. Diesem Christus begegnen die Magier, und ihm schenken sie sich in ihren Gaben. Sie entdecken also in sich selber das Gold, d.h. den wahren Christus, und dann geben sie das, was in ihnen ist, weiter. Das erinnert an eine Szene aus der Johannesoffenbarung, wo die 24 Ältesten ihre goldenen Kronen jeweils vor Gott niederlegen, aber dann immer wieder neu empfangen. Dies bedeutet, daß das, was wir empfangen, erneuert wird, indem wir es weitergeben.[97] Was wir für uns behalten, wird starr und unlebendig, was wir weiterfließen lassen, erhält und erneuert unser Leben.

Der *Weihrauch* ist Symbol der Wandlung. Weihrauchkörner entstammen der »Erde«. Sie werden durch Feuer verwandelt und steigen mit der Luft nach oben und verbinden so die »Erde« mit dem »Himmel«. Es entsteht ein Wohlgeruch, wenn die Verbindung zwischen Erde und Himmel zustande kommt!

Und schließlich die *Myrrhe,* die in der Mythologie mit der schmerzensreichen Geburt des Adonis aus dem Myrrhenbaum verbunden ist. Myrrhe wurde auch bei der Salbung der Toten verwendet und wird deshalb bei der Deutung der Geschenke der Magier mit dem Tod Jesu in Verbindung gebracht. Andererseits ist Myrrhe ein Heilmittel und ein Genußmittel und gilt deshalb als Symbol für die Fülle des Lebens, die Jesus schenkt.

Daß die Magier auf *Pferden* reiten, ist ebenfalls bedeutsam. Das Pferd ist Symbol für unseren Körper, für unsere Verbindung mit der Erde. Für Menschen, die nach den Sternen schauen, ist es besonders wichtig, daß sie mit der Erde verbunden sind im Sinne des Dichter-Wortes: »Schau nach den Sternen, hab acht auf die Straße.«

Wer mit den Sternen verbunden ist, muß gleichzeitig fest im Sattel sitzen, damit er nicht abhebt. Wer mit der oberen Welt verbunden ist, braucht eine gute Beziehung zur unteren Welt, zu seiner animalischen Seite, zu seinen Instinkten und Trieben. Daß nur zwei Pferde sichtbar sind, und zwar ein helles und ein dunkles, erinnert auf einer griechischen Ikone an die beiden Pferde Platons, die der Rosselenker fest am Zügel halten muß, wenn er sein Leben recht meistern will.

Die Hirten

Die traditionelle Deutung der Geburtsikone sieht in den Hirten Vertreter des Judentums, im Gegensatz zu den drei Magiern, die als Vertreter der nichtjüdischen Welt gelten. Die Hirten haben jedoch eine noch tiefere Bedeutung. Sie galten zur Zeit Jesu als arm und verachtet, als Gesetzlose und als Diebe.

Daß sie als »gesetzlos« galten, hatte seinen Grund darin, daß sie ihre Herden im Freien weiden ließen und deshalb auch am Sabbat arbeiten mußten. Sie hatten keine Möglichkeit, die nötigen Reinheitsvorschriften zu beachten. Sie konnten leicht stehlen, weil niemand kontrollierte, wie viele Lämmer jeweils geboren wurden oder wieviele Schafe Raubtieren zum Opfer gefallen sind. Die Hirten stehen deshalb psychologisch für unsere Schattenaspekte.

Andererseits wirkt in der Ikonen-Malerei die alttestamentliche Tradition nach, wo der Hirte hoch angesehen war. Im Alten Testament war der Titel »Hirte« Attribut für Gott und für den König. »Gott ist mein Hirte«, heißt es im 23. Psalm, und Jesus bezeichnet sich selber als »den guten Hirten«.[98] Auch von seinen Anhängern wird er als »Hirte und Hüter« der Seele bezeichnet.[99] Auch dem Petrus, dem Wortführer der frühchristlichen Gemeinde, in dem die römisch-katholische Kirche ihren ersten Papst sieht, überträgt Jesus das Amt des Hirten,[100] ein Titel, den der Papst bis zum heutigen Tag – neben anderen – beibehalten hat. Die Schafe auf unserer Ikone erinnern somit an die Menschen, die dem Erzhirten Jesus und seinen Hirten auf Erden anvertraut sind.

Daß ausgerechnet dem Petrus das Hirtenamt übertragen wird, macht deutlich, daß nur der zu »Hohem« berufen ist, der seine eigene »Tiefe« kennt! In der Berufungsszene des Petrus[101] geht es Jesus darum, daß sich Petrus mit seiner Verleugnung auseinandersetzt: Der dreimaligen Verleugnung entspricht die dreimalige Infragestellung seiner Liebe und die dreimalige Berufung. Petrus bleibt trotz seiner Reue bis zum heutigen Tag der Petrus, der Jesus verleugnet hat. Was Petrus auch immer geworden ist, die Verleugnung gehört zu seiner Geschichte. Der Hahn sitzt ihm im Nacken und fliegt nicht mehr davon.[102] Der Wortführer der christlichen Gemeinde bleibt ein Wortführer, der Christus verleugnet hat!

Petrus ist Symbol für den verwundeten Heiler. Petrus wird *der* Hirte, *weil* er versagt hat, d.h. weil er um seinen Schatten weiß und weil er zu diesem Schatten steht. Daran mag auch der Hirte auf unserer Ikone erinnern.

Die Hebammen

Von ihnen berichtet das Protevangelium des Jakobus. Es sind zwei Hebammen, von denen die eine – neben Joseph – die Verkörperung des Zweifels ist. Sie glaubte nicht an die jungfräuliche Geburt und wollte einen Beweis. Dabei verbrannte sie sich die Hand, die jedoch wieder geheilt wurde.

Jesus ist auf unserer Ikone zweimal dargestellt: einmal in der Krippe und einmal auf dem Arm der Hebamme. Dadurch wird deutlich, daß wir es nicht mit dem historischen Bereich zu tun haben, der von Raum und Zeit bestimmt wird und in dem die Ereignisse nur nacheinander geschehen können, sondern es handelt sich um ein mythisches Geschehen, das dem Bereich des Unbewußten entspricht, in dem alles gleichzeitig geschieht. Das kelchförmige Badegefäß erinnert an ein Taufbecken und ist somit Symbol der neuen Geburt. Es erinnert aber auch an den Leidenskelch und ist somit ein Hinweis auf den Weg Jesu, der von der Krippe zum Kreuz führt.

Joseph

Joseph hatte schon beim Beginn der seltsamen Schwangerschaft der Maria seine Zweifel.[103] R.M. Rilke schildert in einem Gedicht, wie der Engel dem Joseph damals seinen Zweifel ausgetrieben hat:

> Der Engel sprach und gab sich Müh
> an dem Mann, der seine Fäuste ballte:
> »Aber siehst du nicht an jeder Falte,
> daß sie kühl ist wie die Gottesfrüh?«
>
> Doch der andre sah ihn finster an,
> murmelnd nur: »Was hat sie so verwandelt?«
> Doch da schrie der Engel: »Zimmermann,
> merkst du's noch nicht, daß der Herrgott handelt?

Weil du Bretter machst, in deinem Stolze,
willst du wirklich den zur Rede stell'n,
der bescheiden aus dem gleichen Holze
Blätter treiben macht und Knospen schwell'n?«

Er begriff. Und wie er jetzt die Blicke,
recht erschrocken, zu dem Engel hob,
war der fort. Da schob er seine dicke
Mütze langsam ab. Dann sang er Lob.[104]

Diese Einsicht und dieses Gotteslob haben jedoch bei Joseph
nicht angehalten – so wie eine Einsicht manchmal auch bei
uns nicht anhält. Bei der Geburt Jesu kommen Joseph erneut
Zweifel, und jetzt erhält der Zweifel Unterstützung durch den
Versucher, der in Gestalt eines Hirten mit Joseph redet. Der
Versucher trägt einen Stab mit Widerhaken, die sich in der
Seele des Joseph festhaken sollen. Der Versucher will den
Zweifel im Herzen des Joseph verankern.

Joseph traut der Geschichte mit der Jungfrauengeburt nicht.
Er hat seine Skepsis beibehalten – und diese Skepsis ist wichtig!
Der Zweifel hat eine ganz wichtige Funktion, denn nur durch
den Zweifel kommen wir zur rechten Einsicht. Das wird dadurch deutlich, daß Joseph, der Zweifler, auf allen Ikonen
einen Heiligenschein hat. Außer Maria und dem Jesuskind hat
– abgesehen von den Engeln – nur noch Joseph einen Heiligenschein. Das heißt, daß der Zweifel eine wichtige Funktion
hat und zur Ganzheit dazugehört. Wer nie zweifelt, steht in
der Gefahr, abzuheben und auch das für möglich zu halten
und für bare Münze zu nehmen, was hinterfragt werden muß.
Wer unbesehen alles übernimmt, besonders im religiösen
Bereich, bei dem bleibt der Zweifel in der Tiefe sitzen und
übt dort seine zerstörende Funktion aus.

Die Weihnachtstafeln des Isenheimer Altars

Die Weihnachtstafeln des Isenheimer Altars gehören zu den bekanntesten Weihnachtsbildern des Abendlandes. Sie zeigen das Weihnachtsgeschehen als ein Geschehen, in dem die vordergründig-irdische Realität transparent für die hintergründig-himmlische Wirklichkeit wird.

Wir wollen die 3 Tafeln – als Zusammenfassung unserer Ausführung über die Advents- und Weihnachtszeit – im einzelnen betrachten: (Siehe Farbtafeln geg. S. 88, 96, 104)

Die Ankündigung der Geburt Jesu

Das Bild des Matthias Grünewald (geg. S. 88) führt uns in den Alltag der Maria. Es zeigt uns symbolhaft, daß sich in diesem Alltag himmlische und irdische Wirklichkeit durchdringen. Die *Stube* der Maria ist verbunden mit einer gotischen *Kapelle*. Auf der *Truhe* liegt die *Bibel*. Maria kniet zwischen zwei Vohängen, einem *grünen,* der die Erdverbundenheit zum Ausdruck bringt, und einem *roten,* der Ausdruck des Feuers des Geistes und damit des Himmlischen ist.

Es wird somit auf dreifache Weise unterstrichen, daß Maria in diesen beiden Welten lebt. Ihr Alltag ist durchdrungen von der himmlischen Wirklichkeit. Der Raum atmet eine große Stille. Es wird dadurch angedeutet, daß Gott redet, wenn wir schweigen.

Der *Engel Gottes* bricht in diesen Alltag herein wie ein Wind. Sein wehendes Gewand leuchtet in den Farben des verwandelnden und läuternden Feuers, des Geistes und des Lichts. Das Zepter deutet die himmlische Bevollmächtigung an. Die drei Finger unterstreichen die Botschaft, die mit den drei Personen (Maria, Heiliger Geist und Jesus) zu tun hat. Diese

Botschaft wird auch unterstrichen durch den Mantel des Engels, der der Maria entgegenschlägt, sie gleichsam überfällt wie die Botschaft und sie »überschattet«.[105]

Die *Botschaft* ist gegründet auf das Wort Gottes im Alten Testament. Dies wird in dreifacher Weise unterstrichen: Jesaja erwacht aus seiner Versteinerung zum Leben und schickt sich an, zu Maria herabzusteigen. Auch die steinernen Blätter und Ranken des gotischen Gewölbes beginnen zu wachsen. Gottes Wort kommt zu neuem Leben.

Die aufgeschlagene Bibel auf der Truhe redet zu Maria. Es sind dieselben Worte, die auch Jesaja in der Hand hält: *»Eine Jungfrau wird schwanger werden und einen Sohn gebären, den wird sie Immanuel nennen.«*[106]

Zwei Finger des Engels weisen ebenfalls auf die aufgeschlagene Bibel.

Die Hand des Engels ist außerdem ein Hinweis auf die zwei Naturen Christi, »wahrer Mensch und wahrer Gott« (zwei Finger), und auf die Dreieinigkeit (drei Finger). Das Prophetenwort wird so gegenwärtig gesetzt, daß Maria unausweichlich mit ihm konfrontiert wird. Ihr wird gesagt: *Du* bist *jetzt* gemeint.

Die *grundsätzliche* Bereitschaft aller Glaubenden, sich von Gott *jederzeit* gebrauchen zu lassen zur Durchführung Seiner Pläne, wird je und dann zu einer direkten Aufforderung für einen *bestimmten* Menschen, sich *jetzt* gebrauchen zu lassen. Erst in solchen Augenblicken zeigt es sich, wie echt die grundsätzliche Bereitschaft ist.

Über der deutenden Hand des Engels ist im Kapellenfenster ein Kreuz sichtbar. Es wird dadurch angedeutet, daß Gottes Auftrag, der sich an einen bestimmten Menschen richtet, für diesen Menschen nicht nur Freude, sondern auch Leid bedeutet.[107]

Wie reagiert nun *Maria* auf die Botschaft des Engels? Die symbolische Durchdringung von Menschlichem und Göttlichem, die die Situation der Maria schon vorher kennzeichnet, wird für sie jetzt unausweichliche Wirklichkeit. Der Mensch Maria wird konfrontiert mit dem himmlischen Boten.

Die Haltung des Kopfes der Maria scheint auszudrücken, daß die erste Reaktion der Maria Abwehr ist; Augen und Mund lassen sogar eine gewisse Skepsis erkennen. Dadurch werden Erschrecken und Verwunderung ausgedrückt.[108]

Die zweite Reaktion ist ausgedrückt durch das dem Engel entgegengehaltene Ohr und durch die sich zaghaft öffnenden Hände. Maria öffnet sich für die Botschaft und bekundet behutsam ihre Bereitschaft, Gott zur Verfügung zu stehen. Es ist ein Vertrauen gegen allen Augenschein und gegen alle Zweifel: »Siehe, ich bin des Herrn Magd, mir geschehe, wie du gesagt hast.«[109]

Die *Taube,* die hoch über den sich öffnenden Händen der Maria schwebt, ist von Grünewald unendlich zart gemalt. Es wird dadurch angedeutet, daß der Heilige Geist ständig in einer behutsamen Bereitschaft steht, dort zu handeln, wo Menschen sich für das Wirken Gottes öffnen. Die Zartheit, mit der die Taube gemalt ist, macht deutlich, daß Gottes Geist niemals jemand überfällt oder vergewaltigt, sondern nur dort wirkt, wo wir ihn wirken lassen.[110]

Maria sagte ja – und Gott kann Mensch werden. Gott wartet auch heute ständig neu auf unser Ja, damit er neu in diese Welt herabsteigen kann, um den Menschen neu als der Heiland zu begegnen. Michel Quoist hat diese Tatsache einmal folgendermaßen ausgedrückt:

> »Sag ja, mein Kind.
> Ich brauche dein Ja,
> wie ich das Ja Mariens gebraucht habe,
> um auf die Welt zu kommen,
> Denn ich muß bei deiner Arbeit sein,
> Ich muß in deiner Familie sein,
> Ich muß in dienem Bezirk sein und nicht du,
> Denn mein Blick durchdringt und nicht deiner,
> Mein Wort trägt und nicht deines,
> Gib mir *alles,* überlasse mir *alles.*

Mein Leben wandelt um und nicht deines.
Ich brauche dein Ja, um mich dir zu vermählen
und auf die Erde herabzusteigen.
Ich brauche dein Ja, um die Welt weiter retten zu
können!
O Herr, ich habe Angst vor Deiner Forderung, aber wer
kann Dir widerstehen?
Damit Dein Reich komme und nicht das meine,
Damit Dein Wille geschehe und nicht der meine,
Hilf mir, *Ja* sagen.«[111]

Das Engelskonzert

Gestalten, wie Grünewald sie gemalt hat, kann man nicht
erfinden. Grünewald hat einen Blick getan in die jenseitige
Welt. Das Engelskonzert hat Matthias Grünewald aufgrund
einer Vision gemalt (siehe Farbtafel geg. S. 96). Daß das
Geschaute Ähnlichkeit hat mit dem, was andere Mystiker (z.b.
Birgitta von Schweden) geschaut haben, ist ein Zeugnis für
die Realität des Geschauten. *So* kann nur jemand Engel malen,
wer auch Dämonen geschaut hat. Und Grünewald hat Dämonen geschaut. Das beweist der Antoniusflügel des Isenheimer
Altars. Was Grünewald malt, sind Urbilder der Schöpfung. Er
zeigt die Schöpfung in ihrer Hintergründigkeit. In seinem
Engelskonzert erschließt uns Matthias Grünewald das Wesen
der unsichtbaren Welt in einer vierfachen Weise.

1. Vielfalt

Jeder Engel ist anders. Betrachten wir nur die beiden Cello-
engel: der helle Engel im Vordergrund und dahinter der
dunkle Seraf, den ich für den Todesengel halte. Auch er gehört
mit zum Konzert. Auch er stimmt mit ein in das Gotteslob.
Für den Glaubenden hat der Tod seinen Schrecken verloren.
Deshalb hat auch dieser Engel ein so gutes, sehnsuchtsvolles

Gesicht. Welche Vielfalt auch bei den schwarzen und weißen kleinen Engeln! Jeder ist ein Original, und jeder trägt zum Konzert in der Weise bei, wie es seinem Wesen entspricht.

Der 1. Petrusbrief[112] spricht von der »buntfarbigen« Gnade Gottes. Vielfalt ist Ausdruck der Lebendigkeit, denn alles Leben ist vielfältig. Selbst das »Versteinerte« und »Hölzerne« scheint zu neuem Leben zu erwachen: Unter den vielfältigen Klängen des Konzerts beginnen die Blumen und Ranken an Pfeilern und Bogen sich zu entfalten und aufzublühen.

2. Einheit

Das Engelskonzert beschreibt eine Vielfalt in der Einheit. Es ist eine dynamische Einheit, die durch das Zusammenklingen der Instrumente und durch die Harmonie des Vielfältigen zustande kommt. In einem Konzert herrscht keine Uniformität, sondern ein Zusammenklang von Originalen. Dort, wo sich die Originale und das Originelle richtig zusammenfügen, entsteht Harmonie.[113]

Und was ist das Einende? Jesus! Der Blick der himmlischen Musikanten ist nach rechts gerichtet. Dort ist auf dem nächsten Bild der neugeborene Erlöser zu sehen. Alle schauen auf Ihn. Maria geht voran und weist mit ihren Händen in die rechte Richtung. Nur wo der Blick auf Jesus gerichtet ist, entsteht Einheit. Er allein ist die Verkörperung aller Harmonie und Individuation. In *Ihm* sind Himmel und Erde eine vollkommene Einheit geworden.

3. Geistigkeit

Die über den Engeln schwebende lebendige Kugel bringt zum Ausdruck, daß Grünewald eine geistige Realität malt. Auch die kristallklare Wasserkanne zu Füßen der Maria ist ein Symbol der geistigen Durchsichtigkeit. Maria ist hier nicht als irdische Magd gezeichnet wie im Ankündigungsbild, sondern durchstrahlt von dem in ihr lebenden Christus. Jesus hat ganz von ihr Besitz ergriffen. Dieses Bild ist so recht ein »Heilig Abend«-Bild: Maria steht unmittelbar vor ihrer Niederkunft. sie ist hochschwanger. Im Vordergrund steht das Bad für das neugeborene Kind schon bereit. Maria steht in der Türöffnung, d.h. an der Schwelle zwischen dem alten und dem neuen Bund. Sie ist Urbild der neuen Menschheit. Sie ist die zweite Eva. Die Patriarchengestalten am mittleren Pfeiler scheinen anzudeuten, daß hier in Erfüllung geht, »was der alten Väter Schar höchster Wunsch und Sehnen war«[114]. Grünewald macht deutlich, daß es sich um eine ganzheitliche Erlösung handelt. Das Irdische ist überstrahlt von der himmlischen Wirklichkeit. Hier ist nichts mehr zu sehen von Armut, Herbergssuche, Stall und Krippe, sondern hier ist Himmel, Ewigkeit, Geist. Aber das Irdische gehört mit dazu. Das wird nicht nur durch den Badezuber angedeutet, sondern auch dadurch, daß Maria (wie im Ankündigungsbild) in den irdischen und himmlischen Farben gemalt ist. Der dunkle, »irdische« Rock ist überstrahlt vom Rot des Geistes und vom Gelb des himmlischen Lichtes.

4. Freude

Der Sinn der Schöpfung ist der Lobpreis Gottes, der aus einer tiefen dankbaren Freude aufquillt. Paulus schreibt im Epheserbrief (1,12): »Wir sollen zum Lobpreis seiner Herrlichkeit dienen.«

Der besondere Grund zur Freude ist die Menschwerdung Jesu. Gott ist wieder auf die Erde gekommen! Die Menschheit ist damit ins Paradies zurückgekehrt.

Maria gehört schon ganz zu dieser neuen Menschheit; ja, sie geht ihr voran. Jesus, der zweite Adam, ist erschienen, der erneut die Herrschaft antreten wird. Meister Eckehard meint: »Die Engel haben Lust, Freude und Wonne an der Geburt Jesu – zu tun haben sie dabei nichts.« Das ist die wahre Freude: das absichtslose Musizieren als ein Hörbarwerden einer Freude, die in der Tiefe verankert ist. Es ist ein musikalischer Ausdruck der Weihnachtsfreude, wie sie z.B. in den Weihnachtsoratorien von Johann Sebastian Bach und Saint Saëns nacherlebt wird.

Grünewalds Engelkonzert ist ein mystisches Bild. »Mystik« heißt: die Augen schließen vor der Vordergründigkeit dieser Welt, um das Eigentliche zu schauen. Saint Exupéry hat einmal gesagt:»Man sieht nur mit dem Herzen gut, das Wesentliche ist für die Augen unsichtbar.«[115] Vielleicht gelingt es uns, in der Weihnachtszeit unsere Mitmenschen und die ganze Kreatur mit dem»Herzen« anzuschauen, um so etwas von der himmlischen Schönheit zu erahnen, die sich auch in den unscheinbarsten Kreaturen (und manchmal gerade in ihnen!) spiegelt, aber nur von dem geschaut werden kann, in dem Gott selber Wohnung genommen hat.

Maria mit dem Kind

Die Geburt Jesu ist ein kosmisches Ereignis – sie ereignet sich jedoch auf dieser *Erde*. Die Geburt Jesu ist eine geistliche Realität – sie wird jedoch sichtbar in Fleisch und Blut, d.h. in der Materie. (Siehe gegenüberstehende Farbtafel)
Von der Geburt Jesu sind somit Erde und Himmel betroffen – und die Hölle rebelliert. Davon redet das Bild des Matthias Grünewald.
Bei der Geburt Jesu handelt es sich zunächst um ein irdisches Geschehen:»Das Wort ward Fleisch.« Jesus wurde Mensch in einer ganz bestimmten Zeit, nämlich zur Zeit des Kaisers Augustus, an einem ganz bestimmten Ort, nämlich in Bethlehem. Auf dieses irdische Sein Jesu weisen Bad, Bett und Nachttopf hin, d.h. Jesus wird schmutzig, müde und verrichtet seine Notdurft wie jeder andere Mensch. Als Mensch gehört Jesus auch in eine bestimmte Familie und in einen bestimmten Kulturkreis. Darauf deutet das rote Band über dem Kopfkissen hin (es handelt sich hierbei um eine elsässische Sitte; dadurch

wird ausgedrückt, daß jeder Mensch in einen konkreten Kulturkreis hineingeboren wird).

Wo Gott in Begriff steht, zu handeln, setzt sich die *Hölle* in Bewegung. Bei der Geburt Jesu geht das Trachten des Widersachers auf Mord. Er ist der Mörder von Anfang und hat seine Helfer. Er versucht Jesus in Bethlehem zu töten durch Herodes,[116] in Nazareth durch die Nazarener,[117] in Jerusalem durch Pilatus.[118]

Bei Grünewald ist die Mordgesinnung des Feindes angedeutet durch die Windeln und das Kreuz. Die zerrissenen Windeln haben nichts mit der Armut Jesu zu tun (vgl. das schöne Bettchen und das wertvolle Kleid der Maria!), sondern sie weisen hin auf den Lendenschurz des Kreuzigungsbildes von Grünewald. Sie zeigen somit in einer erschreckenden Eindringlichkeit, daß das Kreuz (links in der Tür) schon das Geschehen von Bethlehem überschattet. Jesus ist in diese Welt gekommen, um zu sterben. Sein ganzes Leben war ein Sterben, und dieses Sterben begann in Bethlehem.

Und was geschieht im *Himmel?* Links oben hat Grünewald Gott mit Szepter und Reichsapfel gemalt, um auszudrücken, daß Gott der Herr über all seine Widersacher ist. Die von ihm ausgehenden Lichtstrahlen sind durchwoben von Engelsgestalten. Dadurch wird deutlich, daß das Licht machtvolle Wirklichkeit ist. Gott ist Sieger. Er lenkt die Geschehnisse auf Erden. Er macht sich den Kaiser Augustus und den Stadthalter Quirinius dienstbar.[119]

Aber auch Satan muß ihm dienen. Als Satan schließlich Jesus tötete, war sein Tun identisch mit dem Willen Gottes.»Der Wille Gottes geschah, indem der Wille Satans geschah.«[120] Das Kreuz wurde zur Tür ins ewige Leben (in Grünewalds Bild *ist* das Kreuz die Tür!).

Jesu Geburt ist Ausdruck der *Liebe* Gottes zu den Verlorenen. In der Weihnachtsgeschichte werden die Sünder als Hirten dargestellt. Hirten galten im damaligen Judentum nicht als vollgültige Glieder des Gottesvolkes (sie galten als Diebe und standen auf einer Stufe mit den»Zöllnern und Sündern«).

Der alte Engel (mit Bart!) kehrt als Vertreter des alten Bundes zu Gott zurück. Der junge Engel bringt als Vertreter des neuen Bundes den Hirten die frohe Botschaft. Im neuen Bund sind die »Sünder« die eigentlichen Kandidaten des Himmelreiches.[121] Aus der Schar der erlösten Sünder entsteht die christliche Kirche. Maria, in der Jesus Gestalt gewonnen hat, beherrscht das Bild. Sie ist Symbol der Kirche und der glaubenden Menschen, in denen Jesus wohnt. Das himmlische Rot kennzeichnet ihr Wesen. Ihr Blick ist auf Jesus gerichtet. Der Feigenbaum (links im Bild), ein Symbol für Israel, ergrünt neu. Israel findet in der Geburt Jesu seine weltweite Erfüllung. Der Zugang zur Kirche (rechts im Bild) geschieht durch das Wasser, ein Symbol für die Wiedergeburt und den Empfang des Heiligen Geistes.[122] Die Gemeinde Jesu Christi steht nicht mehr unter dem Gesetz, sondern sie ist auf die Liebe gegündet. Darauf weist die rote Rose hin. Sie wird damit zur stillen Künderin der eigentlichen Weihnachtsbotschaft: »So sehr hat Gott die Welt *geliebt...*«[123] Gottes Liebe wurde konkret in der Geburt Jesu. Jesus ist nur dort, wo Liebe verwirklicht wird. Überall dort, wo Liebe konkret wird, ereignet sich auch heute noch das Geheimnis der Menschwerdung Jesu.

Die Weihnachtstafeln des Isenheimer Altars – ein Weg zur Ganzheit

Wir sind miteinander einen Weg gegangen, den Weg durch die Symbole der Advents- und Weihnachtszeit. Wir sind dabei den vier Elementen begegnet und den zwölf Tierkreiszeichen. Wir haben die Gestalten einer Weihnachts-Ikone und die Weihnachtstafeln des Isenheimer Altars miteinander betrachtet.
Der Weg vom ersten Advent bis zur Weihnachtszeit ist ein Weg, der unsere Ganzwerdung präfiguriert. So hat dies auch Matthias Grünewald gesehen, indem er entgegen der gesamten

Ikonographie Maria auf seinem Verkündigungsbild in die linke Ecke gemalt hat. Er hat sie in einem auffallend *dunklen* Kleid gemalt, das in deutlichem Kontrast steht zum *weißen* Gewand des Engels auf der mittleren Tafel und zum roten Gewand der Maria auf der rechten Tafel:

(schwarz)   (weiß)   (rot)

Wir haben hier die Farbenfolge, die wir aus der Alchemie kennen: schwarz, weiß, rot (Nigredo, Albedo, Rubedo). Diese Farbfolge ist kein Zufall, denn Grünewald war mit der Alchemie vertraut und hat ganz bewußt den Weg der Maria von der Jungfrau bis zur Mutter als einen Weg zur Ganzheit verstanden.[124] Aus dem Dunkel der Nigredo in der linken unteren Ecke (die in der Bilderdeutung der Analytischen Psychologie der Tiefe des Unbewußten zugeordnet ist) geht Maria über die weiße Mittelstufe der Albedo hin zur Rubedo in der rechten unteren Ecke, die dem Mütterlichen zugeordnet ist.[125]

Die mittelalterliche Alchemie ist nicht nur Vorläuferin der modernen Chemie, sondern auch der Tiefenpsychologie. In der Alchemie sind die Farben Schwarz, Weiß, Rot Stufen des chemischen Verwandlungsprozesses, bei dem aus der schwarzen Ur- Materie über eine weiße Zwischenstufe das rote Gold entsteht. Diese drei Stufen heißen – wie gesagt – in der Alchemie »Nigredo«, »Albedo« und »Rubedo«, also das Schwarze, das Weiße und das Rote (genauer: sie beschreiben den

Prozeß: Schwärzung, Weißung, Rötung). Das Schwarze ist der Ausgangsstoff, die »Prima materia«, die »Massa confusa«, wie die Alchemisten sagten, das »Ur-Chaos«, in dem noch alles beieinander ist. Diese Massa confusa, dieses Ur-Chaos, wird nun gereinigt, damit daraus das Weiß entsteht. Diese Reinigung heißt in der Alchemie »Ablutio« oder »Baptisma«, d.h. »Waschung« oder »Taufe«. Dieser Waschzustand ist in unserem Bild durch den leuchtend weißen Badezuber angedeutet.[126] Das Weißwerden ist jedoch nicht der Endzustand, sondern es ist erst der Silber- oder Mondzustand, dem noch der Sonnenzustand folgen muß. C.G. Jung hat es einmal so ausgedrückt: »Die Albedo ist gewissermaßen die Dämmerung, erst die Rubedo ist der Sonnenaufgang.«

Der alchemistische Läuterungsprozeß führt also von der Schwärze der »Prima materia« zur Weiße des Silberzustandes und schließlich zur Röte des Goldes. Diese Reihenfolge entspricht auch dem seelischen Entwicklungsprozeß.
Schwarz ist das noch undifferenzierte Unbewußte, in das noch nicht das Licht des Bewußtseins eingedrungen ist. Ein alchemistischer Text bezeichnet diesen Urzustand als »das Wasser, aus dem alles entsteht und in welchem alles enthalten ist, welches alles beherrscht, in welchem geirrt wird und in welchem der Irrtum wieder korrigiert wird«. Das ist eine Beschreibung der »prima materia« der Alchemie, aber es ist ebenso eine Beschreibung des menschlichen Unbewußten. Wenn die Kräfte des Unbewußten nicht gereinigt und gewandelt werden, dann sind wir ihnen ausgeliefert, dann überfallen sie uns immer wieder, z.B. in Fehlleistungen oder Fehlverhalten, oder sie machen uns krank.
Weiß, das ist der gereinigte oder erhellte Zustand. Das Licht des Bewußtseins ist ins Unbewußte eingedrungen. Durch den Vorgang der Bewußtmachung können wir jetzt unterscheiden zwischen Gut und Böse, wir wissen um die Kräfte des Unbewußten und können ihnen in die Augen schauen, sie sind nicht mehr eine konfuse Masse. Weiß ist der Zustand des

Gleichgewichts und des inneren Friedens. Aber es ist auch der Zustand der Farblosigkeit! In diesem Zustand besteht die Gefahr, daß die »entdeckten« Kräfte des Unbewußten sich wieder abschirmen und verkriechen, unterentwickelt bleiben und in Extrem-Situationen dann wieder durchbrechen. Jesus vergleicht diesen Zustand mit einem gereinigten Haus, das nicht leer bleiben darf, weil sonst die Gefahr besteht, daß es wieder von bösen Kräften in Besitz genommen wird.[127] Also: Weiß ist kein Endzustand.

Rot dagegen bedeutet, daß die Kräfte des Unbewußten in Dienst gestellt werden, und zwar geht es jetzt um einen bewußten Umgang mit diesen Kräften und nicht mehr um ein Überfallenwerden oder ein ihnen Ausgeliefertsein. Diese nunmehr integrierten Kräfte des Unbewußten verleihen dem Leben Leidenschaftlichkeit und Farbe. Schwarz und Weiß sind keine Farben: Schwarz ist die Abwesenheit von Licht und Farbe; Weiß ist die Summe aller Farben und somit ein Gleichgewichtszustand, in dem nichts läuft. Weiß ist wie ungestautes Wasser, wie ein friedlicher See, der ein Tal bedeckt. Rot dagegen ist gestautes Wasser, das Energie hervorbringt, es ist kein Chaos-Wasser mehr, sondern es ist sichtbar, und es bewirkt etwas.[128]

Die drei Farben Schwarz, Weiß, Rot begegnen uns auch im Märchen vom Schneewittchen.[129] Die Königin wünscht sich ein Kind so *rot* wie Blut, so *weiß* wie Schnee, so *schwarz* wie Ebenholz. Die Geburt dieses Kindes ist eine Vorschau auf einen möglichen Entwicklungsprozeß des Schneewittchens. *Schwarz*, das ist das unbewußte Leben, der tiefe Wald, in den Schneewittchen gebracht wird. Die dreimaligen Fehlleistungen des Mädchens sind typisch für das unbewußte Leben. *Weiß* bedeutet die Bewußtmachung und Wiederbelebung. Es ist der Hauptzustand des Schneewittchens, daher auch der Name: Schneewittchen (d.h. »Schneeweißchen«). Schneewittchen ist ein wenig naiv, ohne sonderliche Emotionen, es ist das ewige Mädchen, das noch nicht zur Frau erwacht ist. Ein treffendes Bild für diesen Zustand ist der Glas-Sarg: Es ist zwar alles klar zu sehen, Schneewittchen ist auch nicht tot, es lebt, aber es ist ein Leben ohne Emotion, ohne Leidenschaft.

Viele Christen gleichen dem Schneewittchen: Sie haben das Dunkel in ihrem Leben erkannt und sprechen mit Paulus: »Ich weiß, daß in mir nichts Gutes wohnt.«[130] Sie leben nicht mehr im Zustand der Schwärze, sondern sie machen sich diesen Zustand immer wieder bewußt und erfahren auch Vergebung der Sünden, d.h. Befreiung aus der Gebundenheit; aber sie kommen über diese Stufe nicht hinaus. Um im Bild des Märchens zu bleiben: Die Schnürriemen, die sie einengen und ihnen die Luft abschneiden, werden immer wieder gelöst; der Kamm, der ihnen im Kopf steckt und ihr Denken vergiftet, wird immer wieder herausgezogen; und der giftige Apfel, der ihnen im Hals steckt und die Kommunikation mit andern verunmöglicht, wird immer wieder herausgewürgt; aber damit basta! Die »Sünde« wird erkannt und ans Tageslicht gebracht und vergeben, das ist alles. Manche machen eine Theologie aus diesem Zustand, es ist eine »Schneewittchen«-Theologie! Das Eigentliche fehlt noch, nämlich daß die destruktiven Kräfte des Unbewußten nicht nur erkannt und vergeben werden, sondern daß sie integriert und in die rechten Bahnen gelenkt werden und das Leben fruchtbar machen. Das erst ergibt die »rubedo«, das *Rot,* das das Leben mit Feuer und Energie erfüllt.[131]

Diese Rubedo ist auf unserem Weihnachtsbild im roten Kleid der Maria, das dem rechten Bild seinen Mittelpunkt gibt, deutlich zum Ausdruck gebracht. Daß es sich bei dieser Rubedo um die Kraft der alles verwandelnden Liebe handelt, offenbart in zarter Weise die rote Rose auf der rechten Bildseite:

Einübung in die Weihnachtszeit

Was bedeutet nun das Weihnachtsfest für uns heute, und wie kann es für uns zu einer Einübung in die Ganzheit werden?

Weihnachten ist in unserem Kulturkreis das beliebteste Fest. Für viele Menschen sind die Erinnerungen an die Weihnachtsfeste ihrer Kindheit wie eine Erinnerung an ein Paradies, an eine heile Welt. Und in der Tat hat das Weihnachtsfest im Rahmen der christlichen Feste dieselbe Funktion, wie die Erzählung vom Paradies im Rahmen der biblischen Geschichte. Weihnachten bietet eine Vision der Ganzheit. Es hat die Funktion eines »Mandala«, d.h. eines ganzheitlichen inneren Bildes, das in uns die Sehnsucht und die Bereitschaft wecken will, uns auf den Weg zu machen, um diese Ganzheit zu suchen und zu erfahren. Weihnachten gleicht einem Traum, in dem wir von der Geburt eines Kindes träumen. Ein solcher Traum sagt uns, daß etwas Neues in uns aufbrechen will, jedoch nur als Möglichkeit. Ob diese Möglichkeit dann zur Wirklichkeit wird, hängt weitgehend davon ab, ob wir bereit sind, dieses Kind anzunehmen und unser Leben dadurch verwandeln zu lassen. In diesem Zusammenhang haben die Figuren einer Weihnachtskrippe oder eines Weihnachtsspieles eine wichtige Funktion. Sie sind eine äußere Darstellung von inneren Figuren. Sie sind Ausdruck der Alltagswirklichkeit, in die hinein das Neue geboren wird. Da sind die armen Hirten und die himmlischen Engel, da sind die von Sehnsucht getriebenen heidnischen Magier und die gleichgültigen Schriftgelehrten, da ist der mordende Herodes, da ist Joseph und da ist Maria. In manchen Gegenden werden in der Weihnachtszeit große Krippen aufgestellt mit noch viel mehr Figuren, mit Engeln, Menschen und Tieren. Ich denke da besonders an die »Santons« in Südfrankreich. Die »Santons« vergegenwärtigen die gesamte Alltagswirklichkeit. Da gibt es Metzger und Bäcker, Knechte und Mägde, Bäuerinnen und

Bauern, Soldaten und Handwerker, Ärzte, Schornsteinfeger, Nonnen, Priester, Zigeuner, Gaukler und Diebe und alle möglichen Tiere; alles, was da kreucht und fleucht, wird in diesen großen Krippen aufgestellt. Auch in süddeutschen Krippen-»Landschaften« kommt diese Vielfalt zum Ausdruck.

Das steht für die Welt, in der wir leben, und das ist auch unsere innere Welt. In diese Welt hinein wird das göttliche Kind geboren und gibt dem ungeordneten Haufen der vielen verschiedenen und zum Teil recht gegensätzlichen Figuren eine ordnende Mitte. Alle diese seltsamen Gestalten werden dadurch zu »Santons«, d.h. zu kleinen Heiligen. Dort, wo das Neue in unserem Leben zum Durchbruch kommt, erhält alles seinen Sinn und seine ordnende Mitte.

Das ist die großartige, ganzheitliche Schau des Weihnachtsfestes: Das göttliche Kind macht als ordnende Mitte aus dem Vielerlei eine Ganzheit. Weihnachten ist eine Vorschau auf die Ganzheit. Wie können wir uns so in diese Vorschau einüben, daß sie zu einem dynamischen inneren Mandala für uns wird, d.h. zu einem Ganzheitsbild, das uns aufruft und motiviert, den Weg zur Ganzheit zu gehen?

Es geht darum, daß wir es lernen, uns mit den verschiedenen Gestalten der Weihnachtsgeschichte zu identifizieren. Wir wollen deshalb einige Gestalten der Weihnachtsgeschichte näher betrachten und uns fragen, was sie uns persönlich zu sagen haben.

Da sind zunächst die *Engel*. Engel begegnen uns in der ganzen Weihnachtsgeschichte. Ein Engel erscheint dem Zacharias und kündigt die Geburt des Johannes an, er erscheint der Maria und kündigt die Geburt Jesu an, er erscheint dem Joseph und sagt, daß er Maria zu sich nehmen soll, er erscheint den Hirten und verkündigt ihnen die Frohe Botschaft, und er erscheint noch einmal dem Joseph und sagt ihm, daß er mit dem Kind nach Ägypten fliehen soll.

Engel bedeuten den Hereinbruch der jenseitigen, göttlichen Wirklichkeit in unsere diesseitige, menschliche Welt. Die tiefen

Schichten unserer Seele haben einen ganz unmittelbaren Zugang zur jenseitigen Welt. Diese Schichten werden in erster Linie berührt von der Botschaft des Engels. Die Tragik für uns Menschen besteht nun darin, daß wir uns gegen diese Stimme in unserer eigenen Tiefe wehren und verschließen können. Wenn wir die Botschaft Gottes für unser Leben nicht hören oder nicht ernstnehmen wollen, gehen wir am eigentlichen Leben vorbei, d.h. an dem Leben, wie es für uns persönlich bestimmt ist. Das ist wirklich tragisch. Denn wir haben nur dieses eine, unendlich kostbare Erdenleben. Und der Sinn dieses Lebens ist, daß Christus in uns geboren wird und Gestalt annimmt, d.h. daß wir in das Bild hineinwachsen, das uns entspricht und für das uns Gott geschaffen hat. Das ist die Botschaft des Engels.

Eine zweite Gestalt ist *Maria*. Sie steht stellvertretend für die Menschen, die sich dieser göttlichen Wirklichkeit und Botschaft öffnen. Ihr wird gesagt, was die Bestimmung ihres Lebens ist. Diese Bestimmung gilt nur der Maria, sonst niemandem auf der ganzen Welt. In ihr soll das göttliche Kind, der Erlöser, Mensch werden. Menschlich gesprochen ist diese Bestimmung eine Zumutung. Maria soll als unverheiratete Frau ein Kind gebären. Das war in der damaligen Welt Israels eine große Schande. Maria wußte, daß sie niemand verstehen würde, daß sie wie eine Ausgestoßene behandelt würde. Und doch war ihr klar: Das ist *mein* Weg, den Gott für *mich* vorgezeichnet hat, und deshalb sagte sie ja. Maria steht somit stellvertretend für Menschen, die auf die Stimme Gottes hören, die auf die Stimme Gottes in ihrem Inneren lauschen, die den Plan für ihr Leben erkennen wollen und ja sagen zu diesem Plan Gottes. Sie steht stellvertretend für alle, die wissen, daß es im Leben nichts Wichtigeres gibt, als dieser inneren Bestimmung zu folgen – ganz egal, was die anderen Leute dazu sagen. Egal, ob sie es verstehen oder nicht. Egal, ob sie die Nase rümpfen oder nicht. In der Ewigkeit wird es nur darauf ankommen, daß wir den Weg gegangen sind, der für uns bestimmt war.

An Maria wird deutlich, daß es ja zu sagen gilt zu unserem von Gott bestimmten Weg, denn nur so wird das göttliche Leben in uns geboren, nur so wird es Weihnachten in unserem Leben.

Und dann der *Joseph*. Er ist der erste, der das neue Leben in Maria entdeckt, und er ist der erste, der es nicht versteht. Er sucht einen Ausweg aus dieser Misere. Er will Maria nicht verdammen, aber er will auch keine Verantwortung für das Kind übernehmen, das in Maria geboren wird (»er gedachte, sie heimlich zu verlassen«). Aber Joseph ist ein Mensch, der ebenfalls auf die göttliche Stimme in seinem Leben lauscht. Er vernimmt die Botschaft des Engels im Traum – und er nimmt sie ernst. Er erkennt, daß es seine Aufgabe ist, das neue Leben, das göttliche Kind, zu schützen, und so nimmt er Maria zu sich, und er bekennt sich zu Maria und zu dem Kind und bewahrt sie damit vor dem Gerede der Leute. Er führt später, wieder auf Geheiß des Engels, Maria und das Kind nach Ägypten und bewahrt so das Kind vor dem Morden des Herodes. Joseph steht stellvertretend für die schützenden und bewahrenden Kräfte in unserer Seele. Diese Kräfte sind unerhört wichtig. Wenn wir ja sagen zum Weg Gottes mit uns, wenn neues göttliches Leben in uns geboren wird, dann ist dieses Leben von mancherlei Gefahren bedroht. Es ist bedroht vom Gerede der Nicht-Glaubenden und vom Schwert des Herodes. Es gibt Menschen und auch eine Seite in uns, die uns ausreden wollen, daß der Weg, den wir gehen, Gottes Weg sei, und die uns einreden wollen, daß man nicht aus der Reihe tanzen dürfe, sondern sich genauso verhalten müsse, wie alle andern sich verhalten. Gegen solche Meinungen gilt es, das neue Leben zu schützen. Es geht darum, daß wir uns – wie Joseph – klar und eindeutig zu diesem neuen Leben und zu unserem Weg bekennen und dieses neue Leben als zu uns gehörig erklären. Es gilt aber auch, daß wir uns nicht unnötig in Gefahr begeben, sondern die Gemeinschaft der Menschen meiden, die sich feindselig gegen den uns vorgezeichneten Weg und gegen das göttliche Leben in uns stellen und uns davon abbringen wollen.

So stehen Engel, Maria und Joseph vor uns, als Symbole für die neue Geburt in uns. An ihnen können wir lernen, wie es in unserem Leben Weihnachten werden und bleiben kann.

Und was bedeuten all die *anderen Figuren,* z.B. der Esel? Der *Esel* wird zwar in der Weihnachtsgeschichte nicht ausdrücklich erwähnt, aber für jeden Kenner des Orients ist es klar, daß der Esel mit dabei war. Er hat die schwangere Maria von Nazareth nach Bethlehem getragen, immerhin mehr als 150 Kilometer, er hat Maria und das Kind von Bethlehem nach Ägypten getragen – eine sehr viel weitere Strecke. Der Esel steht für unsere Leiblichkeit, d.h. für unser animalisches, physisches Leben. So nannte z.B. Franz von Assisi seinen Leib den »Bruder Esel«. Unser Leib ist der Träger des geistlichen Lebens. Wir sind keine Engel, also keine reinen Geister. Deshalb können wir auch nicht rein geistlich sein, sondern wir sind immer geistlich und irdisch zugleich. Wer meint, er könne die irdische, menschliche Seite des Christseins vernachlässigen, der wird zum unglaubwürdigen Schwärmer, der die Realität dieses Lebens nicht mehr ernst nimmt. Das war immer wieder die Gefahr im Laufe der Kirchengeschichte: Immer wieder gab es Menschen, die glaubten, sie könnten als reine Geister auf dieser Erde leben. Das ist nicht möglich, und es ist deshalb gut, daß zur Weihnachtsgeschichte auch der Esel gehört. Und zum rechten Menschsein und Christsein gehört es, daß wir unseren »Bruder Esel«, d.h. unseren Leib und alles, was dem leiblichen Wohle dient, ernstnehmen und diesen Leib nicht vernachläßigen.

Es gibt noch eine andere Figur, die in der Weihnachtsgeschichte nicht ausdrücklich erwähnt, aber doch vorausgesetzt wird: das ist der *Herbergsvater* oder der »Hauswirt«. Dieser Hauswirt begegnet uns in vielen Krippenspielen. So z.B. in einem Krippenspiel von Hermann Ahlerf.[132] Da lesen wir:

Joseph:	Auch das war nichts! Was sollen wir nur machen?
	Das Dorf ist wirklich übervoll belegt.
	Wenn *Du* nur unterkämst! Ich will schon wachen,
	Du brauchst die Ruh, weil Deine Stunde schlägt!
Maria:	Wir wollen nicht verzagen, lieber Mann.
	Denkst Du des Boten, den uns Gott gesandt?
	Der über Nacht vom hohen Himmel kam,
	Der mir gesagt: Du stehst in Gottes Hand!?
	Gott wird uns helfen auch in dieser Stunde.
	Ich tröst mich gern der großen selgen Kunde!
	– Doch sieh! Dies große Haus!
Joseph:	Da will ich fragen. Ein letztes Mal, will bitten wie
	ein Kind.
	Ob diese Menschen auch ein Nein uns sagen?
	Ob diese Menschen auch so schrecklich sind?
	Hallo! Hallo!
Hauswirt:	Was ist da draußen los!
Joseph:	Ach, Herr, verzeiht! Nur eine kleine Bitte...
Hauswirt:	Ich kenn sie schon! Die ist mir viel zu groß,
	Das Haus ist voll!
Joseph:	Ich fleh euch an! Ich bitte...
Hauswirt:	Das Haus ist voll! sag ich. Schert euch hinweg!
	Ihr nehmt mir bloß die Ruhe und die Zeit!
Joseph:	Ach Herr – die Frau – das Kind...
Hauswirt:	Schert euch hinweg! Ihr nehmt mir Platz und die
	Gemütlichkeit!
	Geht hin vors Dorf, da steht ein leerer Stall!
	– – Was zögert ihr? – – Voll ist es überall!
Maria:	Komm, Joseph, komm! Die Menschen dauern
	mich!
	Die Herzen sind so hart, so kalt, so arm,
	So liebeleer! Sie denken nur an sich
	Und gehn zugrunde, daß es Gott erbarm!
	Ach, wenn sie wüßten, daß ihr Heiland käme
	Mit uns gesendet in ihr Herz und Haus,
	Der ihnen allen Schmerz und Kummer nähme,

Der ihnen triebe Angst und Härte aus. –
Ach, wenn sie's wüßten! Jubelnd würden heute
Die Menschen auftun alle ihre Türen! – – –
Doch sind wir und das Kindlein fremde Leute,
Die draußen, vor dem Tor, ihr Leben führen.
Und so wie hier, ist es nun überall. –
Komm, Joseph, komm, wir gehen zu dem Stall!

Wenn wir in der Weihnachtsgeschichte des Lukasevangeliums lesen, daß sie »keinen Raum in der Herberge« hatten, dann heißt das, daß die Herberge mit anderen Menschen und Dingen angefüllt war, so daß der Besitzer der Herberge Maria und Joseph nicht aufnehmen konnte oder wollte. Dieser Hauswirt oder Herbergsvater steht für eine Gefahr, der wir immer wieder zum Opfer zu fallen drohen. Unser Leben ist voll von Menschen und Dingen, die wichtig sind – so wichtig, daß wir in Gefahr stehen, darüber das *Wesentliche* zu vergessen und keinen Raum mehr für das zu haben, was *eigentlich* wichtig und wesentlich ist. Das ist gefährlich. Der »Herbergsvater« kann uns warnen, daß wir in unserem Leben zwar für alles mögliche Platz haben, aber nicht für Jesus. Wenn wir dem Herbergsvater gleichen, dann geht Weihnachten an uns vorüber, dann wird das göttliche Leben nicht in uns geboren, dann nimmt Jesus keine Herbege bei uns.

Genauso schlimm, oder vielleicht noch schlimmer ist die Gestalt des *Herodes*. Er kann zwar die Geburt des Kindes nicht verhindern, aber trachtet dem Neugeborenen nach dem Leben. Herodes steht somit für den Mörder in uns. Wir können das neue, göttliche Leben, das in uns aufkeimt, wieder töten.[133] Das Neue Testament – insbesondere der Hebräerbrief[134] – warnt uns vor einem solchen Grenzfall, vor solch einer Möglichkeit. Wer wie Herodes das göttliche Leben in sich ausrottet, richtet sich selber zugrunde.
Nach diesen beiden negativen Gestalten, dem Herbergsvater und dem Herodes, nun zwei positive Menschengruppen aus

der Weihnachtsgeschichte: die Hirten und die Weisen aus dem Morgenland.

Die *Hirten* gehören zu den Ärmsten der damaligen Zeit. Es sind Habenichtse, die in der damaligen Gesellschaft verachtet waren und nichts galten. Aber gerade ihnen wird die Weihnachtsgeschichte besonders deutlich nahegebracht. Gerade den Hirten erscheint nicht nur *ein* Engel, sondern »die Menge der himmlischen Heerscharen«. Gerade den Hirten wird die Weihnachtsbotschaft besonders deutlich erklärt, und es wird ihnen gesagt, daß für sie »der Heiland geboren« ist. Die Hirten stehen für die nicht angenommenen und vernachläßigten Bereiche unserer Seele, für die Eigenschaften und Bereiche unseres Wesens, deren wir uns schämen und die wir nicht wahrhaben wollen. Die Weihnachtsgeschichte zeigt uns jedoch, daß es wichtig ist, gerade diese Schattenseiten unseres Lebens kennenzulernen, denn gerade diesen Seiten unseres Lebens gilt die Weihnachtsbotschaft. Gerade diese unerlösten Bereiche unserer Seele sollen erlöst werden. Die Botschaft von der Erlösung wendet sich an die Seite, die vor der Welt nichts gilt. Jesus ist gekommen, *Sünder* selig zu machen und nicht die Gerechten. Es ist deshalb wichtig, daß wir das Licht der Weihnacht in diese verschlossenen und dunklen Bereiche unseres Lebens hineinleuchten lassen.

Die andere positive Gruppe, die *Magier* aus dem Morgenland, sind *suchende* Menschen, die sich auf den Weg machen und Strapazen auf sich nehmen, um dem Erlöser zu begegnen. Sie folgten einem Stern, der sie leitete. Als sie dann den Neugeborenen finden, breiten sie das, was sie haben, ihre Schätze und ihren Reichtum, vor ihm aus und übergeben es ihm. Menschen, die diesen Gott-Suchern gleichen, haben einen *Stern*, der sie innerlich leitet. Der Stern gibt keine so klare Weisung wie der Engel. Die Magier können sich irren, sie können zu Herodes kommen statt zu Jesus, aber den Aufrichtigen läßt es Gott gelingen, und sie finden letztlich dann doch zu Jesus. Die Geschichte von den Weisen aus dem Morgenlande ist eine Verheißung für alle, die sich aufmachen, Gott zu suchen. Jesus hat diesem Suchen den Erfolg verheißen, wenn er gesagt hat: »Suchet, so werdet ihr finden.«[135]

Und was bedeutet der *Stall* mit der Krippe und mit den Windeln?

Jesu ist nicht in einem Palast geboren, auch nicht in einem hygienisch einwandfreien Spital, sondern in einem Stall, wo es Heu und Stroh und Mist gab, und er selber wurde in Windeln gewickelt. Daß Jesus in einem Stall geboren ist, heißt, daß Jesus in jedem von uns geboren werden kann. Wir brauchen uns nicht erst zu verbessern, wir brauchen uns nicht zuerst zu bemühen, anständig zu werden, sondern Jesus wird im Stall geboren, dort, wo es nicht ganz so ordentlich ist, dort, wo es nicht ganz so fein riecht, dort wird Jesus geboren, und *nur* dort wird Jesu geboren.

Der Weg zur Ganzheit, die uns in den Symbolen der Weihnachtsgeschichte vor Augen gemalt wird, beginnt deshalb mit dem Gang in den Stall unserer Seele. Dieser Weg führt zu den Hirten, den verachteten Gestalten in uns, zu Herodes, dem Mörder in uns, und zu vielen anderen Gestalten bis hin zu den Magiern und zu Joseph und Maria.

Von der Epiphanienzeit zur Passionszeit

Der Weg des vierten Königs

Eine alte russische Legende erzählt, daß nicht drei, sondern vier Könige sich aufgemacht haben, um den neugeborenen Welterlöser anzubeten. Während die drei älteren Gold, Weihrauch und Myrrhe als Geschenke für das Kind ausgewählt hatten, wollte der vierte und jüngste König dem Kind drei Edelsteine von unschätzbarem Wert schenken. Und so machte sich der vierte König zusammen mit den drei anderen auf den Weg.

Der Weg der Armut

Die Legende berichtet, daß die drei älteren Könige unbeirrt dem Stern folgten, ohne auf das zu achten, was um sie herum vorging. Der jüngste König dagegen hatte nach einiger Zeit seine Reisegefährten aus dem Auge verloren, weil er sich von der Not der Welt aufhalten ließ.

Er begegnete zunächst einem verwundeten und verlassenen Kind. Sein Herz wurde von Mitleid erfüllt, und er suchte für das Kind eine Pflegemutter und gab ihr einen der drei Edelsteine, damit sie das Kind in rechter Weise aufziehen könne.

Dann kam der vierte König in eine Stadt, wo gerade eine Familie auseinandergerissen wurde, um in die Sklaverei verkauft zu werden. Der Familienvater war gestorben und hatte viele Schulden hinterlassen. Der König bezahlte die Schulden mit dem zweiten Edelstein

*und kaufte für jene Familie Haus, Hof, Land und Vieh, so daß
sie sorglos leben konnte.*

*Und schließlich kam der vierte König in ein Dorf, in dem Soldaten
die Bauern zusammengetrieben hatten, um sie zu foltern und zu
töten. In den Hütten schrieen die Frauen und Kinder vor Entsetzen.*

*Da kaufte der König mit dem letzten der drei Edelsteine die Bauern
los und bewahrte dadurch das Dorf vor der Verwüstung, die Männer
vor dem Tod und die Frauen vor der Schändung.*

*Und so zog der vierte König weiter und wurde immer wieder verstrickt
in das Leid und in die Not der Welt. Schließlich hatte er alles
verschenkt, was er hatte, und zog als Bettler durch die Lande. Er
half den Schwachen, pflegte die Kranken und erbarmte sich der
Tiere.*

Diese Legende erinnert uns an den Anfang des Buches Hiob,
wo ebenfalls von einem unermeßlich reichen Menschen berichtet wird, der schließlich alles verliert. Und doch besteht
ein beachtlicher Unterschied zwischen diesen beiden Gestalten. Während über Hiob die Armut wie ein plötzlicher, un-
vorhergesehener Schicksalsschlag hereinbricht, erinnert der
vierte König an Jesus Christus, der die Armut freiwillig auf
sich genommen hat. »Er entäußerte sich selbst und nahm
Knechtsgestalt an«, heißt es von Jesus, und im Weihnachtslied
singen wir: »Er ist auf Erden kommen arm, daß er unser
sich erbarm.«

Wir werden auch an den »Reichen Jüngling« erinnert, zu dem
Jesus sagt: »Verkaufe alles, was du hast, und gib den Erlös den
Armen, dann wirst du einen Schatz im Himmel haben.«

Es gibt also zwei Arten von Armut: eine, die von außen über
uns kommt, gegen die wir uns entweder auflehnen, oder die
wir – wie zunächst Hiob – gelassen ertragen. Und eine andere,
in die wir uns freiwillig hineinbegeben, weil wir spüren, daß
unser Leitstern, unser wahres Selbst, uns so führt. Von einer
solchen freiwilligen Armut sagt Jesus: »Glückselig seid ihr
Armen, denn euch gehört das Reich Gottes.«

Der Weg des Leidens

Unsere Legende berichtet weiter, daß der vierte König eines Tages an den Hafen einer großen Stadt kam und miterlebte, wie ein Vater seiner unglücklichen Frau und den klagenden Kindern mit Gewalt entrissen werden sollte. Er hatte sich gegen seinen tyrannischen Herrn aufgelehnt und sollte deshalb auf eine Sträflingsgaleere verbannt werden. Über den vierten König kam ein großes Erbarmen. Er kaufte den Familienvater los, indem er sich selber als Galeerensklave anbot. Sein Stolz bäumte sich auf, als er in Ketten gelegt wurde, denn bisher war er ein freier Mensch – jetzt aber war er ein Sklave. Ihm wurde sein Platz unter Verbrechern angewiesen. Bisher hatte der vierte König noch keine körperlichen Qualen erduldet – jetzt aber begann für ihn die Zeit des Leidens und der Qualen. Als sein Geist sich empören und sein Herz sich verhärten wollte, leuchtete mitten in dieser ausweglosen Situation der Stern in seiner Seele auf, der Stern, dem er vor vielen Jahren gefolgt war, um dem neugeborenen Welterlöser zu huldigen. Dieser Stern leuchtete jetzt in seiner Seele auf, und dieses innere Licht erfüllte ihn mit der Gewißheit, dennoch auf dem rechten Weg zu sein. Und so faßte er das Ruder und ruderte im Takt, den der Sklavenaufseher angab und der unerbittlich durch den Schiffsrumpf hallte.

Jahre vergingen. Der vierte König vergaß, sie zu zählen. Grau war sein Haar geworden, und seine Hände waren voller Schwielen. Müde war sein geschundener Leib, doch sein Herz kannte keine Bitterkeit, denn sein Stern leuchtete ihm.

Und wieder erinnert uns diese Legende an Hiob. Auch für ihn kam nach der Erfahrung der Armut die Erfahrung des körperlichen Leidens. Und doch besteht auch hier wieder ein beachtlicher Unterschied. Während sich Hiob gegen sein Leiden auflehnt und Gott anklagt, erinnert der vierte König wieder an Jesus Christus, der in Gethsemane »Ja« gesagt hat zu seinem Leiden. Gewiß, diesem Ja ist auch bei Jesus ein schweres inneres Ringen vorausgegangen. Aber schließlich wurde ihm deutlich, daß der Weg des Kreuzes sein Weg sei und daß er sich selbst untreu würde, wenn er diesen Weg nicht ginge. Wer seinem inneren Leitstern folgt, der begibt sich auf einen Weg, der auch ins Leiden führt.

Und wieder gibt es diesem Leiden gegenüber zwei verschiedene Haltungen. Wir können uns gegen das Leiden auflehnen und mit allen möglichen Mitteln versuchen, es los zu werden. Oder wir können es als unseren Weg erkennen, den es zu bejahen gilt. Und so heißt es vom vierten König: »Müde war sein geschundener Leib, doch sein Herz kannte keine Bitterkeit, denn sein Stern leuchtete ihm.«

Der Weg Gottes

Und schließlich schenkte man dem seltsamen Galeerensklaven die Freiheit. An der Küste eines fremden Landes verließ er das Schiff und sah plötzlich wieder den Stern, dem er als junger Mann gefolgt war, um dem neugeborenen König zu huldigen, den Stern, der in den langen Jahren seiner Galeerenhaft sein inneres Licht war. Jetzt sah er diesen Stern wieder vor sich und folgte ihm. Der Stern ging vor ihm her und blieb schließlich über einem kahlen Hügel stehen. Dort sah der vierte König ein Kreuz, einen Marterpfahl, an dem ein Mensch hing. Im Blick dieses Menschen erkannte er alles Leid und alle Qual dieser Erde, aber auch eine grenzenlose Liebe und Güte. Wie ein Blitz durchbebte den vierten König die Erkenntnis: Dies ist der Welt-Erlöser, den ich als Jüngling gesucht habe. Er ist mir begegnet in allen den Menschen, die hilflos und in Not waren. Ihm habe ich gedient, indem ich mich in das Leid und in die Not dieser Welt hineinbegeben habe. Da streckte der vierte König seine leeren Hände dem Gekreuzigten entgegen. Drei dunkelrote Blutstropfen fielen von den Händen des Erlösers in die Hände des vierten Königs. Die Blutstropfen leuchteten strahlender als jeder Edelstein.

Dann durchbebte ein Schrei die Luft. Jesus neigte sein Haupt und verschied. Da sank auch der vierte König am Fuß des Kreuzes nieder und war auch im Tode mit seinem Erlöser vereinigt.

Und wieder erinnert uns die Legende an Hiob, der nach der Erfahrung der Armut und des Leidens schließlich Gott begegnete. Freilich einem anderen Gott als der vierte König. Hiob begegnet einem Gott, der seine Größe gegenüber einem kranken und unwissenden Menschen machtvoll demonstriert. Was ist das für ein Gott, dem Hiob begegnet? Im Buch Hiob wird uns das Bild eines Gottes vor Augen gemalt, der sich selber noch sucht und der sich erst im gekreuzigten Christus findet. Im gekreuzigten Christus ist dieses Gottesbild zu seiner Reife gekommen. In Jesus Christus begegnet uns ein Gott, der sich in seiner Schöpfung und in seinen Menschen selber verwirklicht. Der Weg des Hiob und der Weg des vierten Königs und der Weg jedes leidenden Menschen sind deshalb nicht vom Weg Gottes zu trennen, den er in Jesus Christus gegangen ist und den er immer noch geht. Der Weg dieses Gottes ist – wie der Längsbalken des Kreuzes – in der Erde verwurzelt, und er ragt zum Himmel empor. Er ist aber auch wie der Querbalken des Kreuzes nach links und rechts ausgestreckt, um allen Menschen zu begegnen.

Unser Weg

So steht die Legende vom vierten König vor uns. Auf seinem Weg begegnet der vierte König der Armut und dem Leiden. Er begegnet aber auch Gott und sich selber. Äußerlich betrachtet sieht es so aus, als habe der vierte König das Ziel seines Lebens verfehlt. Er ist nicht wie die drei anderen nach Bethlehem gekommen, sondern er ist unterwegs hängengeblieben. Und doch hat er gerade dadurch das eigentliche Ziel seines Lebens erreicht, denn das Ziel unseres Lebens ist der Weg, den wir gehen. Es geht nicht darum, daß wir möglichst schnell irgendwo ankommen, sondern daß wir die Stunden und Tage und Jahre, die uns zugemessen sind, in rechter Weise leben und auskosten. Es ist der jüngste König, der in unserer Legende die Höhen und Tiefen seines Lebens ausgelotet hat.

In vielen Märchen wird der Jüngste als Dummling verachtet. Und doch ist gerade er es, der das Ziel erreicht und den Schatz findet. In uns allen gibt es eine solche Dummling-Seite. Das ist die Seite, über die wir immer wieder stolpern. Das ist die Schwachstelle unseres Lebens, die Seite, mit der wir Mühe haben. Und doch liegt gerade dort der Schatz verborgen, den es zu finden gilt. Es wäre jedoch falsch, wenn wir jetzt den vierten König nachahmen wollten und versuchen würden, allen möglichen Leuten in ihrer Not zu helfen. Es geht vielmehr darum, daß wir den Kranken, Gequälten, Versklavten in uns entdecken und ihm unsere Liebe schenken. In uns allen gibt es Seiten, die wir unterdrücken und vernachlässigen. Diese Seiten brauchen unsere Zuwendung, denn dort liegen die Schätze verborgen, die unsrem Leben Sinn geben und uns froh machen können. Es geht weiterhin darum, daß wir unserem Leitstern folgen. Dieser Leitstern mag einige Menschen dorthin führen, wo sie sich wie der vierte König in das Leid und in die Not dieser Welt hineinbegeben, um zu helfen. Andere mag er ganz anders führen. Unser Leitstern leuchtet sowohl außen als auch innen. Der äußere Stern führt nach Bethlehem, zum Neuanfang. Er zeigt uns z.b. durch äußere Umstände und Widerfahrnisse, wo wir einen Auftrag übernehmen und eine Arbeit anpacken sollen. Der innere Stern führt uns nach Golgatha, zur Vollendung. Es gilt, auf beides zu achten: auf äußere Zeichen und auf die innere Stimme. So begegnen wir Gott und uns selber.

Karfreitag – Ostern – Pfingsten

Symbolik der liturgischen Farben

Was im Zusammenhang mit den drei christlichen Festen Karfreitag – Ostern – Pfingsten zunächst auffällt, sind die liturgischen Farben: Dem Karfreitag wird Schwarz, Ostern Weiß, Pfingsten Rot zugeordnet.

Es begegnet uns also hier erneut die alchemistische Farbenfolge, wie schon auf den Weihnachtstafeln des Isenheimer Altars.

Dies bedeutet, daß auch die Feste-Trias Karfreitag – Ostern – Pfingsten ein Weg ist, der von der Nigredo über die Albedo zur Rubedo führt! Was heißt das im einzelnen?

Die drei Feste Karfreitag, Ostern und Pfingsten bilden eine Einheit, sie gehören untrennbar zusammen. Man kann nicht Ostern feiern ohne Karfreitag und nicht Pfingsten ohne Karfreitag und Ostern. Die biblische Wurzel dieser drei Feste ist das Pessach-Fest und der Auszug aus Ägypten, der seinen Abschluß in der Gottesoffenbarung am Sinai findet. Das Hineingehen in das Todeswasser, das ist Karfreitag. Das Herausgehen aus dem Todeswasser, das ist Ostern. Die Begegnung mit Gott am Sinai, das ist Pfingsten. Nach jüdischer Überlieferung erreichte Israel den Sinai am fünfzigsten Tag nach dem Auszug aus Ägypten, also am »Pfingst-Tag« (Pfingsten, griechisch »Pentekoste«, heißt der »fünfzigste« Tag, und hebräisch »Schavouth« heißt Fest der [sieben] Wochen, also auch der fünfzigste Tag). Im Talmud wird Pfingsten das »Abschlußfest« genannt, denn der Auszug aus der Sklaverei findet erst durch den Gottesbund am Sinai seinen Abschluß und seinen Sinn. Die Pfingst-lesung aus der Thora ist deshalb das 20. Kapitel des Buches Exodus, die Zehn Gebote. Die Prophetenlesung ist Hesekiel 1, der Aufruf zum vollständigen Aufgehen in Gottes Willen. Au-ßerdem wird das Buch Ruth gelesen, zum Zeichen dafür, daß das Heil allen Völkern gilt, nicht nur dem Volk Israel.

Die Feste-Trias Karfreitag, Ostern und Pfingsten hat jedoch nicht nur biblische Wurzeln, sondern auch Wurzeln in der Vorstellungswelt anderer Religionen. Bei Karfreitag, Ostern und Pfingsten geht es um das Mysterium von Sterben, Aufer-stehen und neuem Sein. In den vorchristlichen Religionen und Kulturen wird dieses Mysterium in drei Symbolen darge-stellt.

Bei den Seevölkern ist es das Mysterium vom Verschlungenwer-den von einem See-Ungeheuer und das wieder Ausgespienwer-den zu einem neuen Leben. Daran erinnert in der Bibel die Jona-Erzählung. Bei den Jägerkulturen ist es das Zerstückelt-werden. Ursprung dieser Vorstellung ist das Zerlegen eines Wildbrets in seine Teile und die Loslösung des Fleisches von den Knochen. Das bedeutet einerseits den vollständigen Tod für das Tier, andererseits Leben für die, die sich vom Fleisch ernähren. Diese doppelte Bedeutung wird symbolisch ausge-drückt durch die Wiederbelebung der Knochen, ein Motiv, das uns auch in manchen Märchen begegnet.[1] In der Bibel erinnert an diese Symbolik die Vision des Hesekiel von der Wiederbe-lebung der Totengebeine.[2] Und schließlich bei den Ackerbau-kulturen ist es das Mysterium vom Sterben und Auferstehen des Weizenkornes, wie es besonders in Eleusis gefeiert wurde. In der Bibel erinnert daran das Wort Jesu vom Sterben und Wiederauferstehen und Fruchtbringen des Weizenkornes.[3]

Dieses Mysterium vom Sterben, Auferstehen und neuen Sein wird in den drei christlichen Festen Karfreitag, Ostern und Pfingsten, symbolisch dargestellt und gefeiert. Karfreitag ist das Sterben, Ostern die Auferstehung, Pfingsten das neue Sein. Diese drei Stufen können wir auch in den drei genannten Mysterien mehr oder weniger deutlich erkennen. Bei Jona:

das Verschlungenwerden vom See-Ungeheuer (Karfreitag), das Wiederausgespienwerden (Ostern), der Auftrag, der von Jona ausgeführt wird (Pfingsten). Bei der Vision Hesekiels: die verdorrten Gebeine (Karfreitag), die Wiederbelebung (Ostern), die Rückkehr ins verheißene Land (Pfingsten). Beim Weizenkorn: das Sterben des alten Weizenkorns (Karfreitag), die »Auferstehung« des Weizenkorns im neuen Halm (Ostern) und das Fruchtbringen des Halmes (Pfingsten).

Von Christus wird das in Römerbrief (14, 9) so gesagt: »Dazu ist Christus gestorben (Karfreitag) und wieder lebendig geworden (Ostern), damit er über Tote und Lebende Herr sei (Pfingsten).« Jesus hat die Erde und die Unterwelt durchschritten und dadurch »erobert«, damit er die Herrschaft über das All ausübe, und zwar so, daß er durch seinen Geist alles lenkt und leitet. Bei der Auferstehung stehenbleiben hieße, sich vorbereiten lassen für eine bestimmte Tätigkeit und diese Tätigkeit dann nicht ausüben. Sündenvergebung und neues Leben sind nicht das Endziel des christlichen Lebens, sondern sie sind Vorbereitung für den Dienst. Karfreitag, Ostern und Pfingsten gehören deshalb zusammen, sie sind ein Fest in drei Schritten.

Wie können nun diese drei Schritte für uns zu einer Einübung in die Ganzheit werden?

Karfreitag

Als Hinführung zum Karfreitag bietet die Passionszeit die Möglichkeit zum Einüben in Leiden und Sterben. Dabei können die Figuren der Passionsgeschichte und ihre Gegenwärtigsetzung in Passionsspielen oder auch in Passions-Oratorien eine wichtige Funktion ausüben. Wir können dem Pharisäer, dem Pilatus, dem Judas und den Soldaten in die Augen schauen und diese Figuren als *Gestalten in uns* erkennen. Wenn wir sie nicht wahrnehmen, dann tun dies die anderen um so sicherer und deutlicher. Wir schauen dem Pharisäer in die Augen, dem

Gesetz und Ordnung wichtiger sind als die »spielende Weisheit«,[4] die Jesus verkörpert. Der Pharisäer sagt NEIN zum göttlichen Leben. Und wir erkennen den Pharisäer in uns! Wir schauen dem Pilatus in die Augen, der aus Menschengefälligkeit zu feige ist, dem Recht zum Durchbruch zu verhelfen und somit das göttliche Leben verurteilt. (Vielleicht fragen wir: Was wäre geschehen, wenn Pilatus auf seine Frau oder auf seine Träume gehört hätte und sich hätte warnen lassen?) Und wir erkennen den Pilatus in uns. Wir schauen dem Judas in die Augen, der Jesus für Geld verrät und damit das göttliche Leben von sich weist. Und wir erkennen den Judas in uns! Wir schauen dem Soldaten in die Augen, der Jesus ans Kreuz nagelt, weil für ihn Gehorsam und Pflichterfüllung oberstes Gebot sind, und er weiß nicht, was er damit Schreckliches tut. Und wir erkennen diesen Soldaten in uns!

Eine wirksame Form der Einübung mag der hörende Nachvollzug von Passionsmusiken – z.B. derer von Bach – sein. In ihnen wird in erstaunlich tiefer Weise »vorgeführt«, daß alle an der Passion Beteiligten in Wahrheit auch Gestalten in uns und unserer Gegenwart sind. Dies verdeutlichen vor allem die Choräle und betrachtenden Arien.

Indem wir lernen, diese inneren Figuren anzunehmen, geben wir vieles in den Tod, nämlich unsere Wohlanständigkeit, unsere scheinbare Frömmigkeit, unser scheinbar so ordentliches Leben, kurz: unsere Masken, die wir so gerne tragen – vor andern und vor uns selber. Wir erkennen unsere innere Verlogenheit, Scheinheiligkeit, Feigheit, Grausamkeit, Trägheit und merken: All das gehört auch zu mir. Das ist Karfreitag. Jahr für Jahr bietet uns die Passionszeit die Möglichkeit, einen solchen Karfreitag einzuüben, Jahr für Jahr haben wir die Möglichkeit, neue Schattenfiguren kennenzulernen (vielleicht hilft uns dazu eine Fastentagung, in der wir uns ganz auf diese Einübung konzentrieren können). Wir erkennen unseren Hochmut und all das, worauf wir stolz sind, und können das alles in den Tod geben. Wer ist im Todeswasser des Roten Meeres ertrunken? Es waren nicht die Israeliten, sondern die

»Ägypter«, also glänzende Rüstungen und Waffen, Wagen und Rosse. Diese sterben im Roten Meer, sie werden in den Fluten begraben. Das ist der Karfreitag!

Ostern

Und was ist Ostern? Ostern heißt, daß die »Ägypter« ihren Glanz verloren haben. Alles was glänzend und stark war, hat seinen Glanz und seine Stärke verloren, es gilt nicht mehr. Was übrig bleibt, ist ein armes Volk, das aus den Fluten steigt und völlig auf Gott angewiesen ist, ein Volk, das nichts mehr hat. Von den Waffen, Rossen und Wagen bleibt nichts. Die stolze Pracht und der falsche Schein haben kein Lebensrecht mehr. Was übrig bleibt, sind die verängstigten Jünger, die um den Judas, Pilatus und die anderen Schattengestalten in ihrer Seele wissen, und die deshalb nicht mehr verächtlich oder richtend auf die anderen zu zeigen brauchen, sondern über ihrem eigenen Leben die Stimme Jesu hören: »*Dir* sind *deine* Sünden vergeben.«

Ostern bietet deshalb Jahr für Jahr die Möglichkeit zur Tauferneuerung. Die Taufe (»baptisma«) ist in der Alchemie der Prozeß, der die Weißung (Ostern) herbeiführt. Tauferneuerung heißt Absage an allen falschen Schein und an allen vordergründigen Un-Sinn. Ostern bedeutet Auferstehung zu einem neuen, wesenhaften Leben. Ostern ist das Ende des Selber-etwas-sein-Wollens und des Selber-etwas-machen-Wollens. Ostern heißt: »So lebe ich nun, doch nicht mehr ich, Christus lebt in mir.«[5]

Pfingsten

Und was bedeutet Pfingsten? Pfingsten ist die Erfahrung, daß Gott handelt, wenn wir mit unserem Handeln nicht mehr weiterkommen, wenn wir hilflos am anderen Ufer des Roten Meeres in der Wüste stehen. Dann handelt Gott, nicht vorher!

Dem Pfingstfest gehen immer Karfreitag und Ostern voraus. Nach der Einübung ins Sterben und Auferstehen an Karfreitag und Ostern ruft uns das Pfingstfest auf, uns auf das neue Sein in der Kraft des Heiligen Geistes einzustellen. Wie kann das geschehen? Der Heilige Geist befreit uns vom *Schein* und führt uns zum *Sein*, d.h. er befreit uns von der irdischen Gesinnung und führt uns hin zur himmlischen Gesinnung. Daran erinnert uns das Fest der Himmelfahrt Christi, das ja zwischen Ostern und Pfingsten liegt.[6] Die Himmelfahrt lenkt unseren Blick auf unsere eigentliche Heimat. Denn nur wer lernt, im Himmel zu leben, der wird für diese Erde Bedeutung haben. Einübung in das »Sein« heißt also, Himmel und Erde in sich zu vereinen. Der Heilige Geist befreit uns vom Schein zum Sein.

Der Heilige Geist befreit uns weiterhin zur *Gemeinschaft.* Jeder hat seine Gaben von Gott empfangen. Einübung in die Gemeinschaft heißt, diese Gaben in den Dienst stellen und sich durch andere ergänzen, bereichern und korrigieren lassen. Einübung in die Gemeinschaft bedeutet deshalb, den Andersartigen mit seinen Gaben, Grenzen und Gefahren annehmen, so wie Christus uns angenommen hat.

Der Heilige Geist befreit uns schließlich zur *Liebe.* Das bedeutet, daß wir nicht nur den Andersartigen annehmen, sondern auch den Bösartigen, den Verdrehten und den Widerwärtigen, den, der uns gar nicht liegt.

Der afrikanische Bischof Festo Kiwengere hat ein vielbeachtetes Buch geschrieben mit dem aufreizenden Titel »Ich liebe Idi Amin«. Kiwengere hat in Uganda unter dem blutrünstigen Diktator Idi Amin Schreckliches erlitten und ist nur mit knapper Not dem Tode entronnen. Er hat deshalb sein Herz hart gemacht gegen Idi Amin, der so schreckliches Leid über Uganda gebracht hat, und er konnte ihm das, was er ihm selber und seinen Freunden angetan hatte, nicht verzeihen. Da hörte Festo Kiwengere eines Tages, während er in einer Kirche saß, die Stimme Jesu in seinem Herzen, der zu ihm sagte:»Festo, stelle dir vor, einer der Soldaten, die mich ans

Kreuz genagelt und mir entsetzliche Schmerzen zugefügt haben, wäre Idi Amin gewesen. Meinst du, ich hätte dann gesagt: Vater, vergib ihnen, außer Idi Amin?« Da merkte Festo Kiwengere, daß er mit seinem harten Herzen in erster Linie sich selber schadete, und er lernte, zu vergeben und zu lieben. Weil die Jünger Jesu an Pfingsten zur Liebe befreit worden sind, wurde schließlich auch ein so fanatischer Pharisäer und Christenverfolger wie Saulus von Tarsus bekehrt, der dann selber das Hohelied der Liebe gesungen hat.[7]

Ich fasse zusammen: Der *Karfreitag* ruft uns auf, unseren abgelehnten Schattenseiten in die Augen zu schauen, sie als zu uns gehörig anzunehmen. Dadurch geben wir die falsche Pracht und die falsche Demut und alles Unechte in den Tod. *Ostern* bedeutet die jeweils neue Erfahrung, daß das Annehmen der Schattenseite und das Sterben des Unechten echtes, beglückendes Leben bedeutet, ohne falschen Schein. *Pfingsten* ruft uns auf zum neuen Sein, indem wir einander mit unseren Gaben dienen und somit Vorboten des Reiches Gottes sind, dessen Zentrum die Liebe ist.

Nach diesem allgemeinen Überblick über die Feste-Trias Karfreitag – Ostern – Pfingsten wollen wir jetzt ein wenig ausführlicher auf die Zeit zwischen Palmsonntag und Pfingsten eingehen.

Die Karwoche –
Urbild der sieben Wochentage

Die Karwoche ist ein *Weg*. Sie ist der Weg, den Jesus gegangen ist und den wir alle gehen. Die einzelnen Tage der Karwoche sind Stationen auf diesem Weg – sie haben eine symbolische Bedeutung.

Die Römer nannten die sieben Wochentage nach den damals bekannten Planeten, zu denen nach ihrer Vorstellung auch Sonne und Mond gehörten. So ist der erste Tag der Tag der Sonne, der zweite der des Mondes. Beide Namen sind noch in unserem Sonntag und Montag enthalten. Der dritte Tag ist der Tag des Mars, dann folgt der Tag des Merkur, der Tag des Jupiter und der Tag der Venus. Diese Namen sind bis heute in den romanischen Sprachen erhalten, so zum Beispiel im Französischen der »mardi« – der Tag des Mars, der »mercredi« – der Tag des Merkur, der »jeudi« – der Tag des Jupiter und der »vendredi« – der Tag der Venus. Der siebte Tag war bei den Römern der Tag des Saturn. Dieser Name ist im englischen »saturday« bewahrt.

Nach der Überlieferung der frühen Christenheit war Markus Dolmetscher des Apostels Petrus in Rom. Markus habe in seinem Evangelium das, was Petrus in Rom verkündigt und erzählt hat, berichtet.[8] Im Unterschied zum Matthäus-Evangelium, das sich besonders an die Juden wendet, und zum Lukas-Evangelium, das vor allem griechische Leser im Auge hat, ist das Markus-Evangelium besonders für die römische Welt geschrieben.[9] Es verwundert deshalb nicht, daß uns im Urtext des Markus-Evangeliums immer wieder lateinisch-römische Begriffe und Vorstellungen begegnen. Das gilt auch für die symbolische Bedeutung der einzelnen Tage der Karwoche. Markus kennzeichnet die einzelnen Tage zwischen Palmsonntag und Ostersonntag so deutlich, daß man die von ihm berichteten Ereignisse der Karwoche den einzelnen Wochentagen zuordnen kann.[10] Dabei fällt auf, daß diese Ereignisse in Beziehung zur symbolischen Bedeutung der betreffenden Tages-Planeten stehen:

Deutscher Name	Lateinischer Name	Bedeutung des lat. Namens	Ereignisse der Karwoche
1. Sonntag	DIES SOLIS (engl. sunday)	Tage der Sonne	Markus 11,1-11 (Palmsonntag)
2. Montag	DIES LUNAE (frz. lundi)	Tag des Mondes	Markus 11,12-19 (Montag nach Palmsonntag)
3. Dienstag	DIES MARTIS (frz. mardi)	Tag des Mars	Markus 11,20-13,37 (Dienstag nach Palmsonntag)
4. Mittwoch	DIES MERCU-RII (frz. mercre-di)	Tag des Merkur	Markus 14,1-11 (Mittwoch nach Palmsonntag)
5. Donnerstag	DIES JOVIS (frz. jeudi)	Tag des Jupiter	Markus 14,12-31 (Grün—donnerstag)
6. Freitag	DIES VENERIS (frz. vendre-di)	Tag der Venus	Markus 14,32-15,41 (Karfreitag)
7. Samstag	DIES SATUR-NI (engl. satur-day)	Tag des Saturn	Markus 15,42-47 (Karsamstag)
8. Sonntag	DIES SOLIS (engl. sunday)	Tag der Sonne	Markus 16,1-8 (Ostersonntag)

Die Planeten tragen zwar *lateinische* Namen, aber ihre symbolische Bedeutung entstammt der *griechischen* Mythologie. Die Namen der Planeten sind somit die lateinischen Namen griechischer Göttergestalten.

Die Betrachtung der Karwoche im Licht der Planeten bedeutet einerseits eine Beschränkung. Wir betrachten nicht den ganzen Text, sondern wir betrachten die jeweiligen Texte nur unter einem bestimmten Gesichtspunkt. Andererseits bedeutet die Betrachtung der Karwoche im Licht der Planeten eine Bereicherung. Unser Blick wird auf Fakten gerichtet, die sonst vielleicht nicht so deutlich sichtbar sind. Manches Vertraute erscheint in einem anderen Licht und wird dadurch neu bedeutsam. Es ist, wie wenn auf einer Theaterbühne ein Scheinwerfer einen bestimmten Bereich ausleuchtet.

Die lateinischen Namen der einzelnen Wochentage waren den Menschen der römisch-hellenistischen Welt so vertraut, daß sie wie selbstverständlich an den jeweiligen Tages-Planeten dachten, wenn sie einen Wochentag erwähnten, so wie wir an die Sonne denken, wenn wir vom Sonntag reden. Für die aus der römisch-hellenistischen Welt kommenden Christen ist deshalb Jesus nicht – wie für die Juden – am vierzehnten Nisan gekreuzigt worden, sondern am »Tag der Venus«. Jesus lag für sie auch nicht am Sabbat im Grab, sondern am »Tag des Saturn«. Und die Auferstehung erfolgte am »Tag des Helios«. Hugo Rahner, einer der großen Kenner des Hellenismus und des frühen Christentums, schreibt: »Die hellenistische Zeitrechnung war immer viel mehr als eine bloße kalendarische Angelegenheit – sie war Zeitenkult und Naturleben: Jesus ist am Venus-Tag gestorben, lag am Tag des Saturnus im Grab und ist erstanden am Tag des Helios.«[11]

Die frühe Christenheit hat sich gegen die Planetenwoche mit ihren heidnischen Götternamen zunächst heftig gewehrt. Es ist ihr jedoch nicht gelungen, die im Volk so tief verwurzelten Namen der Wochentage abzuschaffen. Sie hat deshalb versucht, »die heidnische Planetenwoche christlich zu konsekrieren«[12]. So wurde die Sonne mit Christus gleichgesetzt, und der Tag der Sonne wurde zum »dies domenica«, zum Herrentag (frz. »dimanche«). Auch in unseren Gesangbuchliedern wird Christus als die wahre Sonne gepriesen.[13] Nachdem der Sonnenkult, der stärkste und beliebteste Kult in der hellenistischen Welt, »getauft« worden war, verloren auch die anderen »Götter«, die im Schatten der Sonne standen, allmählich ihre Bedeutung.

Die frühe Christenheit mußte sich gegen die Planetengötter wehren, weil sie von der damaligen Umwelt weitgehend konkretistisch als real existierende Göttergestalten verstanden wurden oder weil man die Sterne, die die Namen dieser Götter trugen, göttlich verehrte.

Heute wissen wir jedoch, daß es sich bei den Planetengöttern um innerseelische Realitäten, um sogenannte »Archetypen« handelt, die unsere nichtchristlichen Vorfahren in die Außenwelt projiziert haben. Es ist für ein gesundes Seelenleben dringend erforderlich, daß wir diese Archetypen ernstnehmen und uns auf ihre Bedeutung für unsere Seele wieder neu besinnen.[14]

Palmsonntag – Dies Solis – Tag der Sonne

Psychologisch hat die Sonne eine doppelte Bedeutung: Sie ist Symbol unseres bewußten ICH, und sie ist Symbol unseres wahren SELBST. Es verwundert deshalb nicht, daß uns die Sonne in der Karwoche zweimal begegnet: am Palm-Sonntag und am Oster-Sonntag.

Was von der Sonne beleuchtet wird, ist sichtbar. Die Sonne ist deshalb zunächst Symbol für die vordergründige, sichtbare Wirklichkeit, für unser Bewußtsein, dessen Zentrum unser ICH ist.

Der griechische Name des lateinischen Sol (Sonne) lautet Helios. Im Unterschied zum Deutschen ist sowohl im Griechischen als auch im Lateinischen die Sonne männlich und der Mond weiblich. Nach mythologischer Vorstellung steigt Helios jeden Morgen aus dem Ost-Meer auf, zieht mit seinem feurigen Rossegespann kraftvoll seine Bahn über das Himmelsfirmament und taucht abends im West-Meer unter.[15]

In einem altgriechischen Hymnus wird Helios mit folgenden Worten besungen:

> Helios, der Unermüdliche,
> Abbild der Unsterblichen,
> scheint den Sterblichen
> und den unsterblichen Göttern,
> fest stehend auf seinem Rossegespann...
> Aus seinem Goldhelm läßt er die Augen blitzen.
> Da sprüht es und funkelt von glänzenden Strahlen
> rund um ihn her...
> Dann lenkt er über den Himmel hinab
> zum Ozean herrlich die Rosse.[16]

Als besondere Eigenart des Sol/Helios wird immer wieder betont, daß er »alles sieht und alles hört«[17].

Die Sonne ist Symbol unseres bewußten ICH, das die äußere Wirklichkeit mit den Sinnen wahrnimmt. Die gewaltige Kraft der Sonne ist Symbol für die Libido, d.h. für die Lebensenergie, die es uns ermöglicht, unser Leben aktiv zu gestalten.[18]

Die Sonne ist jedoch nicht nur Symbol unseres bewußten ICH, sondern auch unseres wahren SELBST. Unser bewußtes ICH ist Abbild unseres wahren SELBST, das als der »Christus« in uns Abbild Gottes ist.[19]

Das »Sonnenhafte« in uns entspricht deshalb dem Entwicklungstrieb, der uns antreibt, das zu werden, was wir eigentlich sind, nämlich ein Abbild Gottes.[20]

Der Weg von der »Sonne« des Palm-Sonntags zur »Sonne« des Oster-Sonntags ist somit ein Weg von unserem bewußten ICH zu unserem wahren SELBST.

Am Palmsonntag berichtet Markus zwei Ereignisse: den Einzug Jesu in Jerusalem (Markus 11,1-10) und die Besichtigung des Tempels (Markus 11,11).

Von Bethanien kommend reitet Jesus auf einem Esel in Jerusalem ein. Die Menschen jubeln ihm zu, sie schwingen grüne Zweige und begrüßen ihn als den Friedenskönig, den der Prophet Sacharja verheißen hat: »Du Tochter Zion, freue dich sehr, und du, Tochter Jerusalem, jauchze. Siehe, dein König kommt zu dir, ein Gerechter und ein Helfer, arm, und reitet auf einem Esel« (Sacharja 9,9).

Der Einzug Jesu in Jerusalem erinnert an die Sonnenwelt des Paradieses, an die Harmonie zwischen Gott, Mensch, Pflanze und Tier. Es ist jedoch eine vordergründige Harmonie, die nur so lange dauert, wie das Volk seine eigenen Wünsche und Vorstellungen und seine Friedenssehnsucht auf Jesus projiziert. Das Volk sieht nur die eine Seite, nur das, was sich vordergründig ereignet, nur das, was die Sonne des Bewußtseins bescheint.

Nach dem Einzug in Jerusalem begibt sich Jesus in den Tempel und sieht sich dort alles gründlich an. Da es Abend ist, hat er vermutlich auch die Menschen beobachtet, die dort zum Abendgottesdienst zusammengekommen waren.

Psychologisch sind die *Stadt* Jerusalem und der *Tempel* Symbole für die menschliche Seele.

Der Einzug Jesu in Jerusalem und sein Gang in den Tempel sind deshalb eine bildhafte Darstellung des Einzugs der göttlichen Wirklichkeit in unsere Seele.

Das ist im griechischen Urtext besonders eindrücklich ausgedrückt. Markus schreibt: »Jesus ging *hinein, hinein* nach Jerusalem, *hinein* in den Tempel« (11,11).

Dieser Einzug Jesu *hinein* in die Stadt und *hinein* in den Tempel zeigt die Möglichkeit auf, daß Gott selber in uns Wohnung nimmt.[21]

Damit sich ein solcher Einzug ereignen kann, bedarf es jedoch einer *inneren* Bereitschaft des Menschen und einer *in der Tiefe* verankerten Liebe zur göttlichen Wirklichkeit.[22]

Diese innere Bereitschaft und Liebe ist am Palmsonntag noch nicht vorhanden. Das Volk jubelt Jesus nur mit den Lippen zu, die Tiefe der Seele ist an diesem Jubel noch nicht beteiligt. Jesus hat diesen Tatbestand einmal so ausgedrückt: »Dieses Volk ehrt mich mit den Lippen, aber sein Herz ist ferne von mir« (Matthäus 15,8).

Damit Herz und Lippen miteinander in das Gotteslob einstimmen können, gilt es, in die Tiefe hinabzusteigen und den Weg zu gehen, der durch das Dunkel zum Licht führt. Das ist der Weg, den Jesus gegangen ist und den uns die Karwoche vorzeichnet.

Montag – Dies Lunae – Tag des Mondes

Der Mond regiert die Nacht; er ist der Gegenpol zur Sonne. Während die Sonne Symbol der sichtbaren, bewußten Tageswelt ist, ist der Mond Symbol der unsichtbaren, unbewußten Nachtwelt.

So lesen wir am Anfang der Bibel: »Gott machte zwei große Lichter: ein großes Licht, das den Tag regiere und ein kleines Licht, das die Nacht regiere« (Genesis 1,16).

Mit der Erwähnung des Mondes treten wir in den Bereich der Polarität: Sonne – Mond, Tag – Nacht, bewußt – unbewußt.

Im Unbewußten liegt der Gegenpol zu dem, was wir in der bewußten Welt sehen und wahrnehmen. Der griechische Name der lateinischen Luna (Mond) lautet Selene. Selene ist Schwester und Gattin des Helios. Durch Luna/Selene (Mond) erlangt Sol/Helios (Sonne) seine Ganzheit. Psychologisch bedeutet dies, daß das Bewußtsein allein nicht genügt, es bedarf der Ergänzung durch das Unbewußte und umgekehrt. Deshalb ergänzen unsere Träume in der Nacht unser Tagesbewußtsein. Unser Bewußtsein ist die Außen-Seite, in der wir Tag für Tag leben. Unser Unbewußtes ist die Innenseite, in der wir Nacht für Nacht wohnen.

Wie stark die Zusammengehörigkeit von Helios und Selene

noch in römischer Zeit empfunden wurde, wird u.a. daran deutlich, daß Kleopatra und Antonius ihre gemeinsamen Kinder Helios und Selene nannten.

In einem altgriechischen Hymnus wird Selene mit folgenden Worten besungen:

Himmlisches Leuchten
strömend aus ihrem unsterblichen Haupt
umtanzt die Erde.
Schönheit in Fülle
rufet hervor
der Schein ihres Lichts.
Es leuchtet die finstere Nacht...
Strahlen füllen die Räume
sooft die hehre Selene
den schönen Leib
im Ozean badet...
Wenn dann die mächtige Scheibe
voll erstrahlt,
wenn Ströme von Licht
der Erfüllten entquellen
hochher vom Himmel,
ist's für die Menschen
Verheißung und Zeichen...[23]

Am Mond-Tag der Karwoche berichtet Markus ebenfalls zwei Ereignisse: Die Verfluchung des Feigenbaums und die Tempelreinigung.

Diese beiden Ereignisse sind die Gegenpole zu den beiden Ereignissen des Palm-Sonntags.

Als Gegenpol zum Einzug in Jerusalem berichtet Markus von der Verfluchung des Feigenbaumes.

141

Jesus kommt zu einem Feigenbaum und möchte gerne von den Früchten dieses Baumes essen, aber der Baum hat nur grüne Blätter und keine Früchte.

Der Feigenbaum ist Symbol des Volkes Israel. Während das Gottesvolk am Palmsonntag mit Palmblättern und grünen Zweigen dem Friedenskönig zujubelt, wird am Montag deutlich, daß dieser äußerliche Jubel dem üppigen Blattwerk eines Feigenbaumes entspricht, der jedoch keine Früchte trägt.[24] Jesus ist nicht an äußerer Frömmigkeit interessiert, sondern an der Frucht, die den Hunger der Seele stillt. Diese Frucht findet er nicht. Er läßt deshalb die Blätter des Feigenbaumes verdorren. Jesus bringt damit zum Ausdruck, daß die Feigenblätter, mit denen die Menschen nach dem Bericht der Bibel (Genesis 3,7) die Folgen des Sündenfalles zu verbergen suchen, ausgedient haben. Die Nacktheit wird offenbar, die Heuchelei wird entlarvt.

Als Gegenpol zur Besichtigung des Tempels mit seinem äußeren Gottesdienst am Palmsonntag wird am Mond-Tag bei der sogenannten Tempelreinigung deutlich, daß dieser Tempel in Wahrheit nicht der Anbetung Gottes dient, sondern der Gewinnsucht. Jesus sagt: »Mein Haus soll ein Bethaus für alle Völker heißen, ihr aber habt eine Räuberhöhle daraus gemacht« (Markus 11,17).

Wir Christen müssen hier jedoch aufpassen: Wenn auch diese Symbolhandlungen zunächst den damaligen Hörern Jesu aus dem Volke Israel galten, gelten sie unterdessen schon längst dem neuen Bundesvolk, nämlich der Christenheit, die sich in keiner Weise anders verhält als das alte Bundesvolk. Auch in der heutigen Christenheit und in unserem eigenen Leben ist oft viel Blattwerk und wenig Frucht. Auch in der heutigen Christenheit und in unserem eigenen Leben überdeckt oft die Habsucht die Anbetung Gottes.

Am Mond-Tag wird der Gegenpol offenbar. Jesus deckt ihn schonungslos auf. Die Feigenblätter, die eine Intaktheit der Gottesverehrung vortäuschen, täuschen Jesus nicht. Jesus weiß, was im Menschen ist.[25] Er sieht hinter die Fassade.

So ist es zwar möglich, daß wir mit unserer Heuchelei andere

Menschen täuschen können, den Christus in uns, der unser wahres SELBST ist, können wir nicht täuschen.

Gewiß, wir können die Stimme des inneren Christus unterdrücken. Wir können es machen wie die damaligen Hörer Jesu, die mit in das »Kreuzige« einstimmten, als sie merkten, daß Jesus nicht an ihrem äußeren Gottesdienst interessiert war, sondern an der Umwandlung ihres Lebens.

Gewiß, wir können es auch machen wie die Verantwortlichen des Volkes, die »danach trachteten, wie sie Jesus umbringen könnten« (Markus 11,18), nachdem er ihre Habsucht aufgedeckt hatte.

Wir können aber auch unserem Gegenpol und unserer Schattenseite in die Augen schauen und weiterschreiten auf dem Weg zur Ganzheit, auf dem Weg, den uns auch die Karwoche vorzeichnet.

Der Montag der Karwoche ist Urbild für jeden Montag. Wir können uns deshalb an jedem Montag aufrufen lassen, den Mond ernstzunehmen, d.h. auf die Stimme unseres Unbewußten zu lauschen, unsere Träume und Visionen zu beachten.

Dienstag – Dies Martis – Tag des Mars

Mars ist der Gott des Krieges. Sein griechischer Name ist Ares. Seine Heimat ist das barbarische Thrakien. Mars liebt den Kampf um seiner selbst willen. Seine Schwester Eris (»Streit«) verbreitet Gerüchte und stiftet Eifersucht, damit dadurch Krieg entsteht. Wie sie hat auch ihr Bruder Ares keinerlei Vorliebe für irgendeine Stadt oder irgendeine Partei, sondern wenn ihn die Lust zu töten überfällt, dann kämpft er einmal auf dieser, dann wieder auf jener Seite, mordend und zerstörend. So hält er es im Trojanischen Krieg einmal mit den Griechen, dann wieder mit den Troern. Homer bezeichnet ihn deshalb als den »Bald-so-und-bald-anders«.[26]

Alle Götter hassen ihn, außer Eris, die ebenfalls Freude am Kampf hat, und außer Hades, der sich als Herrscher des

Totenreiches freut, wenn ihm Ares möglichst viele junge Krieger liefert, die in seinen grausamen Schlachten gefallen sind.
Aber auch Aphrodite liebt den Ares. Sie ist sein Gegenpol.
Aus der Verbindung zwischen Ares und Aphrodite wird Har-
monia geboren, in der die Gegensätze vereinigt sind.
Neben dem ungestümen, thrakischen Mars, der jedes Gesetz
und jede Ordnung verachtet, gibt es im Hellenismus eine
differenziertere Betrachtungsweise des Mars. Sie kommt vor
allem im folgenden Hymnus zum Ausdruck:

> Ares, Übermächtiger,
> wuchtiger Lenker, golden Behelmter,
> kraftvoll beherzter Schildmann,
> ehern gerüsteter Stadtwart,
> Handfester, Speergewandter, Rastloser,
> Wall des Olympos...
> Zwingherr bist du dem Gegner,
> Führer der rechtlichsten Männer,
> Heger der Mannheit...
> Hör uns, Helfer der Menschen,
> Spender blühender Jugend.
> Laß deinen Glanz erstrahlen
> zu uns aus der Höhe
> wenn mit Gewalt und mit Kampfkraft
> wir uns messen im Kampf,
> zu bannen bitteres Unrecht
> vom eigenen Haupte.
> Trügenden Drang meiner Seele zum Kampf
> verbanne von mir.
> Besänftige mich,
> wenn ein scharfes, hitziges Zürnen
> mich treibt in die blutige Feldschlacht.
> Also verleih mir seligen Starkmut,
> leidlos in friedlicher Ordnung zu leben,
> fern vom Getümmel der Feinde,
> entronnen gewaltsamem Schicksal.[27]

Das ist ein anderer Mars! Das ist nicht blindes Wüten wie beim thrakischen Mars, sondern das ist kontrollierte Aggression. Und das ist es auch, worum es bei Mars psychologisch vor allem geht. Vor allem – aber nicht nur! Auch der wilde, ungezügelte Mars will als psychische Realität ernstgenommen werden. In uns allen leben wilde, ungezähmte Drachen-Kräfte! Es nützt nichts, wenn wir sie verleugnen und dämonisieren, sondern es gilt, sie als zu uns gehörig zu akzeptieren.[28] Dann können uns diese martialischen Kräfte helfen, unseren Weg auch in schwierigen Situationen aktiv zu gehen. Ganz besonders braucht es martialische Kraft,»wenn Autoritäten sich einem in den Weg stellen, wenn alte Gesetze als unveränderbar angesehen werden, wenn andere Leute eine Meinung fest gepachtet haben und nicht fähig sind, ihre Meinung zu korrigieren… da muß sich das Neue durchsetzen, da ist oft ein geistiger Vatermord nötig, dazu braucht man den Mars.«[29]

✳

Markus widmet sich diesem Tag besonders ausführlich, vielleicht auch deswegen, weil sein Name Markus»zu Mars gehörig« bedeutet.

Jesus, in dem als Urbild unseres ganzheitlichen Selbst alle Planeten vereinigt sind, bringt seine Mars-Seite mit den Worten zum Ausdruck:»Ich bin nicht gekommen, den Frieden zu bringen, sondern das Schwert« (Matthäus 10,34).

Am Tag des Mars führt Jesus Streitgespräche mit seinen Gegnern. Er geht keinerlei Kompromisse ein, sondern ist kämpferisch aggressiv. Dabei verdirbt er es sich mit allen Vertretern des jüdischen Volkes und der jüdischen Religion, mit den Hohepriestern, Schriftgelehrten und Ältesten, mit den Herodianern, den Pharisäern und den Sadduzäern. Alle diese Gruppierungen werden beim Namen genannt. Doch dann weitet sich der Blick Jesu über diese Streitgespräche hinaus, bis in die fernste Zukunft. Jesus hält am Tage des Mars eine gewaltige Endzeit-Rede, in der von»Krieg und Kriegsgeschrei« gesprochen wird und in der die Mars-Seite kosmische Dimensionen annimmt: »Es wird sich ein Volk gegen das andere erheben und ein Königreich gegen das andere... Es wird ein Bruder den andern dem Henker ausliefern und der Vater den Sohn und die Kinder werden sich gegen die Eltern empören... Die Sonne wird sich verfinstern und der Mond seinen Schein verlieren, und die Sterne werden vom Himmel fallen, und die Kräfte des Himmels werden ins Wanken kommen...« (Markus 13,8.12.24 f.).

So wie nach der vordergründigen Einheit des Palmsonntags am Montag die Gegenpole sichtbar werden und am Dienstag, am Tag des Mars, die Auseinandersetzung mit diesen Gegenpolen erfolgt, so vollzieht sich auch die Entwicklung des einzelnen Menschen. Markus faßt in der Karwoche den innerseelischen Entwicklungsweg des einzelnen Menschen wie in einem Brennglas zusammen. Am Tag des Mars geht es um den Widerstand gegen alles, was uns verfremden will, gegen alle Anpassung und gegen alle Einseitigkeit, gegen alles, was uns von unserem Weg abbringen will, den uns unser wahres SELBST vorzeichnet. So beugt sich Jesus nicht den Autoritäten seines Volkes, sondern begegnet ihnen mit martialischer Kraft, wenn sie ihn von seinem vorgezeichneten Weg abbringen wollen.

Der Mars-Tag der Karwoche ist Urbild für jeden Dienstag. Jeder Dienstag ruft uns auf, unsere Mars-Seite ernstzunehmen. Wir können uns fragen: Wo lasse ich mir zuviel gefallen? Wo passe ich mich zu sehr an? Wo verdränge ich den Mars und richte ihn dadurch gegen mich selber?

Mittwoch – Dies Mercurii – Tag des Merkur

Merkur ist ganz anders als Mars. Merkur meidet den Kampf und die Konfrontation. Er liebt den Ausgleich. Merkur ist der Schutzpatron der Kaufleute und der Diebe. Sein griechischer Name ist Hermes. Der Mythos erzählt:

»Als Hermes auf dem Berge Kyllene geboren ward, wickelte ihn seine Mutter Maia in Windeln und legte ihn in eine Wiege. Er aber wuchs mit erstaunlicher Schnelligkeit zum Knaben heran, und sobald sie ihm den Rücken kehrte, schlich er davon, auf der Suche nach Abenteuern. Als er in Pieria ankam, wo Apollon eine Herde edler Kühe weidete, beschloß er, sie zu stehlen. Da er befürchtete, daß die Spuren ihn verraten könnten, machte er aus der Rinde einer gestürzten Eiche Schuhe und band sie mit geflochtenem Gras den Kühen an die Hufe. Dann trieb er sie, als es Nacht war, rückwärts davon. Apollon entdeckte den Verlust, aber er fand keine Spur.«

Auf allerhand Umwegen fand Apollon schließlich doch die Höhle, in der Hermes mit seiner Mutter Maia lebte. Der Mythos berichtet:

»Apollon betrat die Höhle, weckte Maia und forderte in strengem Ton, daß Hermes die gestohlenen Kühe zurückgäbe. Maia zeigte auf das Kind, das noch in seine Windel gewickelt war und sich schlafend stellte. ›Welch eine lächerliche Anschuldigung!‹ rief sie aus. Aber Apollon hatte schon die Häute seiner Kühe erkannt. Er hob Hermes auf, trug ihn zum Olymp und beschuldigte ihn dort des Diebstahls. Die Häute legte er als Beweis vor. Zeus, der den Gedanken, daß sein neugeborener Sohn ein Dieb sein sollte, zutiefst verabscheute, ermutigte Hermes, auf seiner Unschuld zu bestehen. Aber Apollon ließ nicht locker, und schließlich gestand Hermes seine Schuld.
›Also gut, komm mit mir‹, sagte er, ›du kannst deine Herde wiederhaben. Ich habe nur zwei Tiere geschlachtet und diese in zwölf Teile geschnitten, als Opfergabe an die zwölf Götter.‹
›Zwölf Götter?‹ fragte Apollon, ›wer ist denn der zwölfte?‹
›Ihr Diener, Herr‹, antwortete Hermes bescheiden. ›Ich aß nicht mehr als meinen Anteil, obwohl ich sehr hungrig war. Den Rest habe ich verbrannt, wie es die Pflicht gebietet.‹
Dies war das erste Fleischopfer, das je dargebracht wurde.
Die beiden Götter kehrten zum Berge Kyllene zurück, wo Hermes

seine Mutter begrüßte und etwas, das er unter einem Schaffell versteckt hatte, hervorholte.

›Was hast du denn dort?‹ fragte Apollon.

Als Antwort zeigte ihm Hermes seine geniale Erfindung: die Schildpattleier. Mit dem Plektron, das er auch erfunden hatte, spielte er darauf eine so bezaubernde Melodie und sang zur gleichen Zeit ein Loblied auf Apollons Edelmut, Klugheit und Großzügigkeit, daß dieser ihm sofort verzieh. Hermes führte den erstaunten und entzückten Apollon nach Pylos, sein Spiel während des ganzen Weges fortsetzend, und gab ihm dort den Rest der Viehherde zurück, die er in einer Höhle versteckt gehalten hatte. Apollon, der das Kind zurück zum Olympos nahm, erzählte Zeus alles, was geschehen war. Zeus ermahnte Hermes, fortan das Recht des Besitzes zu achten und davon Abstand zu nehmen, Lügen zu erzählen; aber in seinem Herzen war er über den Knaben froh. ›Du scheinst ein sehr einfallsreicher, beredter und überzeugender kleiner Gott zu sein‹, sagte er.

›Dann mache mich zu deinem Boten, Vater‹, erwiderte Hermes, ›und ich werde für die Sicherheit allen göttlichen Besitzes sorgen und niemals mehr lügen. Aber ich kann nicht versprechen, immer die ganze Wahrheit zu sagen.‹

›Das wird auch nicht von dir erwartet‹, sagte Zeus mit einem Lächeln. ›Deine Pflichten würden im Schließen von Verträgen, in der Förderung des Handels und in der Aufrechterhaltung des Wegrechtes für alle Reisenden auf allen Straßen der Welt bestehen.‹ Als Hermes diesen Bedingungen zustimmte, gab ihm Zeus einen Heroldstab mit weißen Bändern, den laut seinem Befehl jeder respektieren mußte, außerdem gab er ihm einen runden Hut gegen den Regen und geflügelte goldene Sandalen, die ihn mit der Geschwindigkeit des Windes umhertrugen.‹[30]

Dieser Mythos macht deutlich, was für ein Archetyp dieser Merkur ist. Er ist listig, ein Dieb und ein geschickter Händler. Er kann großzügig sein, aber auch kleinlich. Als Götterbote ist er der Vermittler zwischen dem göttlichen und dem menschlichen Bereich.

Der Merkur ist dem Sternbild der Zwillinge zugeordnet. »Zwillinge haben nicht… zwei Seelen in der Brust, sie sind auch nicht zwiespältig, sie haben nur entdeckt, daß im Menschen – egal ob Mann oder Frau – sowohl das weibliche als auch das männliche Element vertreten ist, daß der Mensch in sich eine helle und eine dunkle Seite hat.«[31] Das gilt auch von Merkur!

※

Am Tag des Merkur überliefert Markus zweierlei: eine Rahmen- und eine Haupterzählung.

Die Rahmenerzählung beginnt mit dem Bericht, daß die Hohepriester und die Schriftgelehrten den Plan fassen, Jesus »mit List« festzunehmen (Markus 14,1-2). Das ist der Geist des listigen Merkur! Die Rahmenerzählung schließt ab (Markus 14,10-11) mit dem Versprechen der Hohepriester, dem Judas Geld zu geben für die Ergreifung Jesu. Das erinnert an den Hermesmythos, wo Apollon auch eine Belohnung aussetzt auf die Ergreifung des Kuh-Räubers Hermes Merkur. Und so sagt Jesus später: »Ihr seid ausgezogen wie gegen einen Räuber« (Markus 14,48).

Auch die Haupterzählung von der Salbung in Bethanien (Markus 14,3-9) atmet ganz merkurischen Geist. In der Haupterzählung wird deutlich, daß die Gegensätze nicht nur in den jeweils feindlichen Gruppen vorhanden sind, sondern daß sie zu uns selber gehören. Markus stellt dies dar durch das Sichtbarmachen der polaren Spannung innerhalb des Freundes- und Jüngerkreises Jesu:

Als eine Frau in Bethanien ein überaus kostbares Salböl auf das Haupt Jesu ausgießt, werden einige Jünger unwillig und sagen: »Was soll diese Vergeudung des Salböls, man hätte das Öl für mehr als 300 Denare verkaufen und das Geld den Armen geben können« (Markus 14,5).

Die Erzählung von der Salbung in Bethanien zeigt auf der einen Seite die Großzügigkeit des »Merkur« in der Ausgießung einer kostbaren Salbe auf das Haupt Jesu, auf der anderen Seite zeigt sie den berechnenden Merkur. (Merkur ist nicht nur Schutzpatron der Kaufleute, sondern auch der Diebe!) Nach dem Bericht des Johannes-Evangeliums wird ausdrücklich gesagt, daß der Einwand der Jünger von Judas ausgeht, von dem es heißt: »Das sagte er aber nicht, weil er nach den Armen fragte, sondern weil er ein Dieb war; denn er hatte die Kasse und unterschlug das eingelegte Geld« (Johannes 12,6).

Merkur hat beide Seiten: die großzügig-spendende und die kleinlich-unterschlagende. Diese Zwillingsqualität des Merkur wird transzendiert in der Antwort Jesu, der sowohl die Verschwendung des kostbaren Salböls akzeptiert, als auch die Fürsorge für die Armen. Die Antwort Jesu macht deutlich, daß es darum geht, den rechten Zeitpunkt, den sogenannten »kairos«, zu erkennen und zu nützen. Er sagt: »Arme habt ihr allezeit bei euch, aber mich habt ihr nicht allezeit bei euch.« Jesus sagt damit, daß es zwar *grundsätzlich* richtig ist, für die Armen zu sorgen, daß es aber *jetzt* wesentlich ist, den einmaligen, nicht wiederkehrenden Augenblick zu erkennen und das in diesem Augenblick Notwendige zu tun.

Der Merkur-Tag der Karwoche ist Urbild eines jeden Mittwochs. Jeder Mittwoch ruft uns auf, unsere Merkur-Seite ernstzunehmen und uns einzuüben in die Flexibilität im Sinne des Jesuswortes: »Seid klug wie die Schlangen, aber ohne Falsch wie die Tauben.«

Gründonnerstag – Dies Jovis – Tag des Jupiter

Jupiter ist der höchste Gott. Sein griechischer Name ist Zeus. Er ist der Vatergott, der für die Seinen sorgt und ihnen Anteil gewährt an irdischen und himmlischen Gütern. Ein Attribut des Jupiter ist das »Füllhorn«. Es ist ein Horn des Überflusses, das stets gefüllt ist mit Speise und Trank. Psychologisch steht es für die festliche Fülle des Lebens, für ein Leben, das zur Reife gekommen ist und das sich anderen mitteilt. Jupiter ist der Entfalter des Lebens. Er erfüllt die Kräfte des Merkur mit Sinn. Jupiter steht für das »uneingeschränkte Ja zum Leben, das zutiefst getragen wird von unserem Glauben an einen Sinn des Lebens, auch unseres eigenen Lebens«. Es geht darum, »aus allen irdischen Situationen jeweils das Bestmögliche zu machen... Psychologisch würde am ehesten der Begriff der Reife dem Jupiterhaften entsprechen – Reife als das zu erreichende mögliche Optimum unserer Selbstverwirklichung... Die Sinnlosigkeit des Lebens als Anschauung zu vertreten oder in seinem eigenen Leben keinen Sinn zu sehen, bzw. ihm keinen zu geben, wäre die größte Sünde gegen das Jupiterhafte in uns.«[32]

Bei Jupiter geht es um eine ganzheitliche Abrundung unseres Lebens, es geht um die bestmögliche Entfaltung aller Wesenskräfte. Das Jupiterhafte ist auch das »Joviale«, das Gönnerhafte. So freut sich Jupiter über die Intelligenz des kleinen Merkur, obwohl sie nicht so ohne weiteres unseren Moralvorstellungen entspricht. Die Weltordnung des Jupiter ist keine moralistische Weltordnung, sondern eine ganzheitliche, in die er auch das Eckige, Wilde und Böse einfügt. Das wird im Zeushymnus des Kleanthes aus dem dritten Jahrhundert v. Chr. in eindrücklicher Weise zum Ausdruck gebracht:

Du, der Unsterblichen Höchster,
du Vielbenannter, der ewig
nach Gesetzen beherrscht die Natur,
ihr mächtiger Führer,
sei mir gegrüßt, o Zeus:
denn alle Sterblichen dürfen
Dich anreden, o Vater.
Wir sind ja deines Geschlechts,
Nachhall deiner Stimme...
Also will ich dich preisen

und ewig rühmen die Herrschaft
deiner Macht, der, rings um die Erde,
die Kreise der Welten
willig folgen, wohin du sie lenkst,
und dienen dir willig...
Höchster König des Alls,
ohn' den auf Erden, im Meere,
nichts geschiehet,
noch am ätherischen, himmlischen Pole;
außer was sinnenberaubt
der Frevler Böses beginnet.
Aber du weißt auch da
das Wilde zu fügen in Ordnung,
machst aus der Unform Form
und gesellst Unfreundliches freundlich.
Also stimmtest du alles zu Einem,
das Böse zum Guten,
daß in der weiten Natur
ein ewigherrschend Gesetz sei,
eins, dem unter den Sterblichen
nur der Frevler entfliehn will...
Der kämpft um die Ehre fährlichen Kampf,
der läuft nach Gewinn mit niedriger Habsucht...
Aber o Zeus, du, der du alles gibst,
befreie die Menschen vom Unsinn.
Nimm die Wolke von ihren Seelen, o Vater,
daß sie die Regel ergreifen,
nach der du billig und sicher
alles regierst;
damit wir, denen du Ehre gegönnt hast,
wieder dich ehren
und dich in deinen Taten besingen...[33]

Jupiter ist der Gott der Fülle und des festlichen Feierns. Es verwundert deshalb nicht, daß Jesus am Tag des Jupiter mit seinen Jüngern in einem festlichen Saal eine Mahlzeit feiert – das Abendmahl. Jesus, dessen Leben zur Reife gekommen ist, teilt sich selber in Brot und Wein seinen Jüngern mit.

Der Abendmahlsbericht des Markus erinnert in seinem Aufbau an den Zeushymnus, der in der damaligen römisch-hellenistischen Welt weit verbreitet war und den auch der Apostel Paulus im Neuen Testament zitiert.[34]

Dieser Hymnus beschreibt zunächst die göttliche Weltordnung, die nur vom Frevler, z.B. aus Gewinnsucht, durchbrochen wird. Aber Gott baut auch diese Unordnung in seinen Weltenplan ein. Der Hymnus bezeichnet sodann den höchsten Gott als einen Gott, der die Fülle schenkt, und fordert schließlich dazu auf, die Taten Gottes in Lobgesängen zu preisen.

Ein ganz ähnlicher Aufbau begegnet uns im Abendmahlsbericht des Markus-Evangeliums. Auch dort wird zunächst der Frevler Judas erwähnt, der aus Gewinnsucht aus der Ordnung des Zwölferkreises ausbricht, aber dessen Untat Gott in seinen Heilsplan einbaut. So schreibt Markus: »Der Menschensohn geht zwar seinen Weg, *wie es von ihm geschrieben steht* – aber wehe dem Menschen, durch den er verraten wird« (14,21). Auch das Lukas-Evangelium macht deutlich, daß der Weg Jesu einem göttlichen »Muß« entspricht,[35] nämlich dem geistlichen Grundgesetz, daß der Weg zum Licht durch die Dunkelheit führt, und daß der Tiefe des Abstiegs die Höhe des Aufstiegs entspricht.[36] Wenn im Jupiter-Hymnus der höchste Gott sodann als der »Allesgeber« bezeichnet wird (»der du alles gibst«), dann entspricht das im Abendmahlsbericht der Selbsthingabe Jesu in Brot und Wein: »Als sie aßen, nahm Jesus das Brot, dankte und brach's, gab's ihnen und sprach: »Nehmet, das ist mein Leib.« Und er nahm den Kelch, dankte, gab ihn den Jüngern und sie tranken alle daraus« (Markus 14,22 ff.).

Dies ist jedoch nur der erste Teil des Festes. Es findet seine Fortsetzung im Reich Gottes (Markus 14,25), wo Gott alles in allem ist.[37]

Die Mahlfeier wird abgeschlossen mit Lobgesängen. Es handelt sich hierbei um die Psalmen 113 bis 118, in denen, genau wie im Jupiter-Hymnus, die Taten Gottes gepriesen werden.

Das Abendmahlbild des Leonardo da Vinci

Das Abendmahl, das im Mittelpunkt des Gründonnerstag-Geschehens steht, ist von Anfang an die zentrale Feier der Christenheit. In dieser Feier ist alles zusammengefaßt, was für den christlichen Glauben wesentlich ist.[38]

Das wohl bekannteste Abendmahlsbild hat Leonardo da Vinci gemalt[39] (siehe Seite 155):

Dieses Abendmahlbild, das in der ganzen Welt verbreitet ist, ist ein hintergründiges Bild. Leonardo hat auf diesem Bild nicht Einzelmenschen gemalt, sondern die Menschheit als Ganzes. Die einzelnen Gestalten auf diesem Bild sind deshalb archetypische Gestalten.

Die zwölf Gestalten, die um Jesus geschart sind, sind die zwölf Vertreter des Tierkreises, die sich um die Sonne Jesus gruppieren.[40] Dabei begegnen uns die Symbole des Zodiakos (= des Tierkreises) in der gewohnten Reihenfolge.

Die Namen der einzelnen Jünger kennen wir von dem Leonardo-Schüler Francesco Melsi, der in der Kirche in Ponte Capriasca bei Lugano eine Kopie des Leonardo-Abendmahls gemalt und unter jede einzelne Gestalt den Namen des betreffenden Jüngers geschrieben hat.

Die Gestalten sind in vier Dreiergruppen angeordnet, die den vier Jahreszeiten entsprechen und jeweils das Grundgesetz des Lebens zum Ausdruck bringen: Entstehen, Bestehen, Vergehen.

Da ist zunächst die Frühlings-Gruppe: Widder, Stier, Zwilling. Simon, der *Widder,* sitzt ganz rechts am Kopf des Tisches. Er ist der Kopf des Tierkreises (dem Widder ist der Kopf zugeordnet). Seine scharf geschnittenen Gesichtszüge haben etwas Widderhaftes.

Bartholomäus Jakobus d.J. Andreas Petrus Judas Johannes Thomas Jakobus d. Ält. Philippus Matthäus Thaddäus Simon

Neben ihm sitzt Thaddäus, der *Stier.* Er beherrscht den Monat Mai, den Zentralmonat des Frühlings. Dem Stier ist der Nacken zugeordnet. Das wird deutlich am breiten Stiernacken des Thaddäus.

Und schließlich Matthias, der *Zwilling,* dessen Kopf nach rechts zu Simon schaut und dessen Arme nach links zeigen. Die Oberarme, die dem Zwilling zugeordnet sind, sind besonders sichtbar. Es ist typisch für einen Zwilling, daß der Kopf in eine andere Richtung schaut als die Hände. Während der Zwilling etwas mit den Händen tut, ist er mit dem Kopf und seinen Gedanken oft schon wieder woanders!

Die nächste Gruppe ist die Sommer-Gruppe: Krebs, Löwe, Jungfrau.

Der Sommer beginnt mit dem *Krebs,* der von Philippus darge-stellt wird. Seine Hände sind nach innen gekehrt. Damit ahmt er das Tierkreissymbol des Krebses nach. Sie deuten außerdem auf die Lungen, die dem Krebs zugeordnet sind.

Das Zentrum des Sommers ist der *Löwe,* den Jakobus, der Ältere, repräsentiert. Er breitet die Arme weit aus (eine wahr-haft königliche Gebärde!) und legt das Herz frei, das dem Löwen zugeordnet ist.

Neben ihm ist die *Jungfrau,* von Thomas dargestellt. Thomas ist der Vernunftmensch. Er ist der Zweifler, der alles genau wissen will, damit er es richtig einordnen kann.[41] Das ist typisch für die Jungfrau.

Links neben Jesus ist die Herbst-Gruppe: Waage, Skorpion, Schütze.

Sie wird angeführt vom *Waage*-Menschen Johannes. Die Waage ist um Ausgleich bemüht, und so sitzt Johannes zwischen Jesus und Judas. Das Neue Testament berichtet, daß der aufbrau-sende »Donnersohn« Johannes zum Apostel der Liebe wurde. Er hat also in sich selber die Gegensätze ausgeglichen.

Neben Johannes ist Judas, der *Skorpion.* Judas ist erkennbar am Geldbeutel. Er war der Geldverwalter des Jüngerkreises.

Er hat das Salzfaß umgeworfen. Das Salz ist Mittel gegen Fäulnis und Verderben. Nach der Legende begeht der Skorpion in ausweglosen Situationen Selbstmord, ein Hinweis auf den Suizid des Judas. Von Judas heißt es außerdem, daß der Teufel, d.h. die Schlange, in ihn gefahren sei. Die Schlange gehört ebenfalls zum Skorpion. Bei so vielen Negativsymbolen darf jedoch nicht vergessen werden, daß zum Skorpion auch der Adler gehört, und daß deshalb gerade der Skorpiongeborene nicht nur in tiefste Tiefe fallen kann, sondern auch die Chance hat, in höchste Höhen vorzudringen.

Zwischen den Gestalten des Judas und des Johannes drängt sich Petrus, dem der *Schütze* zugeordnet ist. Das ist typisch für Petrus: Er muß sich immer dazwischendrängen. Petrus gehört einerseits zu Judas, denn auch er hat Jesus verraten,[42] aber er gehört andererseits auch zu Johannes, der eine besondere Nähe zu Jesus hat, denn er hat nach seinem Fall einen Neuanfang gemacht.[43] Weil Petrus sowohl das Fallen als auch das Aufstehen kennt, deshalb überträgt ihm Jesus die Schlüsselgewalt. Zu Petrus paßt gut der Schütze, der als Kentaur halb Tier, halb Mensch ist und deshalb, wie Petrus, besondere Heilkräfte hat.[44]

Und schließlich noch die Winter-Gruppe: Steinbock, Wassermann, Fische.

Andreas, dem der *Steinbock* zugeordnet ist, hält seine Hände vor die Brust wie sein Gegenzeichen Krebs. Nur sind sie bei ihm nach außen gekehrt. Der Steinbock packt eine Aufgabe an und führt sie mit Zähigkeit durch. Er schreitet voran in die karge Winterzeit.

Neben ihm sitzt Jakobus, der Jüngere, der *Wassermann*. Er legt seine Hand auf die Schulter des Petrus und bringt damit seine Verbundenheit zu diesem Apostel zum Ausdruck. Die beiden gehören nämlich zusammen und leiten später die christliche Gemeinde, als deren Säulen sie bezeichnet werden.[45]

Und schließlich noch Bartholomäus, dem die *Fische* zugeordnet sind. Zu den Fischen gehören die Füße. Er ist deshalb der einzige Apostel, dessen Füße sichtbar sind. Bartholomäus steht am Fußende des Tisches und überblickt das Ganze. Das entspricht dem ozeanischen, jupiterhaften Weitblick der Fische. Das also sind die zwölf Repräsentanten der Menschheit und in der Mitte Jesus, die Zentralsonne, die alles bescheint.

Der Jupiter-Tag der Karwoche, in dessen Zentrum das Abendmahlsgeschehen steht, ist Urbild eines jeden Donnerstags. An jedem Donnerstag sind wir aufgerufen, den »Jupiter« in uns ernstzunehmen, uns in das Feiern des Lebens einzuüben und uns zu freuen an der Fülle und Schönheit des Lebens.

Karfreitag – Dies Veneris – Tag der Venus

Karfreitag und Venus – wie paßt das zusammen?
Venus begegnet uns in der griechischen Mythologie in einer dreifachen Gestalt: erstens als Göttin der Liebe, zweitens als Symbol für Tod und Auferstehung, drittens als Klagende.
Der griechische Name der Venus ist Aphrodite.

Venus ist die Göttin der *Liebe*. Sie hat einen magischen Gürtel, der jeden mit Liebe zu ihrer Trägerin erfüllt. Dieser Gürtel ist Symbol für die Liebe, die Menschen miteinander und mit Gott verbindet. Liebe bedeutet *verbinden* und *vereinigen*.
Die Liebe spielt am Karfreitag eine bedeutende Rolle. So lesen wir im Johannes-Evangelium: »So sehr hat Gott die Welt *geliebt,* daß er seinen einzigen Sohn gab, damit alle, die an ihn glauben, nicht verlorengehen, sondern ewiges Leben haben« (Johannes 3,16).
Dieses Wort Jesu steht in unmittelbarem Zusammenhang mit dem Symbol der erhöhten Schlange: »Wie Moses in der Wüste eine Schlange erhöht hat, so muß der Menschensohn erhöht werden, damit alle, die an ihn glauben, das ewige Leben haben« (Johannes 3,14 f.).
Die erhöhte Schlange ist ein Hinweis auf das Kreuz Christi. Das Kreuz ist das älteste Heilszeichen der Menschheit. Es ist

ein Symbol für die *Verbindung* der Gegensätze. Indem im Kreuz
die gegensätzlichen Grundrichtungen »senkrecht« und »waag-
recht« zu einer spannungsvollen Einheit verbunden sind, ist
das Kreuz Symbol für die Verbindung aller Gegensätze, wie
z.B. männlich – weiblich, göttlich – menschlich, himmlisch –
irdisch usw. Jesus selber ist die Kreuzesmitte, in der alle
Gegensätze vereinigt sind. Er ist somit das Urbild des Menschen, der nach Gott geschaffen ist.[46]

Nicht nur die Liebe *Gottes* findet ihren Ausdruck im Kreuzesgeschehen, sondern auch die Liebe *Jesu*. Im Kreuzesgeschehen
erfüllt sich das Wort Jesu: »Niemand hat größere Liebe als
derjenige, der sein Leben gibt für seine Freunde« (Johannes
15,13). Liebe bedeutet Verbindung und Versöhnung. Was im
alten Bund der große Versöhnungstag war, ist im neuen der
Karfreitag. So deutet der Apostel Paulus das Kreuzesgeschehen:
»Es hat Gott gefallen, mit seiner ganzen Fülle in Christus zu
wohnen, und durch ihn alles zu versöhnen, es sei auf Erden
oder im Himmel« (Kolosser 1,19 f.).

Venus ist jedoch nicht nur die Göttin der Liebe, sondern auch
Symbol für *Tod und Auferstehung*. Venus ist sowohl Morgenstern
als auch Abendstern. Als Abendstern ist sie Symbol des Todes,
als Morgenstern ist sie Symbol der Auferstehung. Venus steht
etwa acht Monate lang als Abendstern am Himmel, dann ist
sie eine zeitlang unsichtbar, und dann steht sie etwa acht
Monate lang als Morgenstern am Himmel. Sie ist somit ein
eindrückliches Symbol von Sterben – Begrabensein – Auferstehen. Diese Symbolik wird noch verstärkt durch die Beziehung der Venus zum Mond: Venus steht mit dem Mond nur
zusammen, wenn dieser die Sichelform hat, und zwar steht sie
als *Morgen*stern neben dem *ab*nehmenden und als *Abend*stern
neben dem zunehmenden Mond. Die *auf*gehende Venus steht
also neben dem *unter*gehenden Mond, und die *unter*gehende
Venus neben dem *auf*gehenden Mond.[47] Die Symbolik von
Sterben und Auferstehen wird somit bei der Venus nicht nur
nacheinander – wie bei der Sonne – erlebt, sondern kann

durch ihre Verbindung zum Mond gleichzeitig geschaut werden.

Diese Morgenstern-Symbolik wird schon im Neuen Testament auf Jesus übertragen. Jesus selber sagt von sich: »Ich bin der helle Morgenstern« (Offenbarung 22,16). Auch in unseren Kirchenliedern wird Jesus als der Morgenstern gepriesen. So singen wir z.B.: »Du bist der Morgenstern«, oder: »Wie schön leuchtet der Morgenstern«. Im zweiten Petrusbrief wird auch der *Christus in uns* als Morgenstern bezeichnet, der *in unseren Herzen* aufgeht (2. Petrus 1,19).

Symbol für Tod und Auferstehung ist auch der Mythos von Venus und Adonis. Adonis, der Geliebte der Venus, wird auf grausame Weise umgebracht. Aus seinem Blut, das in die Erde versickert, und aus den Tränen der trauernden Venus entsprießen Blumen – ein Symbol der Auferstehung. Als Erinnerung daran säte man in der römisch-hellenistischen Welt auf mit Erde bedeckte Tonscherben schnellwachsende Blumen. Dieser Brauch, der vor allem in Alexandrien beheimatet war – dort wirkte nach der Überlieferung Markus später als Bischof[48] – wurde von der frühen Kirche als Symbol für Tod und Auferstehung Christi übernommen und in einzelnen Gegenden, besonders im Raum der Ostkirche, bis in unsere Zeit weitertradiert.[49]

Und schließlich begegnet uns Venus noch als die Klagende. Im Venus-Adonis-Mythos begegnen wir nicht nur der lieblichen Schönheits-Göttin Venus, sondern vor allem der verzweifelten, weinenden und klagenden Venus, die den gewaltsamen, blutigen Tod ihres geliebten Adonis betrauert. An diese Venusklage erinnert auch eine Stelle im Alten Testament: »Sie werden um ihn klagen, wie man klagt um ein einziges Kind und werden sich um ihn betrüben, wie man sich betrübt um den Erstgeborenen. Zu der Zeit wird eine große Klage sein, wie um den Hadad-Rimmon« (Sacharja 12,10 f.). Hadad-Rimmon ist ein anderer Name für Adonis. Johannes hat sowohl in seinem Evangelium (19,37) als auch in seiner Offenbarung

(1,7) diesen Vers aus dem Propheten Sacharja aufgegriffen und auf den gekreuzigten Christus gedeutet. Er sagt, daß alle Völker der Erde um ihn klagen werden.

Es ist die Klage der Venus, d.h. die Klage der Liebenden, die Matthias Grünewald in der ergreifenden Klage der Maria von Magdala und in der Klage der Mutter Jesu auf seinem Isenheimer Altar dargestellt hat und die auch in unseren Passionsliedern bis zum heutigen Tage weiterklingt. So beginnt die Matthäuspassion von Johann Sebastian Bach mit dem Chor: »Kommt ihr Töchter, helft mir klagen« und endet mit dem Chor: »Wir setzen uns mit Tränen nieder«. Frauen, die Jesus »beklagen und beweinen«, begegnen uns auch im Neuen Testament.[50]

Der Venus-Tag der Karwoche ist Urbild eines jeden Freitag. Jeder Freitag ruft uns somit auf, die Venus ernstzunehmen und darüber nachzudenken, ob die Liebe einen gebührenden Platz in unserem Leben hat und ob wir es wagen, Beziehungen aufzunehmen, auch wenn dies Schmerz bedeutet. Es gilt auch, daß wir uns daran erinnern, daß dem Tod die Auferstehung folgt und daß wir es deshalb wagen können, Abschied zu nehmen, um zu neuen Ufern aufzubrechen.

Venus lehrt uns aber auch, daß bei diesem Abschiednehmen die Klage einen gebührenden Platz hat.

Karsamstag – Dies Saturni – Tag des Saturn

Saturn hat seinen Aufenthaltsort in der tiefsten Tiefe der Unterwelt. Im Gegensatz zu Jupiter setzt er Grenzen. Saturn ist der Planet des Gesetzes. Sein griechischer Name ist Kronos. Nach dem Mythos ist Kronos der Sohn des Uranos (Himmel) und der Gaia (Erde). Ihm wird vorausgesagt, daß einer seiner Söhne ihn entthronen würde. Daher verschlang er alljährlich die Kinder, die ihm Rhea gebar. Rhea war deshalb voller Zorn. Als sie ihren dritten Sohn, den Zeus gebar, verbarg sie ihn in einer Höhle auf der Insel Kreta, wo er von der Ziegennymphe Amalthaia ernährt wurde. Dem Kronos hat Rhea anstelle des Zeus einen in Windeln gewickelten Stein zum Fressen gegeben. Dieser verschluckte den Stein und dachte, er verschlucke das Kind Zeus. Später wurde Zeus zum Mundschenk des Kronos und mischte ihm in seinen Honigtrunk ein Brechmittel. Kronos nahm einen tiefen Schluck und erbrach zuerst den Stein und dann die älteren Brüder und Schwestern des Zeus. Sie sprangen unverletzt aus Kronos hervor und kämpften zusammen mit Zeus gegen Kronos und seine Titanen. Nachdem dieser Krieg schon zehn Jahre lang gedauert hatte, schlich sich Zeus in das unterste Totenreich, den Tartaros, und befreite dort die von Kronos gefangenen Kyklopen und die Hundertarmigen und stärkte sie mit göttlicher Nahrung und göttlichem Trunk. Mit Hilfe dieser urgewaltigen Mächte konnten Zeus und seine Geschwister dann schließlich den Kronos besiegen, der nun seinerseits in den Tartaros verbannt wurde.

In einer mittelalterlichen Legende ist die Erinnerung an Saturn noch lebendig. So erzählt man, daß der Teufel in seiner unersättlichen Gier den am Kreuz gestorbenen Christus verschluckt hat. Der war aber für seinen Teufelsmagen so unverdaulich, daß er einen gewaltigen Brechreiz bekam und nicht nur Christus, sondern auch alle anderen, die er vorher verschluckt hatte, erbrach.

Diese drastische Legende erinnert an den Brechreiz des Saturn, der nach dem Mythos ebenfalls seine von ihm verschluckten Kinder wieder hergeben mußte.

Am Tag des Saturn steigt Jesus hinab in die Tiefe, in das Reich des Todes, dorthin wo Saturn weilt. Nach frühchristlicher Überlieferung hat Jesus die Toten aus dem Rachen der Unterwelt befreit – eine Szene, die auf Ikonen und auf mittelalterlichen Kunstwerken immer wieder dargestellt wurde.

Die Grabesstille des Karsamstags ist nur die eine Seite. In der verborgenen Tiefe ist Revolution: die Entmachtung des Todes und der Durchbruch zum Leben.

Psychologisch bedeutet der Karsamstag die Begrenzung unseres Lebens und die Einschränkung unseres Wirkungskreises z.B. durch Gesetze, durch Krankheit, Alter usw. Wenn ein Fluß eingeengt wird und sich nicht ausbreiten kann, dann gewinnt er an Tiefe. Wer in die Tiefe getrieben wird, findet dort Schätze, die er an der Oberfläche nicht findet. Während Entfaltungsmöglichkeiten dem äußeren Fortschritt dienen, dienen Begrenzungen dem inneren Wachstum. In der Tiefe geschieht die Wandlung, die sich dann auch äußerlich auswirkt.

Die stärkste Einschränkung ist der Tod. Am Karsamstag hat Jesus diese äußerste Einschränkung ertragen und wurde dadurch in die Tiefe getrieben. Die frühe Kirche hat das so ausgedrückt: Jesus ist »hinuntergefahren, in die untersten Örter der Erde« (Epheser 4,9), »er hat den Toten das Evangelium verkündigt« (1. Petrus 4,6), »er hat den Geistern im Gefängnis das Evangelium gepredigt« (1. Petrus 3,19). Im zweiten Petrusbrief wird dann dieses »Gefängnis« näher beschrieben als der »Tartaros« (2. Petrus 2,4). Nach dem Bericht des Homer,[51] befindet sich im Tartaros der Saturn. Dorthin ist Jesus am Tage des Saturn hinabgestiegen!

Im früheren Text des apostolischen Glaubensbekenntnisses hieß es von Jesus: Er ist »niedergefahren zur *Hölle*«. Was bedeutet die Hölle innerseelisch?[52] In der Hölle haust der »Teufel«, der »Diabolos«, der Durcheinanderwerfer. Hölle bedeutet somit das innere Chaos, die Desorientiertheit und das Durcheinander in der Tiefe unserer Seele. Und was ist dieses Durcheinander? Es sind die abgespaltenen, verdrängten Anteile unseres Lebens. Echtes und Falsches, Brauchbares und Unbrauchbares liegt durcheinander. Es ist wie im Märchen vom Aschenputtel,[53] wo die guten und schlechten Linsen durcheinander in der Asche liegen und es für das Aschenputtel unmöglich ist, sie alleine zu sortieren. Es braucht dazu helfende Kräfte. Auch im Märchen von der Bienenkönigin[54] liegen tausend kostbare Perlen unter dem Moos des Waldes verstreut und müssen zusammengebracht werden. Auch dies kann der Märchenheld allein nicht bewältigen.

Auch dort braucht es helfende Kräfte, um diese Aufgabe zu lösen. Diese Märchen machen deutlich, daß es einen Helfer braucht, wenn die Schätze aus der Tiefe gehoben werden sollen.

Von Jesus heißt es, daß er am Karsamstag in die Tiefe hinabgefahren ist, um die dort verborgenen Schätze heraufzuholen.[55] Psychologisch bedeutet dies: Der Christus hat das Abgeschiedene, Verdrängte, das in der Tiefe unseres Unbewußten Gefangene hervorgeholt und dem bewußten Leben angegliedert. Dadurch hat er die Menschen mit den Gaben aus der Tiefe beschenkt. »Ohne die Assimilation des Unteren gibt es das volle, heile und ganze Leben nicht.«[56] Was am Karsamstag in der Tiefe geschah, wird am Ostersonntag offenbar. Ostern ist das Sichtbarwerden dessen, was am Karsamstag geschehen ist. Das Untere wird mit dem Oberen in Verbindung gebracht und in den Lichtbereich Christi hineingenommen.[57]

Der Karsamstag ist Urbild eines jeden Samstag. Er ruft uns auf, den Saturn ernstzunehmen und über unsere – äußeren und inneren – Grenzen nachzudenken.

Es gilt, das loszulassen und in den Tod zu geben, was nicht oder nicht mehr zu uns gehört. Dazu gehört auch einstmals Wertvolles und Bedeutsames, das jedoch durch Festhalten verdirbt.

Jeder Samstag bringt auch Gelegenheit, über unsere Vergänglichkeit nachzudenken.

Ostersonntag – Dies Solis – Tag der Sonne

Am Ostersonntag begegnet uns die *Sonne* zum zweiten Mal. Psychologisch hat die Sonne eine doppelte Bedeutung. Sie ist nicht nur das Zentrum unseres Bewußtseins, also Symbol unseres bewußten ICH, sondern auch Zentrum unserer Gesamtpersönlichkeit, also Symbol unseres wahren SELBST. Markus beginnt seinen Bericht über den Ostersonntag mit den

Worten: »Sehr früh, am ersten Tag der Woche, als die Sonne aufging« (Markus 16,2).

Indem Jesus den Weg vom Palmsonntag bis zum Karsamstag gegangen ist, hat er alle Tiefen des Menschseins ausgelotet, so daß er nunmehr als der wahre gottgleiche Mensch aufersteht – als die wahre Sonne.

Was bedeutet Auferstehung psychologisch? Wenn es im Glaubensbekenntnis heißt, daß Jesus *am dritten Tage* auferstanden ist, dann ist dies ein Hinweis darauf, daß der dritte Tag Abschluß eines Prozesses ist, der mit dem Karfreitag begann: »Gestorben – begraben – auferstanden«. Was dieser drei-gegliederte Prozeß innerseelisch bedeutet, läßt sich am Beispiel der Maria von Magdala ablesen.[58] Unter den Frauen, die Jesus auf seinem Lebensweg begleiten, bis hin zu seinem Sterben, Begrabenwerden und Auferstehen, steht Maria von Magdala jeweils an erster Stelle.[59] An ihr wird besonders deutlich, was die *drei* Tage innerseelisch bedeuten. Im Anhang des Markus-Evangeliums[60] wird berichtet, daß Jesus aus Maria von Magdala sieben Dämonen ausgetrieben hatte. Was heißt das? – Ich habe viele Jahre lang in einer psychiatrischen Klinik gearbeitet. Dort sind mir immer wieder Menschen begegnet, die innerlich zerrissen waren, die hin- und hergerissen wurden und den Eindruck hatten, daß sie von fremden Mächten bestimmt werden. Es sind Menschen, die keinen stabilen Persönlichkeitskern haben, Menschen, die nicht wissen, wer sie eigentlich sind. Sie haben ihr Leben nicht mehr im Griff, sondern empfinden sich als von außen gelenkt und bedroht. Oft erleben solche Menschen diese äußeren Gewalten als dämonische Kräfte. Eine solche von Dämonen bedrängte Frau war Maria von Magdala.

Doch dann begegnet sie Jesus, einem Menschen, der so völlig anders ist als sie selber, der nicht zerrissen ist, sondern gesammelt, der nicht von außen gesteuert wird, sondern von seinem Wesenskern her. In Jesus begegnet sie einem Menschen, der eins ist mit Gott. Jesus war ein ganzer Mensch, bei dem Denken und Fühlen, die äußere und die innere Wahrnehmung, in einer Mitte zusammengefaßt waren, und diese Mitte war Gott.

Jesus, der ganze Mensch, wirkt auf die zerrissene Seele der Maria von Magdala wie ein heilendes Bild, das in ihr die Sehnsucht nach Ganzheit weckt. Sie erkennt in ihm ihre eigenen Möglichkeiten und läßt sich von ihm prägen. Durch die Begegnung mit Jesus findet ihre Zerrissenheit eine Mitte. Sie wird gesund. Was in ihr auseinanderstrebte, wurde in der Begegnung mit Jesus und in der Verbindung mit ihm zusammengehalten. Maria von Magdala wurde ganz und heil. Die spaltenden Dämonen mußten weichen.

Die Kraft, die Maria von Magdala mit Jesus verbindet, ist die Kraft der Liebe. Mit einer unerhörten Leidenschaftlichkeit hängt Maria von Magdala an Jesus, der sie heil gemacht hat. Die altkirchliche Tradition hat zu Recht in jener Frau, die Jesus gesalbt hat,[61] die Leidenschaftlichkeit der Maria von Magdala erkannt.

Es gibt ein Meisterwerk des französischen Bildhauers Auguste Rodin, das mich immer wieder neu beeindruckt. Diese Plastik zeigt Maria von Magdala, die den gekreuzigten Christus leidenschaftlich umarmt. Sie umschlingt seinen Leib mit beiden Armen und drückt ihn fest an sich. Die ganze Glut ihrer Liebe kommt darin zum Ausdruck.[62]

Die Evangelien schildern Maria von Magdala als eine ständige Begleiterin Jesu. Sie gehörte zu jenen Frauen, die Jesus dienten.[63] Sie hat bis zuletzt an Jesus festgehalten und ihn auch auf seinem letzten Weg bis zum Kreuz begleitet.

Doch dann kam der *Karfreitag*. Jesus, an dem Maria von Magdala so leidenschaftlich hängt, wird ihr am Kreuz wieder entrissen. Auf schreckliche Weise wird der Mensch vernichtet, der ihr ein und alles war, der ihr mehr bedeutete als alles andere in der Welt. Es zerbricht das, was ihrer zerrissenen Seele bisher Ganzheit verliehen hatte.

Als Psychotherapeut kann ich nachempfinden, was dies für Maria von Magdala bedeutet hat. Wenn in der analytischen Arbeit die Ablösung von einem Therapeuten verfrüht oder gewaltsam erfolgt, dann taucht bei Analysanden häufig die Angst auf, daß mit der äußeren Trennung auch der innere

Prozeß zum Stillstand kommt oder gar rückläufig wird. Ich kann mir vorstellen, daß diese Angst jetzt auch Maria von Magdala überfällt und daß die bange Frage in ihr auftaucht: Wenn mir Jesus jetzt entrissen wird – wird dann auch meine Seele erneut zerreißen? Werden dann die Dämonen erneut von mir Besitz ergreifen?

Wir verstehen, daß Maria von Magdala verzweifelt ist. Es ist die Verzweiflung der klagenden Venus, die Matthias Grünewald auf dem Kreuzigungsbild seines Isenheimer Altars dargestellt hat: Händeringend, mit leidverzerrtem Gesicht schaut Maria von Magdala zum Gekreuzigten empor.[64]

Nach dem Tod Jesu dauert diese Verzweiflung und Trauer den ganzen *Karsamstag* durch fort. Da es Sabbat ist, kann Maria von Magdala nichts tun. Die Verzweifelte und von Schmerzen Gelähmte ist äußerlich untätig. Sie kann Jesus nicht einmal salben. Daß sie am Ostermorgen noch vor Tagesanbruch zum Grabe eilt, macht deutlich, daß sie die ganze Zeit auf nichts anderes gewartet hat, als wieder bei Jesus zu sein. Sie klammert sich an den Toten, der ihr alles bedeutet hatte. Es begegnen mir immer wieder Menschen, denen ein geliebter Mensch jäh entrissen wurde und die sich dann an den Toten klammern. Ich habe eine Frau gekannt, die mehr als dreißig Jahre lang das Zimmer ihres früh verstorbenen Sohnes unverändert gelassen hat – bis zu ihrem Tod. Sie hat das Zimmer gehütet wie ein Heiligtum. Es ist zu ihrem Lebensinhalt geworden. Sie lebte damit am eigentlichen Leben vorbei. Auch im mittelalterlichen Parzival-Mythos begegnet uns eine solche Frau: Sigune behält ihren einbalsamierten Geliebten über Jahre hin bei sich. Ihr Lebensinhalt besteht darin, daß sie den Toten beweint und betrauert. In ähnlicher Weise klammert sich Maria von Magdala an den toten Jesus. Aber was ist am Karsamstag bei Maria von Magdala innerseeelisch geschehen? Während sie äußerlich nichts tun kann, sondern zur Untätigkeit verurteilt ist, geschieht innerlich das Eigentliche. Jesus wirkt in der Tiefe ihrer Seele und entmachtet dort die Dämonen, die sie vorher bedrängt hatten.

Am *Ostersonntag* wird der Maria von Magdala nun auch noch der tote Jesus entrissen. Da bricht sie in bitteres Weinen aus.[65] Jetzt ist für sie die innere Leere total. Das leere Grab wird für sie zum Symbol ihrer eigenen inneren Leere. Angst steigt in ihr auf, daß die Dämonen, die Jesus gebannt hatte, jetzt in diese Leere einziehen und daß sie ihr Leben erneut zerreißen. Für Maria von Magdala beginnt der Tag der Auferstehung nicht mit Glockengeläute und mit Halleluja-Rufen, sondern mit Trauer und namenlosem Schmerz.

In dieser Situation, in der alles zerbricht, muß es sich erweisen, wie stark die Prägung ist, die Jesus in ihrem Leben hinterlassen hat. Jetzt muß es sich zeigen, ob Christus, das innere Urbild im Herzen der Maria von Magdala, für sie zu einer bleibenden Realität geworden ist und ob dieses Urbild so belebt wird, daß Maria von Magdala unabhängig ist von der äußeren Gegenwart Jesu.

Wir sagten am Anfang, daß die innere Zerrissenheit der Maria von Magdala sich äußerlich in sieben Dämonen manifestierte. Jetzt zeigt sich die Gegenbewegung: Die durch Jesus gewonnene innere Ganzheit macht es möglich, daß Maria von Magdala dem auferstandenen Christus, dem Urbild der Ganzheit, auch äußerlich begegnet. Nur der Mensch kann Jesus äußerlich erkennen, dem das Bild Jesu innerlich eingeprägt ist. Wenn Menschen behaupten, daß sie an den auferstandenen Christus glauben, weil es in der Bibel steht, oder weil das Grab leer war, oder aus sonstigen äußeren Gründen, dann hat das mit einem echten Auferstehungsglauben wenig zu tun. An den auferstandenen Christus glauben können wir nur, wenn der Christus in uns belebt wird.

Der ursprüngliche Markustext endet nicht mit einem Triumphgeschrei, sondern er bleibt ganz in das Geschehen der Karwoche eingebunden. So heißt es von den Frauen am Ostermorgen: »Und sie gingen hinaus und flohen von dem Grab, denn bebende Furcht und ekstatische Freude hatte sie ergriffen« (Markus 16,8).

Diese Aussage macht deutlich, daß in der Freude des Ostersonntags die Tragik des Karfreitags mit enthalten ist. Das ist echte religiöse Ergriffenheit. Es ist das Tremendum und Faszinosum, von dem Rudolf Otto und in seiner Nachfolge C.G. Jung reden.[66] Wenn der Christus in uns, der unser wahres SELBST ist, uns durch Dunkel zum Licht führt, dann ist dies nicht mehr das Licht der äußeren Sonne unseres Bewußtseins, sondern das Licht der Sonne, die als Morgenstern in der Tiefe unserer Seele aufleuchtet.

Der Ostersonntag ist wieder ein Tag der Sonne. Die Sonne des Palmsonntag gehört zum Mond: Bewußtes und Unbewußtes gehören zusammen. Die Sonne des Ostersonntags gehört zu Saturn, Tod und Leben gehören zusammen.

Sowohl der Palmsonntag als auch der Ostersonntag sind Urbilder eines jeden Sonntags. Jeder Sonntag ruft uns deshalb auf, beide Aspekte zu bedenken.

Einübung in die Wochentage

Die Karwoche ist Urbild *jeder* Woche. Wir können uns Woche für Woche in die Botschaft der einzelnen Wochentage einüben und dadurch Schritte gehen auf dem Weg zur Ganzheit. Ich rufe deshalb die Botschaft der einzelnen Wochentage noch einmal in Erinnerung.

Montag

Am Montag lassen wir uns aufrufen, den *Mond* ernstzunehmen, d.h. auf die Stimme unseres Unbewußten zu hören und unsere Träume und Visionen zu beachten. Wir fragen aber auch, was uns am anderen Menschen stört oder ärgert, und lernen so unsere Schattenseiten kennen.

Dienstag

Der Dienstag ruft uns auf, den *Mars* in unserem Leben ernstzunehmen und mit ihm die Aggressionen. Wir erkennen in den Menschen, die wir äußerlich bekämpfen, innere Gestalten und versuchen, die Eigenschaften, die wir ablehnen, die aber trotzdem zu uns gehören, in unser Leben zu integrieren.

Mittwoch

Der Mittwoch ruft uns auf, den *Merkur* ernstzunehmen und mit ihm die Flexibilität. Wir erkennen die Chancen unseres Lebens und öffnen uns für neue Verhaltensweisen.

Donnerstag

Der Donnerstag ruft uns auf, den *Jupiter* ernstzunehmen und mit im das Feiern des Lebens einzuüben. Wir erinnern uns daran, daß jedes Leben einmalig ist und deshalb einen tiefen Sinn hat. Wir fragen uns: Was muß ich tun, um aus meinem Leben das Bestmögliche zu machen?

Freitag

Der Freitag ruft uns auf, die *Venus* ernstzunehmen und mit ihr die Liebe. Wir fragen uns, ob die Liebe einen gebührenden Platz in unserem Leben hat und ob wir bereit sind, Beziehungen einzugehen, auch wenn sie Schmerz bedeuten.

Samstag

Der Samstag ruft uns auf, den *Saturn* ernstzunehmen und mit ihm unsere äußeren und inneren Grenzen. Der Samstag ruft uns auf, über unsere Vergänglichkeit nachzudenken und all das in den Tod zu geben, was nicht oder nicht mehr zu uns gehört.

Sonntag

Der Sonntag ist sowohl der 1. Tag als auch der 8. Tag. Er ruft uns auf, die *Sonne* ernstzunehmen, sowohl die Sonne des Palmsonntags als auch die Sonne des Ostersonntags. So können wir uns z.B. am Sonntagvormittag auf unser wahres Selbst besinnen, das mit Gott verbunden ist und immer wieder aus dem Sterben zu neuem Leben ersteht. Am Sonntagnachmittag können wir unseren Blick auf die Aufgaben richten, die vor uns liegen, und uns mit einem wachen Bewußtsein auf die neue Woche, die mit dem Sonntag beginnt, einstimmen.

Neben dieser allgemeinen Einübung in die Symbole der Wochentage gilt es zu beachten, daß jedem Planeten ein bestimmtes Tierkreiszeichen zugeordnet ist. Jedes Tierkreiszeichen (und damit jeder Mensch) hat also *seinen* Wochentag:

Zum *Sonntag* (Sonne) gehört der Löwe.
Zum *Montag* (Mond) gehört der Krebs.
Zum *Dienstag* (Mars) gehören Widder und Skorpion.
Zum *Mittwoch* (Merkur) gehören Zwilling und Jungfrau.
Zum *Donnerstag* (Jupiter) gehören Schütze und Fische.
Zum *Freitag* (Venus) gehören Stier und Waage.
Zum *Samstag* (Saturn) gehören Steinbock und Wassermann.

An *unserem* Tag sind wir in besonderer Weise dazu aufgerufen, über *unseren* Planeten und die damit verbundenen Eigenschaften nachzudenken. An den anderen Wochentagen befassen wir uns mit einem uns vielleicht weniger vertrauten Aspekt unseres Lebens und fragen, in welcher Weise wir diesen Aspekt in unser Leben integrieren können.

Und was geschieht, wenn wir einen oder mehrere Planeten *nicht* beachten und *nicht* in unser Leben integrieren? Dann kann es sein, daß sich ein solcher Planet *gegen* uns wendet – so wie die nicht eingeladene Fee im Märchen vom Dornröschen sich *gerächt* hat. Und wie könnte eine solche Rache aussehen?[67]

Die *Sonne* erinnert uns daran, daß es gilt, die bewußte Welt, die äußere Realität ernstzunehmen. Wenn wir diesen Aspekt vernachlässigen, dann »rächt« sich die »Sonne«, und wir scheitern an Problemen, die mit der äußeren Realität zusammenhängen.

Der *Mond* erinnert uns daran, die mütterliche Welt des Unbewußten ernstzunehmen und zu versuchen, Inhalte des Unbewußten zu integrieren. Wenn wir unser Unbewußtes vernachlässigen, dann »rächt« sich der »Mond« mit Fehlleistungen, Stolpersteinen, Projektionen, irrationalem Handeln usw.

Der *Mars* fordert uns auf, unsere aggressive Seite ernstzunehmen und uns z.B. nicht alles gefallen zu lassen. Vernachlässigen wir diese Seite, dann »rächt« sich der »Mars« dadurch, daß sich unsere Aggressionen gegen uns selber wenden und uns krank machen, oder daß der vernachläßigte Pol uns überschwemmt.

Der *Merkur* erinnert uns daran, daß es gilt, im Leben flexibel und wendig zu sein, und er »rächt« sich, wenn er vernachlässigt wird, mit Starrheit.

Der *Jupiter* lädt uns ein zur Großzügigkeit und zur Freude an der festlichen Fülle. Er »rächt« sich, wenn er vernachlässigt wird, mit Kleinlichkeit und Kargheit.

172

Venus ruft uns auf, die Liebe ernstzunehmen und Beziehungen einzugehen – auch wenn dies Schmerz bedeutet. Wenn wir die »Venus« vernachlässigen, dann »rächt« sie sich mit Vereinsamung.

Der *Saturn* erinnert an Ordnung, Begrenzung und Tod. Dort, wo Begrenzung und Tod nicht ernstgenommen werden, gibt es auch keine Auferstehung. Da »rächt« sich »Saturn« mit Alter ohne Reife. Ein wesentlicher Grund, daß es heute so viele *alte* und so wenig *reife* Menschen gibt, liegt darin, daß Menschen ihren Saturn nicht ernstnehmen und sich nicht einüben ins Abschiednehmen und damit in den Neuanfang.

Von Ostern bis Pfingsten

Ostern ist der Beginn der »Erhöhung« Christi. Alle Bereiche, die Christus durchschritten hat, werden vom Lichtglanz des Auferstandenen durchstrahlt,

> damit im Namen Jesu
> ein jedes Knie sich beuge
> in Himmel, Erd und Unterwelt
>
> und jede Zung bekenne:
> »Herrscher ist Jesus Christus«
> zu Ehren des Gottvaters.[68]

Die Bereiche Himmel, Erde und Unterwelt, die dem Auferstandenen huldigen, werden symbolisiert durch die sieben Planeten. Dem »Himmel« sind Jupiter und die Sonne zugeordnet, der »Erde« Venus und Mars, der »Unterwelt« Saturn und Mond.
An diese Erhöhung Christi erinnern im Kirchjahr die sieben Wochen zwischen Ostern und Pfingsten. Wie die sieben Tage der Karwoche können wir auch die sieben Wochen zwischen Ostern und Pfingsten den sieben Planeten zuordnen.[69]
Die *erste* Woche nach Ostern, die »Osterwoche«, ist von der Sonne des auferstandenen Christus durchleuchtet und geprägt. Diese Christussonne erleuchtet auch die folgenden Wochen und bringt die positiven Eigenschaften der einzelnen Planeten zum Leuchten – bis dann an Pfingsten die Christussonne den gesamten Kosmos durchstrahlt.

Die *zweite* Woche nach Ostern ist die Mondwoche.
Die *dritte* Woche nach Ostern ist die Marswoche.
Die *vierte* Woche nach Ostern ist die Merkurwoche.
Die *fünfte* Woche nach Ostern ist die Jupiterwoche.
Die *sechste* Woche nach Ostern ist die Venuswoche.

Wie Christus am Venustag der Karwoche (am »Karfreitag«) am Kreuz »erhöht« worden ist,[70] so wird Christus in der Venuswoche der Osterzeit ebenfalls »erhöht«, nämlich in den Himmel. Diese Erhöhung geschieht am Donnerstag, der dem Jupiter, dem »höchsten Gott« zugeordnet ist. In seiner Himmelfahrt nimmt Jesus den Platz dieses »höchsten Gottes« ein.

Die *siebte* Woche nach Ostern ist dem Saturn zugeordnet.

Sie mündet ein in den Pfingstsonntag, der die achte Woche einläutet und wieder der Sonne zugeordnet ist.

Wie in den sieben Wochentagen können wir uns auch während der sieben Wochen nach Ostern in die Bedeutung der einzelnen Planeten einüben. Während es bei der Meditation der Wochentage zunächst darum geht, daß wir die einzelnen Planeten in allen ihren Aspekten, also auch in ihrer Gegensätzlichkeit, kennenlernen und in unserem Leben ernstnehmen, geht es bei der Planeten-Meditation während der sieben Wochen nach Ostern darum, daß wir uns vorstellen, daß die »Planeten-Eigenschaften« vom Licht des auferstandenen Christus durchleuchtet werden und dadurch zu ihrer Reife gelangen. Das bedeutet, daß die in den Planeten enthaltenen Gegensätze sich zu einer dynamisch polaren Spannung vereinigen.

So können wir uns zum Beispiel in der *ersten* Woche nach Ostern vorstellen, daß Sonntag und Werktag zu einer Einheit werden, das heißt, daß die Sonne des auferstandenen Christus unseren gesamten Alltag durchdringt, und daß die bewußte Welt vom Christuslicht erleuchtet ist. Leitspruch für einen solchen Einklang könnte sein: »Alles, was ihr tut mit Worten oder mit Werken, das tut alles im Namen des Herrn Christus und danket Gott durch ihn.«[71] Beim Sonnenhaften geht es darum, daß wir mit uns selber identisch sind, daß wir uns nicht von außen verfremden lassen. Das Sonnenhafte ist der uns eingestiftete Entwicklungstrieb, dem es zu folgen gilt. Die »Sonne« erinnert uns aber auch daran, daß wir der väterlich-männlichen Seite in uns den ihr gebührenden Platz einräumen.

Die *zweite* Woche nach Ostern steht unter dem Symbol des Mondes und erinnert uns daran, daß wir der mütterlich-weiblichen Seite in uns den ihr gebührenden Raum geben. Wir achten außerdem auf unsere Träume und nehmen dankbar wahr, daß wir die Einseitigkeiten unseres bewußten Verhaltens korrigieren. Wir lassen auch Ahnungen und Visionen zu, die unserem Leben geheimnisvolle Tiefen verleihen. Der Mond durchleuchtet auch unsere Vergangenheit, die genauso zu uns gehört wie unsere Gegenwart. In der zweiten Woche nach Ostern erinnern wir uns deshalb an unser Leben, an das, was uns gut erscheint, und an das, was uns Mühe macht. Wir lassen unsere Vergangenheit vom Auferstehungslicht Christi durchleuchten.

In der Mondwoche geht es um die Zusammenschau der Pole Bewußtsein und Unbewußtes.

Die *dritte* Woche nach Ostern steht unter dem Zeichen des Mars. Es geht dabei um unser notwendiges und nützliches Tun, das unser Leben nach vorne treibt. Es geht um das innere »Muß«, das uns allen eingestiftet ist, und dem es zu folgen gilt, wenn wir nicht den Sinn unseres Lebens verfehlen wollen. Der österlich durchleuchtete Mars ist weder träge noch übereifrig, weder gleichgültig noch jähzornig, sondern er ist gekennzeichnet durch kontrollierte Agressivität.

In der Marswoche geht es um die Zusammenschau der Pole Tätigkeit und Ruhe, Meditation und Aktion.

Die *vierte* Woche nach Ostern steht unter dem Zeichen des Merkur. Es geht dabei um die Lebensklugheit, die nicht nur das Wichtige vom Unwichtigen, sondern auch das Wichtige vom Wesentlichen unterscheidet. Beim Merkur geht es auch um den rechten Umgang mit Geld. Ein österlich durchleuchteter Merkur ist weder geizig noch verschwenderisch, sondern er kann mit dem Apostel Paulus sprechen: »Ich kann Überfluß haben und Mangel leiden.«[72] Er gebraucht die Güter dieser Welt nicht als Besitz, sondern als Gottes Leihgabe.

In der Merkurwoche geht es um die Zusammenschau von Klugheit und Einfalt im Sinne des Jesuswortes: »Seid klug wie die Schlangen und ohne Falsch wie die Tauben.«[73]

Die *fünfte* Woche nach Ostern steht unter dem Zeichen des Jupiters. Bei Jupiter geht es um die Ganzheit, die über allen Einseitigkeiten steht. Es geht um »Sinn statt Zweck, Lebensfrömmigkeit statt Lebensangst, Zusammenschau statt Detailwissen, Sittlichkeit statt Moral oder Sittenlosigkeit, Sinngebung statt Sinnlosigkeit, Persönlichkeit statt Managertum.«[74] Das vom Auferstehungslicht durchleuchtete Jupiterhafte ist die reife Persönlichkeit, die Vertrauen in den Sinn des Lebens hat, die im Irdischen das Himmlische erkennt. Das jupiterhafte Leben ist erfüllt von einer tiefen Freude im Sinne des Bibelwortes: »Die Freude an Gott ist unsere Stärke.«[75]
In der Jupiterwoche geht es um die Zusammenschau der Pole Himmel und Erde.

Die *sechste* Woche nach Ostern steht unter dem Zeichen der Venus. Venus verkörpert »die Fähigkeit zu liebender Verehrung« und zu »staunendem Ergriffensein«.[76] Venus erweckt die Sinne für alles Schöne und Liebenswerte. Das vom Osterlicht durchdrungene Venushafte verwandelt die vordergründig-begehrende Liebe des Eros in die hintergründig-schenkende Liebe der Agape,[77] zu der auch der Schmerz gehört.
In der Venuswoche geht es um die Zusammenschau der Pole Liebe und Schmerz.
In die Venuswoche fällt auch der Tag der Himmelfahrt Christi. Dieses Fest feiern wir am Jupitertag der Venuswoche. Es geht dabei um die liebende Vereinigung von Himmel und Erde.[78]
Dies wird zum Beispiel deutlich auf einer russischen Ikone aus dem 16. Jahrhundert:[79]

Auf der unteren Ebene steht Maria, die Mutter Jesu, im
Mittelpunkt. An Weihnachten ist der »Himmel« in der Gestalt
Jesu auf die Erde gekommen. Aus dem Fleisch und dem Blut
der Maria wurde der irdische Körper Jesu gebildet. Maria steht
somit für die »Mutter Erde« (dies wird unterstrichen durch
die Berge und Bäume im Hintergrund). Der »Himmel« hat
in Jesus, dem Sohn der Maria, auf der Erde Fuß gefaßt und

dadurch die Umwandlung der Erde eingeleitet. Bei der Himmelfahrt bringt Jesus die in seinem Leib transformierende Erde in den Himmel zurück. Dies wird im oberen Teil der Ikone dargestellt: Der irdische (»erdige«) Jesus ist vereint mit der himmlischen Kugel, die von den Engeln getragen wird. Die Ostkirche singt deshalb am Himmelfahrtstag: »Nachdem Du die Heilsordnung erfüllt und das Irdische mit dem Himmlischen vereint hast, bist Du in Herrlichkeit aufgenommen worden, Christus unser Gott. Von niemand bist Du getrennt, sondern Du bleibst mit uns vereint.«

Die *siebte* Woche nach Ostern steht unter dem Zeichen des Saturn. »Im Gegensatz zu Jupiter mit seinem Streben nach lebendiger Ganzheit und Vollständigkeit ist Saturn auf Vollkommenheit ausgerichtet, auf einen Perfektionismus, der das jeweils Angestrebte in dessen Grenzen zu höchster Vollendung bringen will.«[80] Das vom Auferstehungslicht durchleuchtete Saturnhafte, übt eine mütterlich bewahrende und schützende Funktion aus. Jupiter befestigt das Gewordene – jedoch jeweils nur innerhalb der uns durch die Dauer der jeweiligen Aufgabe und der durch die Lebenszeit gesetzten Grenze.
In der Saturnwoche geht es um die Zusammenschau der Pole Dauern und Vergehen.
Der »fünfzigste« Tag nach Ostern ist der »Pfingst«-Tag.[81] An diesem Tag wendet sich der erhöhte Christus erneut der Erde zu und erfüllt sie mit seinem Geist.
Der erhöhte Christus ist zum kosmischen Christus geworden, der alle Räume in »Himmel, Erd und Unterwelt« ausfüllt. Er ist deshalb der Christus, der sowohl in der Höhe als auch in der Tiefe thront, und somit von »oben« und von »unten« auf die Erde einwirkt. Dies wird deutlich auf einer Pfingst-Ikone der Ostkirche[82] (siehe Seite 180):
Die Jünger sitzen nicht mehr – wie im Abendmahlsbild des Leonardo da Vinci – als einzelne Gestalten *neben*einander, sondern sie sind jetzt durch den göttlichen Geist zu einem lebendigen *Mit*einander, nämlich zum Leib Christi, zusammen-

gefügt.[83] Dies wird auf der obigen Ikone dadurch ausgedrückt,
daß die Jünger in zwei Halbkreisen einander gegenübersitzen
und durch die Strahlen des »unteren« und »oberen« Christus
zu einer lebendigen Einheit verbunden sind.

Trinitatis
und Allerheiligen

Trinitatis

Eine Dreifaltigkeits-Ikone

Die Dreifaltigkeits-Ikone, die Andrej Rublev in schwerer Zeit
(um 1420) gemalt hat, gehört zu den bekanntesten Ikonen
der Ostkirche. Sie schildert in der Gestalt der drei Boten, die
Abraham besuchen (Genesis 18), die göttliche Dreifaltigkeit
– Vater, Sohn und Heiliger Geist. (Siehe Farbtafel geg. S. 176)
Links unter dem Baldachin erkennen wir den Vater, in der
Mitte den Sohn, dessen Kennzeichen der rechts hinter ihm
stehende Baum ist (der »Lebensbaum«, der zum Kreuz wird)
und rechts den Heiligen Geist vor einem Berg (der Berg ist
der Ort der Gottesoffenbarung).
Bei den Gewändern bedeutet die blaue Farbe die himmlische
Herrlichkeit. Sie ist beim Vater die Farbe des Untergewandes
und fast ganz verborgen, denn »er wohnt in einem unzugäng-
lichen Licht.« (1 Timotheus 6,16). Beim Sohn ist das Blau die
Farbe des Obergewandes, denn in ihm ist die Herrlichkeit
sichtbar in Erscheinung getreten (Kolosser 1,15). Beim Heiligen Geist dagegen ist das Blau wieder die Farbe des Untergewandes. Es ist jedoch zur Hälfte sichtbar – zur Hälfte verborgen,
das heißt, der Glaube erkennt im Wirken des Heiligen Geistes
die himmlische Herrlichkeit Gottes – der Nichtglaubende
erkennt sie nicht.
Bei Jesus ist das Untergewand in prächtigem Purpur gehalten
(dessen Leuchtkraft durch die goldene Stola unterstrichen
wird). Purpur ist die Farbe des Leidens, aber auch der Königs-

herrschaft. Jesus ist durch Leiden zum König gekrönt (Hebräer 2,7; Philipper 2,6-11). Das rotgoldene Obergewand des Vaters deutet auf dessen ewige Würde und Hohheit hin (1 Korinther 15,28). Das grüne Obergewand des Geistes erinnert an seine lebenschaffende Funktion (1 Korinther 15,45).

Geometrische Grundlage des Bildes ist ein Kreis, der alle drei Gestalten umschließt (der Mittelpunkt des Kreises liegt in Jesus, dem »Mittler«). Der Kreis ist Symbol der Einheit und der Ruhe. Die kreisförmigen Heiligenscheine bringen zum Ausdruck, daß jede Gestalt Anteil hat an dieser Einheit und Ruhe.

Neben der Einheit und Ruhe stehen Vielfalt und Bewegung; dies wird ausgedrückt durch die Zahl drei (drei Gestalten und drei Symbole über den Gestalten). Der dreieinige Gott ist Einheit und Vielfalt zugleich, er ist Ruhe und Bewegung, er ist himmlisch und irdisch, er ist männlich und weiblich (Genesis 1,26. Der »Geist« ist im Hebräischen weiblich, er ist der »Tröster«, der wie eine »Mutter« tröstet (Jesaja 66,13; Johannes 14,26).

Die drei Gestalten unserer Ikone sitzen um einen Tisch, der zugleich Altar (in Form eines Kelches) ist. Auf dem Tisch steht eine Opferschale, in der der Kopf eines Opfertieres liegt.

Nach alter Überlieferung hat Andrej Rublev in seiner Ikone den Augenblick festgehalten, in dem der Vater dem Sohn mitteilt, daß er Mensch werden solle, daß er sich hineinbegeben solle in diese unsere unerlöste Welt, um sie zurückzuführen zu Gott. Diese Erlösung soll durch sein Opfer am Kreuz erfolgen (darauf weisen Altar, Kelch und Opferschale hin). Diese Sendung wird durch die Handgeste des Vaters zum Ausdruck gebracht. Andrej Rublev hat es verstanden, zwei Gefühle im Gesicht des Sohnes als Reaktion auf den Sendungsauftrag zum Ausdruck zu bringen: einerseits eine große Trauer darüber, daß er nun diese wunderbare göttliche Gemeinschaft verlassen soll, um in unsere Welt hinabzusteigen und deren gottlose Abgründigkeit bis in die letzte Tiefe auszukosten, andererseits die Bereitschaft zum Gehorsam, weil er weiß, daß es keinen anderen Weg gibt, um die Menschen aus ihrem

Jammer herauszureißen, als ihnen Gott leibhaftig vor Augen zu malen und vorzuleben – damit sie den Unterschied erkennen zwischen der göttlichen Liebe und dem, was die Welt zu bieten hat. Daß der Sohn bereit ist zu einem solchen Gehorsam wird ausgedrückt durch die beiden Finger seiner rechten Hand, die auf seine göttliche und seine menschliche Natur hinweisen. Jesus ist bereit, Mensch zu werden. Die zustimmende Neigung des dem Vater zugewandten Kopfes wird unterstrichen durch die Neigung des Lebensbaumes, der dadurch zu erkennen gibt, daß auch er bereit ist, sich zum Kreuz umgestalten zu lassen.

Da Christus sich »durch den ewigen Geist« (Hebräer 9,14) zum Opfer dargebracht hat, drückt auch der Heilige Geist durch Handbewegung und Kopfneigung seine Zustimmung zur Menschwerdung des Sohnes aus. Auch der Berg hinter ihm, der zur »Schädelstätte« werden soll, neigt sich dem Vater zu.

Die Ikone von Andrej Rublev schildert somit den in der Ewigkeit gegründeten Anfang eines Geschehens, das in der Menschwerdung Jesu Christi, in seinem Kreuzestod und in seiner Auferstehung seinen Brennpunkt hat. Von diesem Brennpunkt aus durchdringt es die gesamte Menschheitsgeschichte, auch unsere heutige Zeit und Welt, mit seinem heilenden Licht. Sowohl der einzelne als auch die Völker der Erde werden davon in dem Maße berührt, bis sie sich diesem Licht öffnen und ihr Leben dadurch gestalten lassen. Dieser Umgestaltungsprozeß wird erst dann zum Abschluß kommen, wenn die gesamte Schöpfung heil geworden ist, wenn der Tod seine Macht verloren hat und wenn Gott Alles in Allem ist (1 Korinther 15,26-28).

Allerheiligen

Eine Allerheiligen–Ikone

Die Ostkirche feiert das Gedenken an »alle Heiligen« eine Woche nach Pfingsten.[1]

Auf der Allerheiligen-Ikone begegnet uns – wie bei der schematischen Darstellung des Adventskranzes – ein Doppelkreis, in dessen Mitte der erhöhte Christus thront. Die »Heiligen« füllen den Doppelkreis in zwölf Reihen (sechs Reihen auf der linken Seite und sechs Reihen auf der rechten Seite), die an die zwölf Tierkreiszeichen und an die zwölf Edelsteine der Himmelsstadt erinnern.

Von Christus gehen in alle Richtungen Strahlen aus – ein Hinweis darauf, daß die »Heiligen« ihr Licht nicht aus sich selber haben, sondern es ist das reflektierte Christuslicht. Mit seiner Rechten segnet Christus nicht nur alle »Heiligen«, sondern alle Menschen – auch die Betrachterin und den Betrachter dieser Ikone!

Die innere Aureole wird getragen von Maria (links), der Mutter Jesu, der Jesus seinen irdischen Ursprung verdankt, und Johannes dem Täufer (rechts), der prophetisch auf den göttlichen Auftrag Jesu hingewiesen hat.[2] Über dem Haupt Christi schwebt majestätisch und angstabwehrend in einer aus zwei Quadraten bestehenden Sternengloriole der Erzengel Michael. Diese drei Gestalten erinnern – zusammen mit dem in der Mitte thronenden Christus – an die vier mit den Zeiten der Sonnenwende und der Tag- und Nachtgleiche verbundenen Festtage: *Mariae* Verkündigung (24. März) – *Johannistag* (24. Juni) – *Michaelstag* (24. September) – *Geburt Christi* (25. Dezember).

Der Innenkreis wird außerdem getragen von den vier Repräsentanten des Tierkreises: Löwe (unten links), Stier (unten rechts), Adler (oben rechts), Mensch (oben links). Sonne, Mond und zwölf Sterne erleuchten die dunklen Zwischenräume unter und über dem Innenkreis.

Den äußeren Kreis füllen Vertreter der Engel und der Heiligen:
Oberste Doppelreihe: Engel
Zweite Doppelreihe: Gestalten des Alten Bundes
Dritte Doppelreihe: Vertreter des Neuen Bundes (hinter

Maria steht Petrus, hinter Johannes Paulus)
Vierte Doppelreihe: Vertreter der frühen Kirche (links
Bischöfe, rechts Kirchenväter)
Fünfte Doppelreihe: Links Märtyrer, rechts Einsiedler (zu
Füssen Johannes des Täufers: Antonius)
Unterste Doppelreihe: Heilige Frauen

Daß die Frauen in der untersten Reihe stehen, bedeutet
tiefenpsychologisch keine Abwertung, sondern im Gegenteil:
Sie sind der tragende Grund des gesamten Kreises.[3] Ganz
unten zwischen den beiden Frauengruppen liegen Eva und
Adam – Mutter und Vater der Menschheit (auch der Menschheit Jesu!). Daß beide einen Heiligenschein haben, weist darauf
hin, daß in ihnen die Menschheit zur weiblich-männlichen
Ganzheit und Ebenbildlichkeit Gottes herangereift ist.[4]
Und nun noch ein Wort zu den Gestalten außerhalb des
Doppelkreises: *oben* links sehen wir den Propheten Daniel, der
den Verlauf der Menschheitsgeschichte und ihre Vollendung
vorausgesehen hat,[5] oben rechts den Friedenskönig Salomo,
ein Hinweis auf das Friedensreich Christi, das nach Abschluß
der Menschheitsgeschichte in Erscheinung treten wird.[6] *Unter*
dem Doppelkreis sehen wir das Paradies, in das die Glaubenden
nach dem Tod eingehen werden. Dort sind sie geborgen im
Schoß[7] von Abraham (links) und Jakob (rechts). Während
Jakob als der »Israel« der Stammvater des Alten Bundesvolkes
ist, ist Abraham der Vater *aller* Glaubenden.[8] In der Mitte (mit
Kreuz) der »Übeltäter«, dem Jesus am Kreuz das Paradies
verheißen hat.[9] Er steht für alle, die in diesem Leben vom
Weg abgewichen und durch mancherlei Irrungen und Wir-
rungen hindurchgegangen sind und dann schließlich doch
zur Ganzheit gefunden haben.

Johannistag
Michaelstag
Ewigkeitssonntag

Das Jahr wird nicht nur durch 12 Monate, 12 Tierkreiszeiten und durch die christlichen Festzeiten in sinnvolle Einheiten gegliedert, sondern auch durch die vier Jahreszeiten Frühling, Sommer, Herbst und Winter. Dem jeweiligen Beginn dieser vier Jahreszeiten sind ebenfalls Festtage zugeordnet, die in Verbindung mit biblischen Gestalten und Ereignissen stehen. Beim Frühlingsbeginn denken wir an die Verkündigung an Maria (25. März), bei Sommerbeginn an Johannes den Täufer (24. Juni), bei Herbstbeginn an den Erzengel Michael (29. September) und bei Winterbeginn an die Geburt des Erlösers (25. Dezember). Daß diese Feste jeweils einige Tage *nach* den Tag- und Nachtgleichen (20.3./23.9.) und den Sonnenwenden (21.6./21.12.) liegen, hat seinen Sinn wohl darin, daß erst kurz *nach* dem jeweiligen Jahreszeitenbeginn die Auswirkungen des Sonnenstandes spürbar erfahren werden. Die biblischen Ereignisse entsprechen diesen Erfahrungen. So wird nach der Frühlings-Tag- und -Nachtgleiche erfahren, daß die Tage »wachsen«, sie werden länger als die Nächte. Dies wird dadurch zum Ausdruck gebracht, daß die »Sonne« Jesus Christus im Mutterleib der Maria zu *wachsen* beginnt. Nach der Sommer-Sonnenwende wird erfahren, daß die Tage jetzt wieder abnehmen. Dies drückt Johannes der Täufer mit den Worten aus: »Ich muß *abnehmen*«. Nach der Herbst-Tag- und -Nachtgleiche wird erfahren, daß die Nächte länger werden als die Tage. Die

Finsternis wird allmählich stärker als das Licht, deshalb tritt der Erzengel Michael auf den Plan, der uns beschützt vor den Gefahren der Finsternis und die Angst überwindet. Nach der Wintersonnenwende werden die Tage wieder länger, das Licht wird neu *geboren*. Das wird ausgedrückt durch die *Geburt* des Erlösers Jesus Christus.

Die der Frühlings-Tag- und -Nachtgleiche zugeordnete Ankündigung der Geburt Jesu durch den Erzengel Gabriel (»Mariae Verkündigung«) und die der Wintersonnenwende zugeordnete Geburt des Erlösers haben wir ausführlich betrachtet. Im folgenden wollen wir uns mit Johannes dem Täufer befassen, der der Sommersonnenwende zugeordnet ist und mit dem Erzengel Michael, der die Herbst-Tag- und -Nachtgleiche bewacht.

Die Erlösung des wilden Mannes
Ein Märchen zum Johannistag
(24. Juni)

Zunächst also Johannes der Täufer. Er begegnet uns als ein »wilder« Mann, der im Alten Testament als Elia an einem Bach lebt und von Raben ernährt wird. Im Neuen Testament lebt er als Johannes der Täufer in der Wüste und im Märchen als »Eisenhans« in der Tiefe eines Pfuhles mitten im Wald. Alle drei Gestalten sind »Vorläufer«. Elia ist der Vorläufer Johannes des Täufers, und Johannes der Täufer ist der Vorläufer des Christus. Erst Christus bringt die Erlösung – auch die Erlösung des wilden Mannes.

Der Johannistag erinnert uns daran, daß es für unsere Menschwerdung notwendig ist, daß wir uns der wilden und unerlösten Seite unserer Seele zuwenden. Es ist unsre »männliche« Seite, die unerlöst Schaden anrichten kann. (Auch Frauen haben eine solche männliche Seite!) Wenn sie jedoch erlöst wird, werden Kräfte freigesetzt, die zu einer großen Hilfe für die Lebensgestaltung und Lebensbereicherung werden können.

Wer also ist der »Wilde Mann«? Er ist das Urbild eines jeden Mannes. Der wilde Mann ist der Urstoff, aus dem Männer gemacht sind. So wie in allen Frauen die Große Mutter, die »Magna mater«, mitsamt ihren hexenhaften Seiten lebt, so lebt in allen Männern der wilde Mann.

Der wilde Mann ist wie das Chaos am Anfang der Bibel, aus dem der Kosmos gestaltet wird. In jedem Mann lebt – ganz in der Tiefe – solch ein chaotischer wilder Mann.

Der wilde Mann begegnet uns in vielen Mythen und Märchen. In der Bibel begegnet er uns – wie gesagt – in der Gestalt des Propheten Elia[1] und in seiner Wiederverkörperung, dem Täufer Johannes[2]. Der Geburtstag Johannes des Täufers ist der 24. Juni. Dieses Datum liegt unmittelbar nach der Sommersonnenwende. Johannes der Täufer ist Symbol für die abnehmende Sonne – so wie er es selber ausgedrückt hat: »Ich muß abnehmen.«[3] Aber gleichzeitig nimmt die innere Sonne, deren Symbol der »Christus« ist, zu. Von diesem Christus sagt Johannes: »Er muß wachsen.«[4]

Die Sommersonnenwende birgt somit ein tiefes Geheimnis: In dem Maße, wie die *äußere* Sonne abnimmt, nimmt die *innere* Sonne zu. Psychologisch ausgedrückt bedeutet dies: In dem Maße, wie unser bewußtes ICH »abnimmt« und sich der »Dunkelheit« des Unbewußten zuwendet, »wächst« der »Christus in uns« (= unser wahres SELBST) und übernimmt mehr und mehr die Herrschaft über unser Leben. Im Lichte der Tiefenpsychologie lautet somit die Botschaft des Johannistages: »Die Herrschaft unseres bewußten ICH muß abnehmen, die Herrschaft unseres ganzheitlichen SELBST (= des Christus in uns) muß zunehmen.«

Um die Integration des inneren Christus in seinen vielfältigen archetypischen Gestalten und Aspekten geht es auch im Märchen vom *Eisenhans*.[5]

Es war einmal ein König, der hatte einen großen Wald bei seinem Schloß, darin lief Wild allerart herum. Zu einer Zeit schickte er einen Jäger hinaus, der sollte ein Reh schießen, aber er kam nicht wieder. »Vielleicht ist ihm ein Unglück zugestoßen«, sagte der König und schickte den folgenden Tag zwei andere Jäger hinaus, die sollten ihn aufsuchen, aber die blieben auch weg. Da ließ er am dritten Tag alle seine Jäger kommen und sprach: »Streift durch den ganzen Wald und laßt nicht ab, bis ihr sie alle drei gefunden habt.« Aber auch von diesen kam keiner wieder heim, und von der Meute Hunde, die sie mitgenommen hatten, ließ sich keiner wieder sehen. Von der Zeit an wollte sich niemand mehr in den Wald wagen, und er lag da in tiefer Stille und Einsamkeit, und man sah nur zuweilen einen Adler oder Habicht darüber hin fliegen. Das dauerte viele Jahre, da meldete sich ein fremder Jäger bei dem König, suchte eine Versorgung und erbot sich, in den gefährlichen Wald zu gehen. Der König aber wollte seine Einwilligung nicht geben und sprach: »Es ist nicht geheuer darin, ich fürchte, es geht dir nicht besser als den andern, und du kommst nicht wieder heraus.« Der Jäger antwortete: »Herr, ich will's auf meine Gefahr wagen: von Furcht weiß ich nichts.«

Der Jäger begab sich also mit seinem Hund in den Wald. Es dauerte nicht lange, so geriet der Hund einem Wild an die Fährte und wollte hinter ihm her: Kaum aber war er ein paar Schritte gelaufen, so stand er vor einem tiefen Pfuhl, konnte nicht weiter, und ein nackter Arm streckte sich aus dem Wasser, packte ihn und zog ihn hinab. Als der Jäger das sah, ging er zurück und holte drei Männer, die mußten mit Eimern kommen und das Wasser ausschöpfen. Als sie auf den Grund sehen konnten, so lag da ein wilder Mann, der braun am Leib war wie ein rostiges Eisen, und dem die Haare über das Gesicht bis zu den Knien herabhingen. Sie banden ihn mit Stricken und führten ihn fort in das Schloß. Da war große Verwunderung über den wilden Mann, der König aber ließ ihn in einen eisernen Käfig auf seinen Hof setzen und verbot bei Lebensstrafe, die Türe des Käfigs zu öffnen, und die Königin mußte den Schlüssel selbst in Verwahrung nehmen. Von nun an konnte ein jeder wieder mit Sicherheit in den Wald gehen.

Der König hatte einen Sohn von acht Jahren, der spielte einmal auf dem Hof, und bei dem Spiel fiel ihm sein goldener Ball in den Käfig. Der Knabe lief hin und sprach: »Gibt mir meinen Ball heraus.« »Nicht eher«, antwortete der Mann, »als bis du mir die Türe aufgemacht hast.« »Nein«, sagte der Knabe, »das tue ich nicht, das hat der König verboten«, und lief fort. Am andern Tag kam er wieder und forderte seinen Ball; der wilde Mann sagte: »Öffne meine Türe«, aber der Knabe wollte nicht. Am dritten Tag war der König auf die Jagd geritten, da kam der Knabe nochmals und sagte: »Wenn ich auch wollte, ich kann die Türe nicht öffnen, ich habe den Schlüssel nicht.« Da sprach der wilde Mann: »Er liegt unter dem Kopfkissen deiner Mutter, da kannst du ihn holen.« Der Knabe, der seinen Ball wiederhaben wollte, schlug alles Bedenken in den Wind und brachte den Schlüssel herbei. Die Türe ging schwer auf, und der Knabe klemmte sich den Finger. Als sie offen war, trat der wilde Mann heraus, gab ihm den goldenen Ball und eilte hinweg. Dem Knaben war angst geworden, er schrie und rief ihm nach: »Ach, wilder Mann, geh nicht fort, sonst bekomme ich Schläge.« Der wilde Mann kehrte um, hob ihn auf, setzte ihn auf seinen Nacken und ging mit schnellen Schritten in den Wald hinein. Als der König heimkam, bemerkte er den leeren Käfig und fragte die Königin, wie das zugegangen wäre. Sie wußte nichts davon, suchte den Schlüssel, aber er war weg. Sie rief den Knaben, aber niemand antwortete. Der König schickte Leute aus, die ihn auf dem Felde suchen sollten, aber sie fanden ihn nicht. Da konnte er leicht erraten, was geschehen war, und es herrschte große Trauer an dem königlichen Hof.

Als der wilde Mann wieder in dem finstern Wald angelangt war, so setzte er den Knaben von den Schultern herab und sprach zu ihm: »Vater und Mutter siehst du nicht wieder, aber ich will dich bei mir behalten; denn du hast mich befreit, und ich habe Mitleid mit dir. Wenn du alles tust, was ich dir sage, so sollst du's gut haben. Schätze und Gold habe ich genug und mehr als jemand in der Welt.« Er machte dem Knaben ein Lager von Moos, auf dem er einschlief, und am andern Morgen führte ihn der Mann zu einem Brunnen und sprach: »Siehst du, der Goldbrunnen ist hell und klar wie Kristall: Du sollst dabei sitzen und achthaben, daß nichts hineinfällt, sonst ist er verunehrt. Jeden Abend komme ich und sehe, ob du mein Gebot befolgt hast.« Der Knabe setzte sich an den Rand des Brunnens, sah, wie manchmal ein goldner Fisch, manchmal eine goldene Schlange sich darin zeigte, und hatte acht, daß nichts hineinfiel. Als er so saß, schmerzte ihn einmal der Finger so heftig, daß er ihn unwillkürlich in das Wasser steckte. Er zog ihn schnell wieder heraus, sah aber, daß er ganz vergoldet war, und wie große Mühe er sich gab, das Gold wieder abzuwischen, es war alles vergeblich. Abends kam der Eisenhans zurück, sah den Knaben an und sprach: »Was ist mit dem Brunnen geschehen?« »Nichts, nichts«, antwortete er und hielt den Finger auf den Rücken, daß er ihn nicht sehen sollte. Aber der Mann sagte: »Du hast den Finger in das Wasser getaucht: diesmal mag's hingehen, aber hüte dich, daß du nicht wieder etwas hineinfallen läßt.« Am frühsten Morgen saß er schon bei dem Brunnen und bewachte ihn. Der Finger tat ihm wieder weh, und er fuhr damit über seinen Kopf, da fiel unglücklicherweise ein Haar herab in den Brunnen. Er nahm es schnell heraus, aber es war schon ganz vergoldet. Der Eisenhans kam und wußte schon, was geschehen war. »Du hast ein Haar in den Brunnen fallen lassen,« sagte er, »ich will dir's noch einmal nachsehen, aber wenn's zum drittenmal geschieht, so ist der Brunnen entehrt, und du kannst nicht länger bei mir bleiben.« Am dritten Tag saß der Knabe am Brunnen und bewegte den Finger nicht, wenn er ihm noch so weh tat. Aber die Zeit ward ihm lang, und er betrachtete sein Angesicht, das auf dem Wasserspiegel stand. Und als er sich dabei immer mehr beugte und sich recht in die Augen sehen wollte, so fielen ihm seine langen Haare von den Schultern herab in das Wasser. Er richtete sich schnell in die Höhe, aber das ganze Haupthaar war schon vergoldet und glänzte wie eine Sonne. Ihr könnt denken, wie der arme Knabe erschrak. Er nahm sein Taschentuch und band es um den Kopf, damit es der Mann nicht sehen sollte. Als er kam, wußte er schon alles und sprach: »Binde das Tuch auf.« Da quollen die goldenen Haare hervor, und der Knabe mochte sich entschuldigen, wie er wollte, es half ihm nichts. »Du hast die Probe nicht bestanden und kannst nicht länger hier bleiben. Geh hinaus in die Welt, da wirst du erfahren, wie die Armut tut. Aber weil du kein böses Herz hast, und ich's gut mir dir meine, so will ich dir eins erlauben: Wenn du in Not gerätst, so geh zu dem Wald und rufe: »Eisenhans«, dann will ich kommen und dir helfen. Meine Macht ist groß, größer, als du denkst, und Gold und Silber habe ich im Überfluß.« Da verließ der Königssohn den Wald und ging über gebahnte und ungebahnte Wege immer zu, bis er zuletzt in eine große Stadt kam. Er suchte da Arbeit, aber er konnte keine finden und hatte auch nichts erlernt, womit er sich hätte forthelfen können. Endlich ging er in das Schloß und fragte, ob sie ihn behalten wollten. Die Hofleute wußten nicht, wozu sie ihn brauchen sollten, aber sie hatten Wohlgefallen an ihm und hießen ihn bleiben. Zuletzt nahm in der Koch in Dienst und sagte, er könnte Holz und Wasser tragen und die Asche zusammenkehren. Einmal, als gerade kein anderer zur Hand war, hieß ihn der Koch die Speisen zur königlichen Tafel tragen, da er aber seine goldenen Haare nicht wollte sehen lassen, so behielt er sein Hütchen auf. Dem König war so etwas noch nicht vorgekommen, und er sprach: »Wenn Du zur königlichen Tafel kommst, mußt du deinen Hut abziehen.« »Ach Herr«, antwortete er, »ich kann nicht, ich habe einen bösen Grind auf dem Kopf.« Da ließ der König den Koch herbeirufen, schalt ihn und fragte, wie er einen solchen Jungen hätte in seinen Dienst nehmen können; er sollte ihn gleich fortjagen. Der Koch aber hatte Mitleiden mit ihm und vertauschte ihn mit dem Gärtnerjungen.

Nun mußte der Junge im Garten pflanzen und begießen, hacken und graben und Wind und böses Wetter über sich ergehen lassen. Einmal im Sommer, als er allein im Garten arbeitete, war der Tag so heiß, daß er sein Hütchen abnahm, und die Luft ihn kühlen sollte. Wie die Sonne auf das Haar schien, glitzte und blitzte es, daß die Strahlen in das Schlafzimmer der Königstochter fielen, und sie aufsprang, um zu sehen, was das wäre. Da erblickte sie den Jungen und rief ihn an: »Junge, bring mir einen Blumenstrauß.« Er setzte in aller Eile sein Hütchen auf, brach wilde Feldblumen ab und band sie zusammen. Als er damit die Treppe hinaufstieg, begegnete ihm der Gärtner und sprach: »Wie kannst du der Königstochter einen Strauß von schlechten Blumen bringen? Geschwind hole andere und suche die schönsten und seltensten aus.« »Ach nein«, antwortete der Junge, »die wilden riechen kräftiger und werden ihr besser gefallen.« Als er in ihr Zimmer kam, sprach die Königstochter: »Nimm dein Hütchen ab, es ziemt sich nicht, daß du ihn vor mir aufbehältst.« Er antwortete wieder: »Ich darf nicht, ich habe einen grindigen Kopf.« Sie griff aber nach dem Hütchen und zog es ab, da rollten seine goldenen Haare auf die Schultern herab, daß es prächtig anzusehen war. Er wollte fortspringen, aber sie hielt ihn am Arm und gab ihm eine Handvoll Dukaten. Er ging damit fort, achtete aber des Goldes nicht, sondern er brachte es dem Gärtner und sprach: »Ich schenke es deinen Kindern, die können damit spielen.« Den andern Tag rief ihm die Königstocher abermals zu, er sollte ihr einen Strauß Feldblumen bringen, und als er damit eintrat, grapste sie gleich nach seinem Hütchen und wollte es ihm wegnehmen, aber er hielt es mit beiden Händen fest. Sie gab ihm wieder eine Handvoll Dukaten, aber er wollte sie nicht behalten und gab sie dem Gärtner zum Spielwerk für seine Kinder. Den dritten Tag ging's nicht anders, sie konnte ihm sein Hütchen nicht wegnehmen, und er wollte ihr Gold nicht.

Nicht lange danach ward das Land mit Krieg überzogen. Der König sammelte sein Volk und wußte nicht, ob er dem Feind, der übermächtig war und ein großes Heer hatte, Widerstand leisten könnte. Da sagte der Gärtnerjunge: »Ich bin herangewachsen und will mit in den Krieg ziehen, gebt mir nur ein Pferd.« Die andern lachten und sprachen: »Wenn wir fort sind, so suche dir eins: Wir wollen dir eins im Stall zurücklassen.« Als sie ausgezogen waren, ging er in den Stall und zog das Pferd heraus; es war an einem Fuß lahm und hickelte hunkepuus, hunkepuus. Dennoch setzte er sich auf und ritt fort nach dem dunkeln Wald. Als er an den Rand desselben gekommen war, rief er dreimal: »Eisenhans!« so laut, daß es durch die Bäume schallte. Gleich darauf erschien der wilde Mann und sprach: »Was verlangst du?« »Ich verlange ein starkes Roß; denn ich will in den Krieg ziehen.« »Das sollst du haben und noch mehr, als du verlangst.« Dann ging der wilde Mann in den Wald zurück, und es dauerte nicht lange, so kam ein Stallknecht aus dem Wald und führte ein Roß herbei, das schnaubte aus den Nüstern und war kaum zu bändigen. Und hinterher folgte eine große Schar Kriegsvolk, ganz in Eisen gerüstet, und ihre Schwerter blitzten in der Sonne. Der Jüngling übergab dem Stallknecht sein dreibeiniges Pferd, bestieg das andere und ritt vor der Schar her. Als er sich dem Schlachtfeld näherte, war schon ein großer Teil von des Königs Leuten gefallen, und es fehlte nicht viel, so mußten die übrigen weichen. Da jagte der Jüngling mit seiner eisernen Schar heran, fuhr wie ein Wetter über die Feinde und schlug alles nieder, was sich ihm widersetzte. Sie wollten fliehen, aber der Jüngling saß ihnen auf dem Nacken und ließ nicht ab, bis kein Mann mehr übrig war. Statt aber zu dem König zurückzukehren, führte er seine Schar auf Umwegen wieder zu dem Wald und rief den Eisenhans heraus.

»Was verlangst du?« fragte der wilde Mann. »Nimm dein Roß und deine Schar zurück und gib mir mein dreibeiniges Pferd wieder.« Es geschah alles, was er verlangte, und ritt auf seinem dreibeinigen Pferd heim. Als der König wieder in sein Schloß kam, ging ihm seine Tochter entgegen und wünschte ihm Glück zu seinem Sieg. »Ich bin es nicht, der den Sieg davongetragen hat«, sprach er, »sondern ein fremder Ritter, der mir mit seiner Schar zu Hilfe kam.« Die Tochter wollte wissen, wer der fremde Ritter wäre, aber der König wußt es nicht und sagte: »Er hat die Feinde verfolgt, und ich habe ihn nicht wiedergesehen.« Sie erkundigte sich bei dem Gärtner nach seinem Jungen: Der lachte aber und sprach: »Eben ist er auf seinem dreibeinigen Pferd heimgekommen, und die andern haben gespottet und gerufen: »Da kommt unser Hunkepuus wieder an.« Sie fragten auch: »Hinter welcher Hecke hast du derweil gelegen und geschlafen?« Er sprach aber: »Ich habe das Beste getan, und ohne mich wäre es schlecht gegangen.« Da ward er noch mehr ausgelacht.«

Der König sprach zu seiner Tochter: »Ich will ein großes Fest ansagen lassen, das drei Tage währen soll, und du sollst einen goldenen Apfel werfen: Vielleicht kommt der Unbekannte herbei.« Als das Fest verkündet war, ging der Jüngling hinaus zu dem Wald und rief den Eisenhans. »Was verlangst du?« fragte er. »Daß ich den goldenen Apfel der Königstochter fange.« »Es ist so gut, als hättest du ihn schon«, sagte Eisenhans, »du sollst auch eine rote Rüstung dazu haben und auf einem stolzen Fuchs reiten.« Als der Tag kam, sprengte der Jüngling heran, stellte sich unter die Ritter und ward von niemand erkannt. Die Königstocher trat hervor und warf den Rittern einen goldenen Apfel zu, aber keiner fing ihn als er allein, aber sobald er ihn hatte, jagte er davon. Am zweiten Tag hatte ihn Eisenhans als weißen Ritter ausgerüstet und ihm einen Schimmel gegeben. Abermals fing er allein den Apfel, verweilte aber keinen Augenblick, sondern jagte damit fort. Der König ward bös und sprach: »Das ist nicht erlaubt, er muß vor mir erscheinen und seinen Namen nennen.« Er gab den Befehl, wenn der Ritter, der den Apfel gefangen habe, sich wieder davonmachte, so sollte man ihm nachsetzen und, wenn er nicht gutwillig zurückkehrte, auf ihn hauen und stechen. Am dritten Tag erhielt er vom Eisenhans eine schwarze Rüstung und einen Rappen und fing auch wieder den Apfel. Als er aber damit fortjagte, verfolgten ihn die Leute des Königs, und einer kam ihm so nahe, daß er mit der Spitze des Schwerts ihm das Bein verwundete. Er entkam ihnen jedoch, aber sein Pferd sprang so gewaltig, daß der Helm ihm vom Kopf fiel, und sie konnten sehen, daß er goldene Haare hatte. Sie ritten zurück und meldeten dem König alles.

Am andern Tag fragte die Königstochter den Gärtner nach seinem Jungen. »Er arbeitet im Garten: Der wunderliche Kauz ist auch bei dem Fest gewesen und erst gestern abend wiedergekommen; er hat auch meinen Kindern drei goldene Äpfel gezeigt, die er gewonnen hat.« Der König ließ ihn vor sich fordern, und er erschien und hatte wieder sein Hütchen auf dem Kopf. Aber die Königstochter ging auf ihn zu und nahm es ihm ab, und da fielen seine goldenen Haare über die Schultern, und es war so schön, daß alle erstaunten. »Bist du der Ritter gewesen, der jeden Tag zu dem Fest gekommen ist, immer in einer andern Farbe, und der die drei goldenen Äpfel gefangen hat?« fragte der König. »Ja«, antwortete er, »und da sind die Äpfel«, holte sie aus seiner Tasche und reichte sie dem König. »Wenn Ihr noch mehr Beweise verlangt, so könnt Ihr die Wunde sehen, die mir Eure Leute geschlagen haben, als sie mich verfolgten. Aber ich bin auch der Ritter, der Euch zum Sieg über die Feinde geholfen hat.« »Wenn du solche Taten verrichten kannst, so bist du kein Gärtnerjunge: sage mir, wer ist dein Vater?« »Mein Vater ist ein mächtiger König, und Goldes habe ich die Fülle, und soviel ich nur verlange.« »Ich sehe wohl«, sprach der König, »ich bin dir Dank schuldig, kann ich dir etwas zu Gefallen tun?« »Ja«, antwortete er, »das könnt Ihr wohl, gebt mir Eure Tochter zur Frau.« Da lachte die Jungfrau und sprach: »Der macht keine Umstände, aber ich habe schon an seinen goldenen Haaren gesehen, daß er kein Gärtnerjunge ist«: ging dann hin und küßte ihn. Zu der Vermählung kam sein Vater und seine Mutter und waren in großer Freude; denn sie hatten schon alle Hoffnung aufgegeben, ihren lieben Sohn wiederzusehen. Und als sie an der Hochzeitstafel saßen, da schwieg

*auf einmal die Musik, die Türen gingen auf, und ein stolzer
König trat herein mit großem Gefolge. Er ging auf den Jüngling
zu, umarmte ihn und sprach: »Ich bin der Eisenhans und war
in einen wilden Mann verwünscht, aber du hast mich erlöst.
Alle Schätze, die ich besitze, die sollen dein Eigentum sein.«*

Im Märchen vom Eisenhans begegnet uns der »wilde Mann«.
Das Märchen sagt, daß dieser »wilde Mann« verwünscht ist. In
der Sprache der Psychologie heißt das, daß er in die Tiefe des
Unbewußten verdrängt wurde. Er ist dort verstrickt und muß
erlöst werden.
Man kann fragen: Warum ist er verwünscht? Was wurde verdrängt? Wie kann er erlöst werden?
Viele Märchen der Grimmschen Sammlung stammen aus einer
Zeit, in der die vorchristliche Religion unserer Vorfahren
überlagert wurde vom Christentum. Eine unseren Vorfahren
recht fremde Religion aus der hochentwickelten Kultur des
Mittelmeerraumes wurde plötzlich Menschen quasi übergestülpt, die eher dem wilden Mann glichen als den Boten, die
ihnen das Evangelium brachten. Die Folge davon war, daß
vieles, was vorher lebendig war, in den Untergrund gedrängt
wurde, weil es nicht mehr leben durfte. Ein Beispiel dafür ist
das Fällen der Donar-Eiche durch Bonifatius. Ein Symbol dafür,
daß das, was lange gewachsen war und starke Wurzeln hatte,
plötzlich nicht mehr leben durfte und verbannt wurde. Das
Christentum war eine fremde, vergeistigte Religion für die
Menschen, unter denen damals Märchen wie »Der Eisenhans«
entstanden sind.
Es gibt ein norwegisches Märchen, das heißt: »Vom goldenen
Schloß, das in der Luft hing«. So haben unsere Vorfahren das
Christentum empfunden. Als ein goldenes Schloß, also als
etwas ganz Wunderbares – aber es hing in der Luft, es war
nicht verwurzelt mit dem, was vorher war. Es hatte keine
Wurzeln im Mutterboden.
Solche Überfremdungen ereigneten sich nicht nur bei uns,
sondern auch in anderen Kulturen. Christliche Missionare

haben oft – sicherlich in bester Absicht – auch anderen Völkern eine ihnen fremde Religion unsensibel übergestülpt und sie dabei ihren Wurzeln entfremdet. Vor vielen Jahren bin ich einmal einem jungen, sehr gescheiten afrikanischen Theologen begegnet, der in Deutschland studiert hatte. Er kannte Bultmann und Heidegger, aber er konnte nicht mehr trommeln. Er hatte seine Wurzeln verloren. So ähnlich ist es auch unseren Vorfahren ergangen in der Zeit, in der unsere Märchen entstanden sind. Seither ist der wilde Mann in die Tiefe unseres Unbewußten verbannt und wartet auf seine Erlösung.

Vielleicht fragen wir uns: Warum muß der wilde Mann nach so langer Zeit erlöst werden? Aus zwei Gründen: weil er unerlöst Unheil anrichtet, und weil der Unerlöste starke Kräfte und Gaben bindet, die wir für die Bewältigung unseres Lebens dringend brauchen. Der wilde Mann, der verdrängt ist in die Tiefe des Unbewußten und dort Unheil anrichtet, ist der Ausgangspunkt unseres Märchens.

Das Märchen schildert eindrücklich: »*Als keiner der Jäger zurückkam, wollte sich niemand mehr in den Wald wagen. Und da lag er in tiefer Stille und Einsamkeit, man sah nur zuweilen einen Adler oder einen Habicht darüberfliegen.*«

Da ist ein riesiger Bereich, der zum Schloß und zum König gehört, unberührt. Niemand wagt es, hineinzugehen. Das ist ein treffendes Bild für den Bereich des Unbewußten in uns, in den viele Menschen sich nicht mehr hineinwagen.

Gewiß, man kann auch am Königshof leben und in der Stadt des Königs (= in der Welt des Bewußtseins). Dort ist alles hell und klar, dort ist nichts zu sehen vom wilden Mann, dort ist keine Bedrohung, aber man lebt nur halb. Wer nur in der Welt des Bewußtseins lebt, der lebt nur einen Teil seines Lebens, denn das Unbewußte ist ausgeklammert.

Was heißt das? Das heißt in unsere heutige Situation übersetzt: Ein Mensch lebt nur noch in der vordergründigen Realität, im »Hier und Jetzt«. Er rühmt sich vielleicht dieser Tatsache und sagt: »Ich bin ein Realist.« Ein solcher Realist achtet nicht auf die Stimme seiner Träume, er achtet nicht darauf, was als Ahnungen aus der Tiefe aufsteigt und darauf hindeutet, daß noch ein ganz anderer Bereich mitleben will.

Ob ein Mensch so einseitig nur im Vordergründigen lebt, kann man neben manchem anderen daran erkennen, wie er über seine Mitmenschen redet. Daran kann man erkennen, ob ein Mensch sich mit seiner eigenen Tiefe befaßt, oder ob er nur in der Welt des Bewußtseins, nur im Vordergründigen lebt. Wenn ein Mensch ständig über seine Mitmenschen schimpft, dann können wir sicher sein, daß er keine Ahnung von seiner eigenen Tiefe hat. Aber auch wenn er seine Mitmenschen über die Maßen rühmt und lobt, können wir dasselbe wissen. Und wenn er vom Schimpfen zum Rühmen wechselt und umgekehrt, dann ist das ebenfalls ein Zeichen dafür, daß er keine Ahnung von seiner eigenen Tiefe hat, sondern daß er das, was in seiner eigenen Tiefe verdrängt ist, auf andere projiziert. Ein Mensch, der sich nicht mit seinem Unbewußten befaßt, merkt nicht, was er tut.

Die Kräfte des wilden Mannes in uns sind so stark, daß sie sich nicht unter dem Deckel halten lassen. Sie müssen irgendwie wirksam werden. Und wenn wir sie nicht in unser eigenes Leben hereinlassen, dann werden sie eben auf andere projiziert. Und das ist gefährlich. Das ist nicht nur deshalb gefährlich, weil wir uns selber eines großen Teils unseres Lebens berauben, sondern weil wir durch solche Projektionen Projektile in andere hineinschießen und sie dadurch verfremden. Wenn wir zum Beispiel einem Kind dauernd sagen, daß es ein böses Kind sei, dann schießen wir Projektile in dieses Kind hinein und verfremden es. Dasselbe gilt natürlich auch, wenn wir einem Kind ständig sagen, wie großartig es ist. Kinder und andere Menschen sind nämlich weder so böse noch so gut, wie wir das von ihnen behaupten, sondern wir projizieren auf sie das, was in uns ist und was in uns nicht leben darf.

Wer projiziert, befaßt sich nicht mit seinem Unbewußten, er hat keine Ahnung vom wilden Mann in seiner Tiefe, sondern gibt sich mit dem zufrieden, was er mit seinen fünf Sinnen erfassen kann. Ein solcher Mensch lebt nur halb, oder besser: Er lebt überhaupt nicht richtig. Schon Sigmund Freud hat gelehrt, daß die menschliche Seele wie ein riesiger Eisberg ist, von dem nur ein ganz kleiner Teil über das Wasser ragt. Der eigentliche Eisberg ist unter Wasser und kann – unerkannt – gefährlich werden. Wer nur in der Welt des Bewußtseins lebt, hat keine Ahnung von dem, was eigentlich sein Leben ausmacht.

Das ist also die Ausgangssituation unseres Märchens: Der Wald (= das Unbewußte) ist tabu, er wird nicht berührt. Er ist unheimlich und gefährlich.

Eines Tages ändert sich die Situation: Ein beherzter Jäger wagt es erneut, in das geheimnisvolle Dunkel einzudringen, und er entdeckt mit Hilfe seines Hundes (der Hund steht für Spürsinn und Intuition) den wilden Mann. Das heißt: Ein Mensch, der sich für das Unbewußte öffnet, entdeckt die Ursache seiner Angstträume, seiner Fehlleistungen, seiner Kraftlosigkeit. Aber jetzt geschieht etwas Eigenartiges: Der wilde Mann wird nicht »erlöst«, sondern gefangengesetzt. Er wird gleichsam unschädlich gemacht.

Es nützt jedoch nichts, wenn wir nur einen kurzen Blick ins Unbewußte werfen und uns bewußt machen, daß dort ein Komplex sitzt, wenn wir diesen Komplex dann wieder isolieren und abkapseln, so daß er unerlöst bleibt. Das ist so, wie wenn ein Mensch durch Fehlleistungen oder durch Träume erkennt, daß in seinem Unbewußten irgend etwas sitzt, das nicht in sein Leben integriert ist und ihm deshalb Lebenskräfte absaugt, aber nichts tut, um die gebundenen Kräfte zu befreien. So ist der wilde Mann jetzt zwar sichtbar, aber er ist in einem Käfig eingesperrt. Er kann vermeintlich kein Unheil mehr anrichten, aber in Wirklichkeit ist er genauso gefährlich. Er entwendet zwar keine Jäger mehr, aber dafür den Prinzen, also das, was im Königreich in die Zukunft weist. Den wilden Mann einsperren, ist keine Lösung, damit hat man seine Schätze nicht, und damit lebt man immer noch in der Welt des Bewußtseins.

Es geht vielmehr darum, daß wir die Kräfte und Gaben, die dieser wilde Mann verkörpert, in unser bewußtes Leben hineinnehmen. Im Märchen ist das so ausgedrückt, daß der kleine Prinz sich Stück um Stück die Gaben des wilden Mannes aneignet. Dadurch geschieht ein Doppeltes, nämlich: Der Prinz wird selber zum Mann, und der Eisenhans wird erlöst. Darin besteht nämlich die Erlösung des Eisenhans, daß das, was in ihm verborgen ist, ins bewußte Leben hereingenommen wird und nun in dem zum Mann herangereiften Prinzen weiterlebt. Davon redet unser Märchen.

Dieses Märchen redet – wie alle Märchen – in Bildern, und zwar in Bildern, die uns heute nicht mehr ohne weiteres verständlich sind, sondern die wir entschlüsseln müssen. Diese Bilder, die in den Ereignissen des Märchens anschaulich werden, sind Ur-Bilder, oder – in der Sprache der Analytischen Psychologie – »Archetypen«. Diese Urbilder sind Kräfte, die in unserer Seele wirken und etwas be-wirken. Es sind Gestalten, die auch in unseren Träumen hochkommen können. Den vielen archetypischen Bildern ist ein zentraler Archetyp übergeordnet, in dem all diese Urbilder enthalten sind, und der den Prozeß der Ganzwerdung steuert und bewirkt. Diesen Archetyp hat C.G. Jung das SELBST genannt. Das Neue Testament nennt das »SELBST« den »Christus in uns«. Es geht also bei der Ganzwerdung darum, daß wir in unser wahres Selbst, das heißt in das Bild Christi, umgestaltet werden. Das Bild Christi bedeutet – psychologisch ausgedrückt – daß wir zu dem werden, was wir eigentlich sind, nämlich, daß wir den Aspekt des Christus verwirklichen, der nur durch uns verwirklicht werden kann. Jeder Mensch ist ein einmaliges, unverwechselbares Original. Es geht deshalb darum, daß wir diese Originalität verwirklichen und dadurch das, »was noch fehlt am Christus«,[6] einbringen, so daß auch der in der Menschheit verkörperte Christus zu seiner Ganzheit gelangen kann. Alle Archetypen und Urbilder sind also Aspekte unseres wahren Selbst, des Christus in uns.

Wenn wir nun nach den archetypischen Bildern in unserem

Märchen fragen, dann erschließen sich mir diese Archetypen am deutlichsten in Verbindung mit den sieben Planeten, die – wie wir sahen – in der Antike den sieben Wochentagen zugeordnet waren. Die Planeten wurden in den Mythen der Antike als Göttergestalten betrachtet. Heute würden wir sie als *innere* Gestalten oder Archetypen bezeichnen. Der Mythos stellt nämlich das Innere äußerlich dar. Die Göttergestalten, die mit diesen Archetypen verbunden sind, drücken etwas aus von der Qualität des jeweiligen Urbildes.

Bei der Betrachtung des Märchens vom Eisenhans wollen wir uns von den sieben Wochentagen und den damit verbundenen Archetypen leiten lassen. Wir können dabei auf früher Erkanntes zurückgreifen.

Der erste Tag der Woche ist der *Sonntag*, der »Tag der Sonne«. Sonne und Mond wurden in der Antike zu den Planeten gerechnet. Die Sonne bescheint unsere Welt und macht sie sichtbar. Die Sonne steht deshalb für die Welt des Bewußtseins. Was die Sonne erleuchtet, das kann man sehen. Die Sonne ist Symbol für unser bewußtes Ich. Es ist wichtig, daß wir ein starkes ICH haben als Zentrum unseres Bewußtseins. Wenn das ICH gestört ist, dann wird der Mensch psychisch krank. Obwohl die Welt unseres Bewußtseins nur ein ganz kleiner Teil unserer Seele ist, ist sie doch eine ganz wichtige Welt. Das Bewußtsein hat nämlich die Funktion, das, was unbewußt ist, mehr und mehr an sich zu ziehen und zu »erleuchten«, damit das vorher Dunkle hell wird – so, wie die Sonne das Dunkel der Nacht vertreibt. Die »Sonne« begegnet uns in unserem Märchen in der Ausgangssituation: Der König, das Schloß, der goldene Ball, all das deutet auf die Welt der Sonne hin, auf die Welt des Bewußtseins.

Der Welt des Bewußtseins ist die Welt des Unbewußten entgegengesetzt. Daran erinnert der *Montag*, der vom Mond regiert wird. In der Schöpfungsgeschichte heißt es: »Der Mond regiert die Nacht.« Er ist der Gegenpol zur Sonne. Während die Sonne die Tageswelt des Bewußtseins erleuchtet, erleuchtet der Mond die Nachtwelt des Unbewußten.

Indem wir die Welt des Unbewußten betreten, betreten wir eine fremde Welt. In unserem Märchen wird berichtet, daß der achtjährige Knabe mit einem goldenen Ball spielt. Gold symbolisiert die Welt des Bewußtseins, die Kugel symbolisiert die Ganzheit, und zwar geht es hier um die kindliche Ganzheit. Wir haben dasselbe Motiv im Märchen vom Froschkönig. Auch dort spielt die Königstochter mit einer goldenen Kugel. Die Kugel ist Symbol unseres »mobilen Selbst«, das dorthin rollt, wo der nächste Entwicklungsschritt auf uns wartet. Irgendwann einmal rollt unsere Lebenskugel in einen fremden Bereich, mit dem wir uns jetzt auseinandersetzen müssen, wenn wir die Kugel wiederhaben wollen, d. h. wenn wir zu einer neuen Ganzheit finden wollen. Die Prinzessin im Froschkönig muß sich mit dem Frosch, also mit ihrem Gegenpol, auseinandersetzen. Der kleine Prinz im Märchen vom Eisenhans muß sich mit dem wilden Mann auseinandersetzen. Er muß mit dem wilden Mann Kontakt aufnehmen, wenn er seine goldene Kugel wiederhaben will. Dieser Kontakt ist aber verbunden mit der Übertretung eines Verbotes. Der Vater hat verboten, die Tür des Käfigs zu öffnen. Wir werden hier an die Bibel erinnert, wo auch am Anfang ein Verbot steht. Es gibt aber keine Weiterentwicklung ohne Übertretung eines solchen Verbotes. Das machen die Märchen deutlich. In den Märchen wird – wie in der Bibel – die verbotene Frucht gegessen und das verbotene Zimmer betreten. Nur so gibt es einen Fortschritt.

So ist es auch in unserem Märchen: Der Prinz wagt es, das Verbot zu übertreten. Das Wagnis, ein Verbot zu übertreten, ist ein erster Schritt in die Selbständigkeit, in die Autonomie. Ein solcher Schritt hat Folgen. Das macht auch die Bibel deutlich: Adam und Eva werden aus dem Paradies in die Eigenverantwortung verwiesen. Adam muß jetzt selber den Boden bebauen und sich um die Frucht bemühen, die ihm vorher ohne sein Zutun geschenkt wurde. Der Prinz übertritt also das Verbot des Vaters, weil das Gelüst nach dem Ball größer ist als die Angst vor der Strafe. Das ist eine entscheidende Situation in einem Menschenleben, wenn ein Mensch merkt: Jetzt *muß* ich etwas tun – ohne Rücksicht darauf, was die anderen sagen. Und wenn die anderen, wer es auch sein mag, der Vater oder das Dorfkollektiv oder mein bisheriges Verständnis von Verboten und Geboten (= mein »Gewissen« oder »Über-Ich«) – wenn das alles dagegen spricht, ich *muß* das jetzt tun, wenn ich in meinem Leben etwas verwirklichen will, was zu mir gehört. Einige alte Manuskripte des Lukas-Evangeliums überliefern ein Wort, das Jesus zu einem, der am Sabbat arbeitete, gesagt hat: »Wenn du *nicht* weißt, was du tust, dann bist du ein Frevler und ein Übertreter des Gesetzes. Wenn du aber weißt, was du tust, glücklich bist du in deinem Tun.«[7] In der alten Kirche hat man von der »Felix culpa«, von der »glückseligen Schuld« gesprochen, wenn durch die Gebotsübertretung etwas Gutes bewirkt worden ist.

Der Prinz übertritt also das Gebot des Vaters, bewußt und willentlich. Später, im Wald beim Eisenhans übertritt er ebenfalls Gebote, aber unbewußt und unwillentlich. Am Brunnen des Eisenhans will der Prinz keine Gebote übertreten und übertritt sie trotzdem. Auch diese Gebotsübertretungen führen zu einem weiteren Fortschritt und sind deshalb ebenfalls eine »Felix culpa«. Wenn ein Mensch immer nur abgesichert lebt, sich von anderen sagen läßt, was richtig und falsch ist, dann gibt es keinen Fortschritt. Erst wenn er es wagt, einen eigenen Schritt zu gehen, der sich möglicherweise gegen das richtet, was bisher für ihn als Norm galt, dann geht es im Leben weiter.

Unser Märchen macht deutlich, daß der Autonomieschritt des Prinzen etwas mit der Ablösung von der Mutter zu tun hat (der »Schlüssel« zum wilden Mann liegt unter dem Kopfkissen der Mutter!).

Die Mondwelt des Waldes ist die Welt des Unbewußten, ein Gegenpol zur geordneten Welt des Königs. Im Wald haust der wilde Mann, der in unserem Märchen durch den Eisenhans verkörpert wird. In der griechischen Mythologie heißt er Pan oder Dionysos, die beide Qualitäten des wilden Mannes haben. In Basel gibt es ein altes, eindrückliches Ritual, das alljährlich im Januar stattfindet: Die Rheinfahrt des Wilden Mannes, der nach Verlassen seines Floßes mit dem Vogel Greif und dem Leu durch die Straßen zieht. Der Efeukranz, den der Wilde Mann trägt, erinnert an Dionysos, dessen Attribut der Efeu ist.

Wir erinnern uns: In der Bibel begegnet uns Elia und seine Wiederverkörperung in Johannes dem Täufer als Wilder Mann. Auch Johannes der Täufer ist ein wilder Mann, der durch Christus erlöst werden muß. Er sagt deshalb: »Ich muß abnehmen, Christus muß wachsen«. Das heißt, daß die Kräfte des wilden Mannes in Christus zur Reife und Entfaltung kommen.

Psychologisch bedeutet der »Wald« den Abstieg ins Unbewußte, den Kontakt mit unserer Tiefe. Daran erinnert uns der Montag, der Tag des Mondes. Sich mit dem Mond befassen heißt, hinabsteigen in die Tiefe des Unbewußten. So beginnt die Menschwerdung.

Der *Dienstag* ist der Tag des Mars. Der Mars ist der Kämpfer und der Streiter. Es geht bei dieser Symbolgestalt um den Umgang mit unseren Aggressionen. Jeder Mensch hat in sich Aggressionen, und wenn er es nicht lernt, sie in rechter Weise nach außen zu richten, richten sie sich nach innen und machen ihn krank. Bei diesen Aggressionen geht es um den Widerstand gegen alles, was uns verfremden will, gegen alles, was uns abbringen will von dem Weg, der uns vorgezeichnet ist, vom Weg, den der Christus in uns vorzeichnet. In uns ist ein Entwicklungstrieb, der uns zu dem hintreiben will, was wir eigentlich werden sollen. Dem stellen sich jedoch Gegenkräfte entgegen. Vor diesen Gegenkräften zurückweichen heißt sein Leben nicht verwirklichen. Hier muß der Mars entfaltet werden, der Kämpfer und Streiter muß in Erscheinung treten. Die Bibel ist voll von Waffen,

Kämpfen und Krieg – von der Genesis bis zur Johannes-Offenbarung. Auch der Apostel Paulus gebraucht in seinen Briefen zahlreiche Bilder und Ausdrücke, die der »Mars-Welt« entstammen.

Im Eisenhans begegnet uns der Mars-Aspekt in doppelter Form: einmal als Kampf gegen äußere Feinde, wobei es um Leben und Tod geht; ein anderes Mal um den Konkurrenzkampf. Kampf heißt zunächst scheiden und unterscheiden. Das Schwert, mit dem der Kämpfer ausgerüstet ist, bedeutet in der Symbolsprache zunächst »Unterscheiden«. Es gilt zu unterscheiden zwischen dem, was unser Leben heil und ganz macht und dem, was es spaltet und zerstört. Die Marsseite Jesu wird, das hielten wir anläßlich der Karwoche fest, zum Ausdruck gebracht durch das Wort: »Ich bin nicht gekommen, den Frieden zu bringen, sondern das Schwert.«[8] In Jesus sind alle Archetypen verwirklicht, denn Jesus ist Urbild eines jeden Menschen und sein Weg ist Urbild unseres Weges. Schon als Zwölfjähriger »unterscheidet« Jesus zwischen dem, was grundsätzlich richtig ist, und dem, was *jetzt* richtig ist. Er weiß: Jetzt *muß* ich hier sein, im Hause meines Vaters. Oder später: Jetzt *muß* ich durch Samarien reisen – auch wenn das kein Mensch versteht. Oder am Ende seines Lebens: Jetzt *muß* ich das Kreuz auf mich nehmen – auch wenn Petrus und alle andern mich davon abhalten wollen. Jesus geht ganz klar seinen Weg und läßt sich nicht beeindrucken von dem, was andere von ihm wollen.

Zur Menschwerdung gehört zunächst der Kampf gegen das, was uns von Außen verfremden will. Es wird ausgedrückt durch die starken Feinde, die den König und seine Leute überfallen. Sie kommen von außen und dagegen mobilisiert der Prinz Kräfte aus dem Unbewußten, Kräfte des »Eisenhans«, um diese verfremdenden und zerstörenden Mächte zu besiegen.

Das andere ist der Wettstreit. Hier geht es darum, daß wir es wagen, uns dem Konkurrenzkampf zu stellen. Das Leben ist nicht eine geebnete Bahn, sondern es gibt immer wieder Situationen, in denen es gilt, mit anderen in einen Wettstreit zu treten und zwar in einer fairen Weise, den Regeln entsprechend, zu kämpfen.

In Ostasien, vor allem in Japan, werden Krieger in einer Form des Kampfes ausgebildet, bei der es um eine inneren Stärke geht, und zwar um eine solche Stärke, daß äußere Feinde überhaupt nichts ausrichten können. Es geht um die Verwirklichung einer inneren Stärke. Im Neuen Testament wird eine Situation geschildert, die deutlich macht, daß Jesus diese innere Stärke gehabt hat. Als nämlich die Bewohner von Nazareth ihn von einem Felsen herabstürzen wollten, »ging er mitten durch sie hindurch«.[9] Jesus besaß eine solche innere Dynamik, daß niemand von außen ihm etwas anhaben konnte. Auch in Gethsemane wird eine solche Szene kurz eingeblendet, wo die Gegner zu Boden sinken und ihn zunächst nicht ergreifen können.[10] Der Marstag erinnert uns somit daran, daß es gilt, gegen die verfremdenden Mächte von außen zu kämpfen, gegen Feinde und gegen Konkurrenten, die uns von unserem Weg abbringen wollen. Wer nicht kämpft, überläßt dem dunklen Krieger das Feld. Wenn wir uns statt gegen die äußeren Feinde gegen die eigene Psyche wenden, dann werden die aggressiven Kräfte zu destruktiven Kräften, mit denen wir uns selber zerstören.

Der *Mittwoch* ist der Tag des Merkur. Merkur ist der Händler, der Ausgleicher. Er vermittelt zwischen allen Bereichen. Ihm geht es nicht um die Auseinandersetzung, sondern um die Zusammensetzung. Er möchte Harmonie. Ein rechter Händler streitet nicht, sondern er versucht zu handeln und zu verhandeln. Er versucht, zu einem Kompromiß zu kommen. Merkur ist eine ganz wichtige Figur.

In unserem Märchen begegnet er uns im Eisenhans als hintergründiger Magier und Zauberer, der Kontakt hat zu Kräften, die uns Menschen normalerweise nicht zur Verfügung stehen. Er »zaubert« – sowohl im Krieg als auch im Konkurrenzkampf. Der Eisenhans ist ein großer Zauberer; auch der Eisenhans in uns. Es handelt sich dabei um Kräfte und Möglichkeiten, die wir vielleicht in uns noch nicht entdeckt haben und auch nicht für möglich halten. Sie sind trotzdem in uns, denn in uns allen ist der Eisenhans. Der Eisenhans hat einen Zauberbrunnen, der alles in Gold verwandelt. Er kann Pferde und Reiter herbeizaubern, denen niemand widerstehen kann. Er kann machen, daß man bei einem Spiel gewinnt. Indem sich der Prinz mit den Kräften des »Eisenhans«, d.h. mit den Kräften des Unbewußten, verbindet, kann er diese Taten vollbringen. Der »Eisenhans« verwirklicht sich in ihm (= die Kräfte des Unbewußten verwirklichen sich in uns).

Zum Merkur gehört auch die spielerische Seite. Merkur ist ein Gaukler. Der Prinz schwindelt dem König und der Prinzessin vor, er habe einen grindigen Kopf. Das bewirkt, daß er in Ruhe gelassen wird. Der Prinz weiß, was jetzt dran ist und was nicht. Er weiß, daß man nicht alles zur gleichen Zeit sagen kann, daß eben die Zeit noch nicht gekommen ist, mit seinen goldenen Haaren hervorzutreten. Er will keine Show abziehen, sondern warten, bis die Zeit reif ist. Deshalb flunkert er. Im Mythos verspricht Merkur zwar dem Zeus, daß er nicht mehr lügen könne, aber er fügt sogleich hinzu, daß er nicht versprechen werde, immer die Wahrheit zu sagen. Und so treibt auch der Prinz im Geist des Merkur sein Versteckspiel, z.B. auch nach der Schlacht, als er wieder auf dem dreibeinigen Pferd zurückkehrt. Merkurhaft ist auch der spielerische Umgang mit dem Geld, das er den Kindern des Gärtners schenkt.

Wenn Jesus seine Jünger auffordert: »Seid klug wie die Schlangen und ohne Falsch wie die Tauben«[11], dann fordert er sie auf, den »Merkur« ernstzunehmen. Zum Christsein gehört auch die Schlangenklugheit! Bei Paulus wird diese Klugheit z.B. deutlich in einer Szene, die in der Apostelgeschichte überliefert ist. Paulus wird von den Pharisäern und Sadduzäern angeklagt. Infolge seiner Schlangenklugheit erreicht er, daß die Pharisäer mit den Sadduzäern streiten, statt sich gemeinsam gegen ihn zu wenden. Ja, er gewinnt sogar eine gewisse Sympathie bei den Pharisäern.[12] Das ist Schlangenklugheit.

Man muß nicht alles sagen, was man weiß, aber man wisse immer, was man sagt!

Der *Donnerstag* ist der Tag des Jupiter. Worin besteht der Jupiteraspekt des Eisenhans? Jupiter ist der Archetyp des Schenkens und der Fülle. »Jupiter« ist der väterliche Gott. So wie in jeder Frau eine urtümlich mütterliche Gestalt lebt, so lebt in jedem Mann eine urtümliche Vatergestalt, ein echter König und »Landesvater«, nach dem die Menschen Sehnsucht haben. Die Jupiterwelt begegnet uns in unserem Märchen in doppelter Weise: Der Prinz steht zwischen zwei Königen, zwischen zwei Vätern, nämlich zwischen seinem eigenen Vater, der als König in der bewußten Welt herrscht, in der Welt, die uns eingangs begegnet ist, und dem Eisenhans, der als König in der Welt des Unbewußten herrscht. Der Eisenhans ist der größere König, denn das Reich des Unbewußten ist viel größer als das Reich des Bewußtseins. Es geht nun darum, daß der Prinz beide Reiche übernimmt. Der Eisenhans gibt ihm seine Schätze, die Schätze des Unbewußten, und von seinem Vater erbt er die Schätze des Bewußtseins. Der Prinz weiß um seine Bestimmung. Das wird deutlich durch die goldenen Haare, die bei aller äußeren Kargheit und aller äußeren Verfremdung unverlierbar in seinem Kopf verwurzelt sind; d.h. ihm selber ist es ganz klar, was er eigentlich ist und wohin der Entwicklungstrieb ihn treibt.

Der *Freitag* ist der Tag der Venus. Venus ist der Archetyp der Liebenden. Dieser Archetyp begegnet uns in unserem Märchen dreimal. Zunächst als Flirt. Als einer, der im Garten hinter dem Schloß arbeitet, weiß der Prinz natürlich genau, wo das Schlafzimmer der Prinzessin ist. Und er weiß auch, wie er sich ihr bemerkbar machen kann. Er macht einen ersten Annäherungsversuch durch den alten Spiegeltrick, mit dem man mit gespiegelten Sonnenstrahlen in ein Fenster leuchten kann. Statt des Spiegels verwendet er seine goldenen Haare. Aber auch die Prinzessin weiß, wie sie Kontakt zum Gärtnerburschen herstellen kann, nämlich ihn in seinem Tätigkeitsbereich anzusprechen, dort, wo er zuständig ist. So wie Jesus den Fischer Petrus gebeten hat, Fische zu fangen,[13] so läßt die Prinzessin sich jetzt vom Gärtnerburschen Blumen bringen. Im Unterschied zum Gärtner weiß der Prinz auch, was für Blumen die Prinzessin will, nämlich *wilde* Blumen! Die wilden Blumen erinnern an den wilden Mann. Es sind die Blumen des wilden Mannes. Eine Frau will weder einen Macho noch einen Softy, sondern sie will einen »rechten« Mann, der auch mit dem wilden Mann Kontakt hat! Der wilde Mann hat auch zärtliche Seiten. Das wird deutlich an der Passage zu Beginn, wo er ein Moosbett für den Prinzen bereitet. Der wilde Mann im Pfuhl ist auch der zärtliche Mann. Beide Anlagen liegen in jedem Mann bereit und müssen entfaltet werden, wenn er zur Ganzheit heranreifen will.

Das zweite, was beim Liebenden sichtbar wird: Er hält sein Ziel unverrückbar fest: Er will die Prinzessin erobern. Die Prinzessin sagt nachher: »Der macht nicht viel Umstände«, d.h. der Prinz weiß genau, was er will, aber er weiß auch, was sie will! Sie ist es ja schließlich, die auf ihn zugeht und ihm einen Kuß gibt. Man muß nur wollen, was man will, dann bekommt man es auch! Wenn ein Mensch ständig hin- und herüberlegt: »Will ich das, oder will ich das nicht?«, dann bekommt er es auch nicht. Aber es gilt auch, und das ist das dritte: Wer sich für die Liebe entscheidet, entscheidet sich auch für den Schmerz. Als der Prinz die Liebesäpfel fängt, empfängt er auch die Wunde. Venus ist nicht nur die Liebende, sondern sie ist in der Mythologie auch die Klagende. Zur Venus gehört nicht nur der Liebesgürtel, durch den alle Götter und Menschen sich in sie verlieben, sondern sie ist auch die Klagende, die um ihren geliebten Adonis weint. Liebe und Schmerz gehören zusammen. Wer Liebe will ohne Schmerz, ist kein(e) Liebende(r), denn mit der Liebe ist der Schmerz unauflöslich verbunden. So sagt es auch Jesus: »Niemand hat größere Liebe als der, der sein Leben läßt für seine Freunde.«[14] Lieben heißt, dem andern Anteil an seinem Leben geben.

Der *Samstag* ist der Tag des Saturn. Er steht für die Seite in uns, die Grenzen setzt. Grenzen sind zugleich Möglichkeiten. Niemand hat grenzenlose Möglichkeiten, sondern wir alle haben die Gaben und Möglichkeiten, die uns entsprechen. Grenzen begegnen dem Prinzen schon im Wald. Er hat eine klar begrenzte Aufgabe, in die er sich fügt: Er sitzt still am Brunnen, obwohl er sicherlich lieber herumgesprungen wäre. Später nimmt der Prinz die Begrenzung in der Küche und im Garten auf sich, obwohl er immer um seinen Prinzenstatus weiß. Das weibliche Pendant dazu ist das Aschenbrödel, das auch immer wieder zurückkehrt zur Asche, obwohl sie die Chance hätte, sich dem Prinzen zu offenbaren. Es ist jedoch ganz wichtig, daß wir immer wieder unsere Grenzen erkennen. In diesen Grenzen liegen unsere Möglichkeiten. In einem bekannten Abendgebet heißt es: »Laß mich meine Grenzen sehen, Herr, der Grenzen setzt, und aus ihnen auferstehen, diese Stunde, jetzt.«[15] Weil der Prinz seine Grenzen kennt, kann er jeweils aus ihnen zu einer neuen Etappe auferstehen.

Alle sieben Phasen integrieren heißt ganz werden. Und das bedeutet wieder »Sonntag«. Den *Sonntag* gibt es ja in unserer Woche zweimal: als ersten und als achten Tag. Der Sonntag ist der Anfang und die Vollendung. Symbolisch hat die Sonne des Sonntags eine doppelte Bedeutung: Sie ist Zentrum unseres Bewußtseins (= unser ICH) und sie ist Zentrum unserer Gesamtpersönlichkeit (= unser SELBST). Indem unser ICH die verschiedenen Planeten-Aspekte integriert, wird es mehr und mehr identisch mit unserem wahren SELBST. Die Welt des Unbewußten mitsamt den Schätzen und Kräften des wilden Mannes wird allmählich dem Bewußtsein einverleibt und dadurch zu unserem Eigentum, über das wir verfügen können. Am Ende des Märchens, in der Hochzeitsszene, ist der Eisenhans erlöst. Alles, was »verwünscht« war, ist ans Tageslicht gekommen und im Prinzen integriert. Die ursprünglichen Gegensätze vereinigen sich zu einer neuen Ganzheit, deren Ausdruck die Hochzeit ist.

Es bleibt eine letzte Frage: Beim Wettkampf mit den Äpfeln kommt der Eisenhans auf drei unterschiedlichen Rossen – rot, weiß, schwarz – und in einer ebensolchen Rüstung. Diese Farbreihenfolge ist außerordentlich ungewöhnlich. Ich habe sie nirgends sonst gefunden. Die Farbfolge Schwarz-Weiß-Rot begegnet uns oft.[16] Auch wir sind ihr bereits bei der Betrachtung der Weihnachtstafeln des Isenheimer Altars und der Abfolge der drei Feste Karfreitag-Ostern-Pfingsten nachgegangen. Es sind, so sahen wir, die Entwicklungsphasen der Alchemie und der Psychologie: Aus dem schwarzen Urstoff des Unbewußten entsteht durch Reinigung, Läuterung und Bewußtmachung die weiße Zwischenstufe und schließlich die Integration der Kräfte des Unbewußten in der roten Endstufe. Die Farbfolge Weiß-Rot-Schwarz ist Symbol der alten drei Jahreszeiten und ihrer religiösen Bedeutung: Weiß ist der Frühling, Rot der Sommer und Schwarz der Winter. Das bedeutet: Auferstehung – Fülle des Lebens – Sterben. Aber die Reihenfolge Rot-Weiß-Schwarz ist mir sonst nicht bekannt.[17] Möglicherweise zeigt sie, daß das Märchen vom Eisenhans ein »Männer«-Märchen ist.[18]

Zunächst begegnet uns der *rote* Reiter in der roten Rüstung. Rot ist die Farbe des Mars, d.h. es ist der marshafte, emotionale Jüngling. Rechte junge Männer sind auch zornige Männer. Sie lassen ihre Wut heraus, und ihre Aggression wird sichtbar und hörbar. Sie machen Lärm und toben. Diese emotionalen Ausbrüche sind aber auch ein Zeichen der Unreife. Sie gehören zu einer Phase im Werden des Mannes, und es ist gut, wenn diese Phase recht durchlaufen wird. So beginnt auch Parzival seinen Weg als roter Ritter. Der rote Ritter ist grob, arrogant und ungeschliffen.

Bei vielen jungen Männern folgt auf die rote Oppositionsphase eine Entwicklung, die wir als *weiße* Phase bezeichnen können. Der Prinz kommt jetzt auf einem weißen Roß, in einer weißen Rüstung. Weiß bedeutet eine Entwicklung, in der nicht mehr die Opposition regiert, sondern der Kampf für das Gute. So wird der Heilige Georg manchmal in einer weißen Rüstung auf einem weißen Pferd dargestellt. Er ist der Kämpfer für das Gute, der den »bösen« Drachen besiegt.

Wenn ein Mann schließlich weder seine *rote* Marsseite einseitig und unkontrolliert auslebt noch sie verdrängt und den edlen Menschen im *weißen* Tugendgewand spielt, sondern das Dunkel in sich selber erkennt als das, was es ist, nämlich als den unerlösten Teil seiner Psyche, und wenn er diesen *schwarzen* Aspekt als zu sich gehörig akzeptiert, dann bedeutet dies Verwundung und Schmerz (besonders, wenn uns die Wunden – wie im Märchen – von Freunden zugefügt werden!). Es ist der schwarze Ritter, der verwundet wird und diese Verwundung auch als zu ihm gehörig einsteckt. Sie wird sein Erkennungszeichen. Aber es ist auch der schwarze Ritter, der seinen Kopfschutz verliert und bei dem die goldenen Haare sichtbar werden, wodurch der Erlösungsprozeß eingeleitet und vollendet wird.

Der »wilde Mann« harrt also der Erlösung. Wir erinnern uns an die Worte des Johannes, dessen Fest uns beschäftigt: »Ich muß abnehmen – er (= Christus) muß wachsen.«

Überwindung der Angst
Überlegungen zum Michaelstag
(29. September)

Es war während eines Ausbildungskurses in Bioenergetik. Wir hatten kleine Gruppen von je fünf bis sieben Kursteilnehmern gebildet, in denen wir einander unsere Erfahrungen mit Ängsten mitteilen sollten. In der Gruppe, der ich zugeteilt war, sagte ein Mann gleich zu Beginn des Gespräches, er könne zum Thema Angst nichts beitragen, denn er habe keine Angst. Daraufhin stand eine Studentin spontan auf und verließ die Gruppe mit den Worten: »Mit einem, der keine Angst hat, möchte ich nicht in einer Gruppe sein.« Dieses kleine Erlebnis liegt schon viele Jahre zurück und doch kommt es mir immer wieder in den Sinn und erinnert mich daran, daß Angst und Ängste zu unserem Leben gehören. So wie es Jesus einmal ausgedrückt hat: »In der Welt habt Ihr Angst.«[19] Angst gehört also zu unserem Leben. Wer keine Angst hat, dem fehlt offensichtlich etwas. Das wird auch deutlich in den zahlreichen Märchen, in denen von angstlosen Märchenhelden die Rede ist, die sich aufmachen, um das Fürchten zu lernen. In der Grimmschen Märchensammlung steht dafür besonders das *Märchen von einem, der auszog, das Fürchten zu lernen«*[20]: Der angstlose Bursche erlebt die schauerlichsten und schrecklichsten Situationen, mit Gespenstern, Leichen und gewalttätigen Menschen, aber er lernt das »Gruseln« nicht, das heißt, er lernt es nicht, sich zu fürchten und Angst zu haben, bis schließlich seine Frau in der Nacht einen Eimer kaltes Wasser über ihn gießt, in dem lauter kleine Fische, »Gründlinge«, zappeln. Dieses Märchen macht deutlich: Die Angst entsteht durch den Gegenpol. Dem gar zu männlichen Burschen begegnet der weibliche Gegenpol in Gestalt der Frau und dem gar zu sehr im Bewußtsein Lebenden das Unbewußte in Gestalt des Wassers und Inhalte des Unbewußten in Gestalt der Gründlinge, das heißt in Gestalt dessen, was sich im Grunde seiner Seele tummelt.

Eine ähnliche Erfahrung schildert das isländische Märchen *Von dem Burschen, der sich vor nichts fürchtete*.[21] Die Familie dieses Burschen ist sehr bekümmert, daß er niemals Angst hat, daß es gibt nichts, was ihn »bange« macht. Ähnlich wie im Grimmschen Märchen können weder Begegnungen mit Gespenstern und Leichen (über die er stolpert!) noch sonstige Gefahren ihn ängstigen. Eines Tages entdeckt er jedoch eine Salbe, mit der man abgeschlagene Köpfe wieder am Körper anwachsen lassen kann. Zusammen mit zwölf Höhlenbewohnern spielt er daraufhin das Spiel des Kopfabschlagens. Die dreizehn schlagen einander die Köpfe ab und lassen sie sodann mit Hilfe der Zaubersalbe wieder anwachsen. Das Märchen schildert wörtlich: »Einmal nun hatten sie auch dem Burschen den Kopf abgehauen und ihn dann verkehrt mit dem Gesicht nach dem Rücken und dem Hinterkopf nach vorn wieder aufgesetzt. Wie nun der Bursche sein Hinterteil sah, da wurde er plötzlich wie wahnsinnig vor Grauen und bat sie, um alles in der Welt ihn von dieser Qual wieder zu erlösen. Da liefen die Höhlenmänner sofort wieder herbei, hieben ihm den Kopf von neuem ab und setzten ihn wieder richtig auf.«

Indem der Bursche seinen Rücken und seinen Hintern sieht, sieht er die Kehrseite seines Lebens, das was bisher verdrängt und unbewußt war. Dem tollkühnen Burschen wird plötzlich angst und bange, und er, der bisher als der Starke den andern geholfen hat, muß jetzt als der Schwache um Hilfe bitten.

Angstauslösend ist somit auch in diesem Märchen die Begegnung mit dem unbewußten, bisher unbekannten Gegenpol.

Angstlose Menschen sind oft Menschen mit einem positiven Mutterkomplex. Für sie ist die Welt wie eine gute, allesgewährende Mutter. Solche Menschen haben den dunklen Aspekt der großen Mutter, nämlich die verschlingende und verstoßende Todesmutter, und damit die Angst, verdrängt. Sie leben einseitig und unrealistisch und es ist deshalb für solche Menschen notwendig, daß sie die Angst kennenlernen. Die Angst hat nämlich in unserem Leben eine wichtige Funktion. Sie bewahrt uns vor Tollkühnheit und setzt unserem Leben das notwendige Maß. Wenn wir zum Beispiel als ungeübte Bergsteiger Angst haben, eine schwierige Felswand zu besteigen, dann bewahrt uns diese Angst vor dem Absturz. Es ist eine berechtigte und bewahrende Angst. Oder wenn wir Angst haben, ein radioaktiv verseuchtes Gelände zu betreten, dann ist das ebenfalls eine bewahrende Angst.

Es gibt jedoch auch negative Auswirkungen der Angst: Zum Beispiel, wenn die Angst in Feigheit ausartet. Das heißt, wenn wir uns auch dann hinter der Angst verschanzen, wenn tapferes Handeln notwendig wäre.

Angst hat jedoch nicht nur eine wichtige Funktion im persönlichen Leben, sondern auch im Leben der Menschheit. So ist z.B. die Angst vor dem Ozonloch oder vor der Überbevölkerung der Erde oder vor den Gefahren der Kernspaltung Ursache dafür, daß entsprechende Gegenmaßnahmen gesucht und entwickelt werden. Eine negative Auswirkung gibt es aber auch hier. Wenn z.B. die Angst vor der atomaren Bedrohung ein atomares Wettrüsten zur Folge hat, dann wird durch die Angst vor der Angst die Angst noch vergrößert.

Wo liegen die Wurzeln der Angst?

Seit alters wird menschliches Leben mit den Grundelementen der Schöpfung in Verbindung gebracht, mit Erde, Feuer, Wasser, Luft. Wir können nun auf die Erkenntnisse zu den vier Wochen des Advent zurückgreifen. Indem jeder Mensch in einem bestimmten Tierkreiszeichen geboren ist, ist er auch einem dieser vier Elemente zugeordnet:

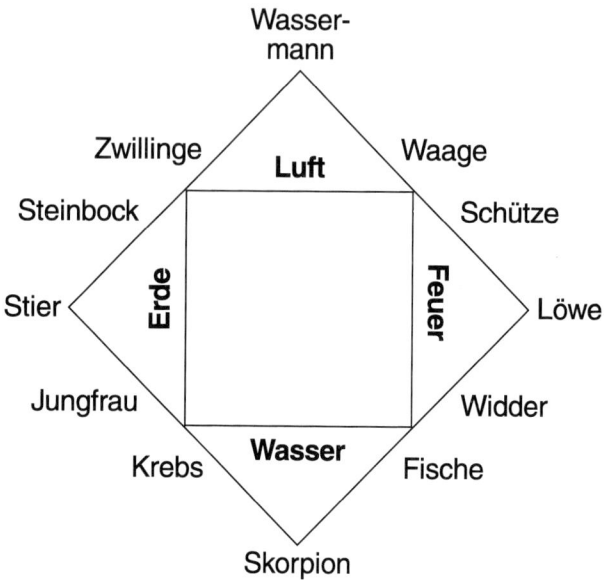

Die Qualitäten der vier Elemente könnte man folgendermaßen beschreiben:

Die Erde gilt als das Feste, als das, was Bestand hat, als das *Konservative.*

Das Feuer dagegen gilt als das Flüchtige und Vergehende, als das *Progressive.*

Das Wasser gilt als das, was die *Tiefe* sucht und zusammenfließt.

Die Luft dagegen als das, was die *Höhe* sucht und auseinanderstrebt.

Nun ist aber der einzelne Mensch keineswegs an sein Element gebunden. Im Gegenteil: Jeder Mensch hat die Aufgabe, sich mit den anderen Elementen vertraut zu machen und dadurch zu einem ganzheitlichen Menschen heranzureifen. Wenn zum Beispiel ein Erdmensch das »Wasser« integriert, dann wird die Erde weich und fruchtbar. Oder umgekehrt, wenn der Wassermensch »Erde« integriert, dann ist das Wasser nicht mehr gar so fließend, sondern es gewinnt an Festigkeit. Ähnlich ist es auch, wenn Wasser und Feuer zusammenkommen. Wasser dämpft das Feuer, andererseits wird Wasser durch Feuer belebt (es beginnt zu kochen und zu dampfen). Wenn Feuer und Luft zusammenkommen, dann verzehrt das Feuer die Luft, andererseits belebt die Luft das Feuer. Die Reihenfolge der Elementzuordnung wirkt von unten nach oben (Schema A) dämpfend und von oben nach unten (Schema B) belebend.

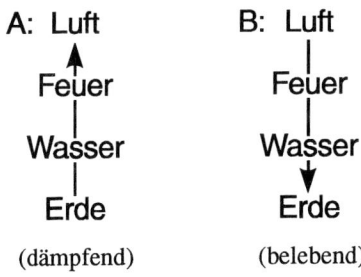

Nun hat aber jedes Element auch einen gefährlichen Aspekt, der uns Angst einflößen kann. Das gilt schon rein äußerlich: Die Erde kann beben, aufreißen und Menschen unter sich begraben. In der Bibel wird das zum Beispiel deutlich an der Rotte Korah, die von der Erde verschlungen wird.[22] Auch die zahlreichen heutigen Erdbeben zeigen, wie erschreckend ein solches Ereignis sein kann. Das Wasser kann die Erde überfluten und Menschen den Tod bringen. In der Bibel wird das drastisch ausgedrückt durch die Erzählung von der Sintflut.[23] Auch heutige Überschwemmungen und Schiffskatastrophen zeigen das verheerende Ausmaß solcher Fluten. Das *Feuer* kann unheimlich wüten. Die Bibel sagt, daß sogar die ganze Erde einmal vom Feuer vernichtet werden wird.[24] Auch heute machen uns riesige Waldbrände oder sonstige Feuersbrünste auf die Gewalt des Feuers aufmerksam. Die Bedrohlichkeit der *Luft* wird deutlich in gewaltigen Wirbelstürmen, von denen auch in der Bibel die Rede ist. Auch heutige Wirbelstürme richten oft große Verheerungen an.

Nun sind aber die vier Elemente auch innerseelische Bilder, die auf Gefahren hinweisen.

Die »Erde« birgt die Gefahr der Erstarrung und Verhärtung des Lebens, die Gefahr der »Vererdung«. Wer zu sehr im Materiellen, in der Diesseitigkeit lebt, der steht in der Gefahr der Vererdung. Das bewirkt Angst. Die Angst vor der Vererdung findet ihren letzten Ausdruck als Angst vor dem Tod, wo wir alle buchstäblich wieder zu Erde werden.

Das »Wasser« birgt die Gefahr des Überschwemmtwerdens von den Gefühlen, besonders auch vor dem Vereinnahmt-werden durch andere, die uns mit ihren Gefühlen über-schwemmen. Es sind vor allem Menschen mit einem Helfer-Syndrom, die andere »zum Fressen gern« haben. Das bewirkt Angst vor der Vereinnahmung und vor dem Verschlungen-werden.

Das »Feuer« birgt die Gefahr der Auflösung und der Vernicht-ung. Die Angst, daß es gar nichts mehr Festes gibt, nichts mehr, was Bestand hat.

Die »Luft« birgt die Gefahr des Abhebens, der Vereinsamung. Und damit die Angst, daß wir isoliert werden und keinen Kontakt mehr zu anderen Menschen haben, daß wir völlig allein gelassen werden im grenzenlosen Raum.[25]

Wie können wir mit der Angst umgehen?

Wie können wir die Angst bewältigen? Fritz Riemann zeigt in seinem Buch *Grundformen der Angst* die Gefahren neuro-tischer Angstbewältigung.[26] Es geht dabei um einen Umgang mit der Angst, der sich in Richtung der Neurose entwickeln kann.

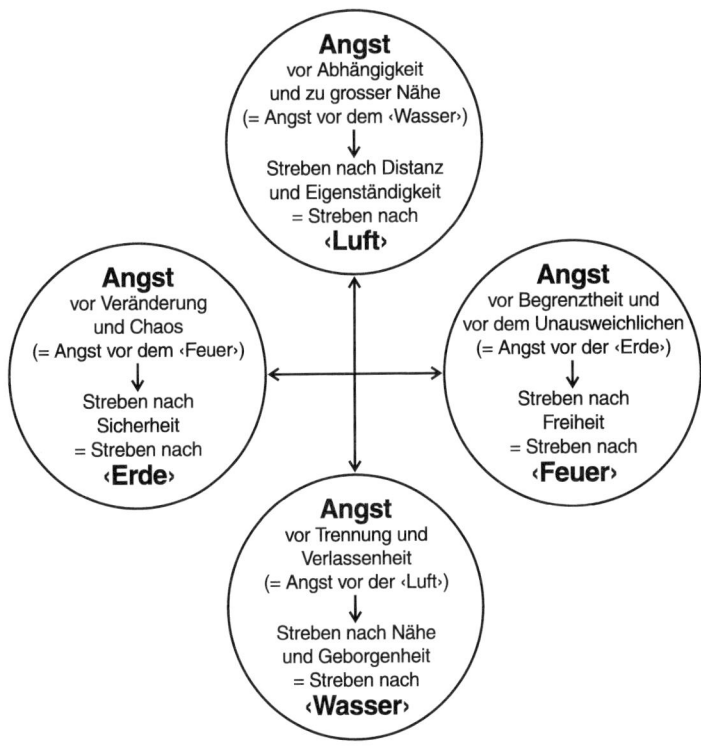

1. Die Angst vor der Auflösung

Da ist zunächst die Angst vor der Auflösung, vor der Veränderung, vor dem Chaos, vor dem Kontrollverlust (Angst vor dem »Feuer«). Sie bewirkt Streben nach Sicherheit. Dieses Streben kann in Zwanghaftigkeit ausarten und zur Zwangsneurose führen. Wenn einer zwei- oder dreimal nachschaut, ob der Gashahn abgedreht und die Haustür verschlossen ist, dann ist das noch einigermaßen normal. Wenn aber jemand fünf- oder sechsmal kontrollieren muß, dann steht ein solches Verhalten schon unter dem Verdacht einer Zwangsneurose. In religiöser Hinsicht versucht sich der Zwangsneurotiker, Sicherheit durch das Gesetz zu verschaffen. Das Gesetz dominiert über die eigenen Wünsche. Der Zwangsneurotiker darf nichts wünschen, er darf nicht nach dem Lustprinzip leben, sondern der Buchstabe des Gesetzes beherrscht ihn, weil er hier allein Sicherheit zu finden meint. Er muß so perfekt wie möglich sein. Zwangsneurotiker sind »Ja, aber«-Menschen. Man kann Möglichkeiten aufzeigen so viel man will, immer wird er antworten: »ja, aber…«, und mit diesem »aber« werden alle Möglichkeiten totgeschlagen. Zwangsneurotiker »verneinen die Bejahung«. Dahinter steckt die Angst vor dem Feuer, das heißt Angst vor der Veränderung, vor dem Chaos, vor dem Kontrollverlust.

2. Die Angst vor der Begrenztheit

Der Gegenpol ist die Angst vor der Begrenztheit, vor dem Unausweichlichen, vor dem Endgültigen (= Angst vor der »Erde«). Diese Angst bewirkt Streben nach Freiheit, das in Hysterie ausarten kann. Hysterie ist der Gegenpol zur Zwangsneurose, der Hysteriker will jeder Pflicht, jedem Gesetz, jeder Notwendigkeit ausweichen. Für ihn ist es wichtig, daß noch nichts entschieden ist, daß noch alles offen ist. Der Hysteriker braucht immer Hintertüren. Das Leben ist für den Hysteriker ein großes Theater. Alles was der Hysteriker unternimmt, ist auf Beifall ausgerichtet. Er sucht zwar ständig Liebe, aber er kann keine Bindungen eingehen, denn die würden ihn ja festlegen. Hinter der Hysterie steckt die Angst vor der Begrenztheit, vor der »Erde«.

3. Angst vor der Trennung

Eine weitere Angst ist die Angst vor der Trennung, vor dem Verlust, vor der Verlassenheit (= Angst vor der »Luft«). Sie bewirkt als Gegenpol das Streben nach Nähe und Geborgenheit. Das kann zu einer depressiven Lebenshaltung führen, zu einer ständigen Suche nach Nähe, und damit verbunden zu einer grenzenlosen Bereitschaft, für andere dazusein. Verbunden mit diesem Verantwortungsgefühl sind häufig Schuldgefühle, die darin bestehen, daß man Angst hat, dem anderen lästig zu sein. Hinter dieser Angst steht jedoch letztlich der Wunsch, selber seine Last abladen zu können. Aber da man dadurch dem anderen lästig wäre, entstehen Schuldgefühle, die dann wieder mit noch größeren Bemühungen um den anderen kompensiert werden. Der Depressive fühlt sich schuldig, weil er überhaupt da ist. Er versucht sich deshalb, nicht nur nützlich, sondern übernützlich zu machen. Solche Menschen haben häufig ein Helfersyndrom. Sie lesen anderen Menschen Wünsche von den Augen ab, die sie gar nicht haben. Depressive können nicht nein sagen, sie lassen sich deshalb häufig ausnützen. Dahinter steckt die Angst vor der Verlassenheit (die Angst vor der »Luft«).

4. Die Angst vor der Abhängigkeit

Der Gegentyp des depressiven Menschen ist der schizoide Mensch, der Angst hat vor Selbsthingabe und Abhängigkeit. Er hat Angst vor zu großer Nähe (vor dem »Wasser«, das immer zusammenfließt). Er sucht deshalb die Luft. Diese Angst bewirkt Streben nach Distanz und Eigenständigkeit, die zur Schizoidie führen kann. Im Gegensatz zum Depressiven flieht der Schizoide nicht zum anderen hin, sondern von ihm weg. Seine übergroße affektive Distanz wird oft als Gefühlskälte erlebt. Der Schizoide wirkt im Gespräch unverbunden und abwesend. Er kann über schmerzhafte Erlebnisse im eigenen oder anderen Leben ohne innere Bewegung reden. Er empfindet nichts. Er lebt in einer versteinerten Welt. Schizoide können einen gewissen vordergründigen Charme entwickeln und gute Unterhalter sein, aber ohne echten Kontakt mit den Anwesenden. Schizoide suchen auch nicht den Applaus wie die Hysteriker, sondern sie stehen dem Beifall mißtrauisch und distanziert gegenüber. Der Beifall könnte ja Erwartungen der Nähe bedeuten. Die Angst des Schizoiden ist die Angst vor der Nähe , vor dem »Wasser«, er flüchtet deshalb in die »Luft«.

Überwindung der Angst

Die vierfachen Abwehrbemühungen sind zwar sehr häufige, aber recht fragwürdige Versuche der Angstbewältigung. Wie geschieht nun rechte Überwindung der Angst? Wie kommt es zu einer echten Angst-Bewältigung?

1. Es geht zunächst darum, daß wir die Angst zulassen, daß wir nicht versuchen, sie abzuwehren oder zu verdrängen, denn Angst hat eine Funktion und sie darf nicht überspielt werden.

2. Wenn uns Angst überfällt in einer Situation, in der wir keine Zeit haben, über die Angst nachzudenken (z.B. beim Autofahren oder während einer Arbeit, die unsere ganze Konzentration beansprucht oder auch während der Meditation), dann kann es hilfreich sein, Gegenworte zu formulieren wie z.B.: »Und ob ich schon wanderte im finstern Tal fürcht' ich kein Unglück, du bist bei mir.«[27]
Oder: »Wenn du durchs Wasser gehst, sollen dich die Fluten nicht ersäufen, wenn du durchs Feuer gehst, soll dich das Feuer nicht verbrennen.«[28]
Oder: »In der Welt habt ihr Angst, aber seid getrost, ich habe die Welt überwunden.«[29]
Mir hat immer wieder der Satz aus dem liturgischen Nachtgebet geholfen: »In deine Hände, ewiger Gott, befehle ich meinen Geist.«[30]

3. Wenn wir dann etwas mehr Zeit haben, können wir die Angst fragen, was sie uns zu sagen hat.
Im Grimmschen Märchen *Die drei Sprachen*[31] wird folgendes erzählt:

In der Schweiz lebte einmal ein alter Graf, der hatte nur einen einzigen Sohn, aber er war dumm und konnte nichts lernen. Da sprach der Vater: »Höre mein Sohn, ich bringe nichts in deinen Kopf, ich mag es anfangen, wie ich will. Du mußt fort von hier, ich will dich einem berühmten Meister übergeben, der soll es mit dir versuchen.« Der Junge ward in eine fremde Stadt geschickt und blieb bei dem Meister ein ganzes Jahr. Nach Verlauf dieses Jahres kam er wieder heim, und der Vater fragte: »Nun, mein Sohn, was hast du gelernt?« – »Vater, ich habe gelernt, was die Hunde bellen«, antwortete er. »Daß Gott erbarm«, rief der Vater aus, »ist das alles, was du gelernt hast? Ich will dich in eine andere Stadt zu einem anderen Meister tun.« Der Junge ward hingebracht und blieb bei diesem Meister auch ein Jahr. Als er zurückkam, fragte der Vater wiederum: »Mein Sohn, was hast du gelernt?« Er antwortete: »Vater, ich habe gelernt, was die Vögli sprechen.« Da geriet der Vater in Zorn und sprach: »O, du verlorener Mensch, hast die kostbare Zeit hingebracht und nichts gelernt und schämst dich nicht mir unter die Augen zu treten? Ich will dich zu einem dritten Meister schicken, aber lernst du auch diesmal nichts, so will ich dein Vater nicht mehr sein.« Der Sohn blieb bei dem dritten Meister ebenfalls ein ganzes Jahr, und als er wieder nach Hause kam, und der Vater fragte: »Mein Sohn, was hast du gelernt?« so antwortete er: »Lieber Vater, ich habe dieses Jahr gelernt, was die Frösche quaken.« Da geriet der Vater in den höchsten Zorn, sprang auf, rief seine Leute herbei und sprach: »Dieser Mensch ist mein Sohn nicht mehr, ich stoße ihn aus und gebiete euch, daß ihr ihn hinaus in den Wald führt und ihm das Leben nehmt.« Sie führten ihn hinaus, aber als sie ihn töten sollten, konnten sie es nicht vor Mitleiden und ließen ihn gehen. Sie schnitten einem Reh Augen und Zunge aus, damit sie dem Alten die Wahrzeichen bringen konnten.

Der Jüngling wanderte fort und kam nach einiger Zeit zu einer Burg, wo er um Nachtherberge bat. »Ja«, sagte der Burgherr, »wenn du da unten in dem alten Turm übernachten willst, so gehe hin, aber ich warne dich, es ist lebensgefährlich; denn er ist voll wilder Hunde, die bellen und heulen in einem fort, und zu gewissen Stunden müssen sie einen Menschen ausgeliefert haben, den sie auch gleich verzehren.« Die ganze Gegend war darüber in Trauer und Leid. Doch niemand konnte helfen.

Der Jüngling aber war ohne Furcht und sprach: »Laßt mich nur hinab zu den bellenden Hunden und gebt mir etwas, das ich ihnen vorwerfen kann; mir sollen sie nichts tun.« Weil er nun selber nicht anders wollte, so gaben sie ihm etwas Essen für die wilden Tiere und brachten ihn hinab zu dem Turm. Als er hineintrat, bellten ihn die Hunde nicht an, wedelten mit den Schwänzen ganz freundlich um ihn herum, fraßen, was er ihnen hinsetzte, und krümmten ihm kein Härchen. Am andern Morgen kam er zu jedermanns Erstaunen gesund und unversehrt wieder zum Vorschein und sagte zu dem Burgherrn: »Die Hunde haben mir in ihrer Sprache offenbart, warum sie da hausen und dem Lande Schaden bringen. Sie sind verwünscht und müssen einen großen Schatz hüten, der unten im Turme liegt, und kommen nicht eher zur Ruhe, als bis er gehoben ist, und wie dies geschehen muß, das habe ich ebenfalls aus ihren Reden vernommen.« Da freuten sich alle, die das hörten, und der Burgherr sagte, er wolle ihn an Sohnes Statt annehmen, wenn er es glücklich vollbrächte. Er stieg wieder hinab, und weil er wußte, was er zu tun hatte, so vollführte er es und brachte eine mit Gold gefüllte Truhe herauf. Das Geheul der wilden Hunde ward von nun an nicht mehr gehört; sie waren verschwunden, und das Land war von der Plage befreit...

Das Märchen geht noch weiter, aber für uns sind hier nur die bellenden Hunde wichtig. Die bellenden Hunde (= das, was uns Angst macht) weisen auf einen Schatz hin, der in unsere Seele verborgen ist und bisher noch nicht gehoben wurde. Die Hunde bellen so lange, bis wir uns daranmachen, auch diesen verborgenen Schatz in der Tiefe unserer Seele zu heben.

4. Es gilt nun, das, was uns Angst macht, in unser Leben zu integrieren.
So sagen die Hunde dem *Zwanghaften:* Du hast Angst vor der Freiheit. Aber gerade die Freiheit ist der Schatz, den es zu heben gilt. Wenn du es wagst, dich auf die spielerische Seite des Lebens einzulassen, ohne den Ordnungspol aufzugeben, dann wird dein Leben reicher und schöner.

Dem *Hysterischen* sagen die Hunde: Du hast Angst vor der Begrenztheit. Aber gerade das Annehmen der Begrenztheit ist der Schatz, den es zu heben gilt. Wenn du es wagst, neben dem Spiel auch die Notwendigkeiten des Lebens anzuerkennen – ohne das Spiel aufzugeben –, dann wird dein Leben reicher und schöner.

Dem *Depressiven* sagen die Hunde: Du hast Angst vor der Einsamkeit. Aber gerade die Einsamkeit ist der Schatz, den es zu heben gilt. Wenn du es wagst, ein wenig Distanz zuzulassen – ohne die Wärme aufzugeben –, dann wird dein Leben reicher und schöner.

Dem *Schizoiden* sagen die Hunde: Du hast Angst vor der Nähe. Aber gerade die Nähe ist der Schatz, den es zu heben gilt. Wenn du es wagst, ein wenig Nähe zuzulassen – ohne die Distanz aufzugeben –, dann wird dein Leben reicher und schöner.

Indem die Pole zusammengebracht werden, entsteht aus zwei Extremen ein Mittelwert, aus zwei Untugenden wird eine Tugend. So ist z.B. Feigheit Abwehr der Tollkühnheit und Tollkühnheit Abwehr der Feigheit. Wenn beide zusammengebracht werden, dann entsteht die Tapferkeit, die um die Angst weiß, aber trotzdem mutig handelt, wenn es notwendig ist, ohne die Angst zu verdrängen:

Oder: Geiz ist Abwehr der Verschwendung und Verschwendung Abwehr des Geizes. Wenn die beiden zusammengebracht werden, dann entsteht der rechte Umgang mit Geld. D.h. ich kann großzügig sein dort, wo es angebracht ist, ich kann aber auch auf der anderen Seite mein Geld zusammenhalten:

227

So ist auch die Gefühlskälte Abwehr der inneren Gefühlshitze, und übermäßige Gefühlswärme ist eine Abwehr der Gefühlskälte. Wenn beide zusammengebracht werden, entsteht ein rechtes Verhältnis zwischen Nähe und Distanz – was für mitmenschliche Begegnung außerordentlich wichtig ist:

Der Gesetzliche wehrt seine innere Gesetzlosigkeit und der Gesetzlose seine innere Gesetzlichkeit ab. Wenn beide zusammengebracht werden, dann ist dies der »schmale Weg«[32], von dem Jesus redet, der zwischen Gesetzlosigkeit und Gesetzlichkeit hindurchführt:

Gesetzlichkeit ——————— Gesetzlosigkeit
der ›schmale Weg‹

Jesus selber ist diesen Weg gegangen und hat ihn uns vor Augen gemalt, z.B. indem er gesagt hat: »Der Sabbat ist um des Menschen willen gemacht und nicht der Mensch um des Sabbats willen.« (Markus 2,27) Vielleicht fragen wir jetzt: Wozu überhaupt noch Gebote?

Gebote sind nützlich und gut, »soweit sie der Erhaltung und Entfaltung des Lebens dienen«. Wenn sie jedoch lebensfeindlich werden, dann werden sie schädlich. Ein durchgezogener Strich auf der Straße hat eine wichtige Funktion. Er hilft, Leben zu erhalten. Wer ihn überfährt, der »sündigt«. Wenn mir aber ein Kind in die Fahrbahn läuft, dann muß ich den durchgezogenen Strich überfahren. Ich »sündige«, wenn ich statt des Striches das Kind überfahre. Verkehrsregeln sind dazu da, Leben zu erhalten, und nicht, Leben zu zerstören. Wo uns Gebote wichtiger sind als das Leben und wo wir um eines Gebotes willen Leben zerstören, »sündigen« wir.

Michael, der Helfer

Nun könnte jemand einwenden: Das ist alles schön und gut, aber ich schaffe es nicht. In mir ist nicht die Kraft, so mit der Angst umzugehen. Dieser Einwand ist berechtigt: Allein schaffen wir es nicht. Aber: Wir sind auch nicht allein. In jedem von uns lebt eine archetypische Gestalt, die zuständig ist für die Überwindung der Angst. Natürlich ist es letztlich Christus, der die Angst besiegt und überwindet, aber ein König schlägt ja auch nicht seine Schlachten allein, sondern er hat dazu seine Feldherren. Der Archetyp, der speziell mit der Überwindung der Angst beauftragt ist, trägt in unserem Kulturkreis den Namen *Michael*. Der Erzengel Michael ist die angstüberwindende Seite des Christus. Der Erzengel Michael ist es, der den Chaosdrachen besiegt.[33] Die Legenden, die mit Michael verbunden sind, sind (wie alle Mythen!) Beschreibungen von *inneren* Erfahrungen, die äußerlich dargestellt werden. (Dabei kann es durchaus sein, daß die innere Erfahrung so stark ist, daß sie sich tatsächlich in einem äußeren Ereignis manifestiert!)

Das SELBST (= der Christus in uns) offenbart sich in verschieden Archetypen. So hat z.B. im Märchen *Die Bienenkönigin* die Ameise die Aufgabe, Perlen zu suchen. Die Ente holt einen Schlüssel aus der Tiefe des Wassers und für den Honig, der im Mund einer Prinzessin verborgen ist, sind die Bienen zuständig.[34] So hat jeder seine Spezialaufgabe.

Auch »Christus« begegnet uns in vielfältigen Funktionen, z.B. als König, als Priester und als Prophet.[35] Oder als Apostel, Prophet, Evangelist, Hirte und Lehrer.[36] Alle diese Funktionen sind Ausformungen des einen Christus in verschiedene Gestalten. Das gilt auch von den Engeln: Sie sind »dienstbare Geister« (Hebräer 1,14) und haben unterschiedliche Aufgaben.

Alle diese Archetypen – einschließlich der Engel – sind Erscheinungsformen unseres wahren Selbst, d.h. des Christus in uns, der die angstmachenden kosmischen Kräfte überwunden hat. Dadurch, daß Christus den Kosmos überwunden hat, ist er selbst zum kosmischen Christus geworden, der über allen kosmischen Kräften steht.[37] Symbol des die kosmischen Kräfte überwindenden Christus ist Michael.

Michael bekämpft zunächst die Angst vor der »Vererdung«. Die Angst vor der Vererdung – so sagen wir – ist letztlich die Angst vor dem Tod. Michael ist deshalb der Totenbegleiter, der die Toten sicher ins ewige Leben bringt, so daß sie nicht vom Jenseitsdrachen verschlungen werden.

Michael überwindet aber auch die Angst vor der Krankheit, die ja eine Vorform des Todes sein kann. Angst vor der Krankheit wird oft auch als Angst vor den todbringenden oder verschlingenden Wasserfluten zum Ausdruck gebracht.

Eine Seite des Erzengels Michael, die lange Zeit vergessen war und heute wieder neu entdeckt wird, ist seine Funktion als Heiler. Interessanterweise liegen viele Heiligtümer, die Michael, dem Heiler, gewidmet sind, am Wasser. Michael hilft gegen die bedrohliche Seite des Wassers, z.B. gegen Überschwemmungen.

Legenden von Michael sind Verdichtungen innerseelischer Erfahrungen. Das älteste Michaelsheiligtum ist in Phrygien. Es stammt nachweislich aus dem 4. Jh., wahrscheinlich ist es älter. Alfons Rosenberg schreibt hierzu:

»Das älteste der Michaelsheiligtümer, ja geradezu das Mutterheiligtum des Michaelskultes, ist jenes von Chonae im kleinasiatischen Phrygien, wo in heidnischer Zeit eine Kluft einer chthonischen Gottheit geweiht war. Ein Bericht des Bischofs Sisinnius von Konstantinopel führt ihre Umwandlung in ein christliches Heiligtum bereits auf die Missionstätigkeit der Apostel Johannes und Philippus in Kleinasien zurück. Jedenfalls stand im 4. Jahrhundert in dieser klüfte- und wasserreichen Gegend ein gewisser Archippus als Priester einem kleinen Michaelsheiligtum vor, in dem sich schon früher viele Wunder und Bekehrungen ereignet hatten. Dies war den (großenteils noch heidnischen) Umwohnern ein Greuel, und so unternahmen sie es, zwei kleine Flüsse zu vereinen und auf der Berghöhe zu stauen. Die Wassermassen sollten, losgelassen, auf die Michaelsstätte herabbrausen und das Heiligtum (und mit ihm die Ausstrahlung Michaels) vernichten. Betend erwartete Archippus das drohende Unheil. Im letzten Augenblick vor der Katastrophe ereignete sich jedoch eine blitzartige Erscheinung Michaels, der mit seinem Stabe ein Loch in den Felsen stieß, darin die entfesselten Wassermassen versanken, um, am Fuße des Berges gebändigt, als Heilquell wieder hervorzutreten.«[38]

Dieses Ereignis hat die Ostkirche stark beeindruckt und in vielen Darstellungen ist diese Situation abgebildet worden.

Bedrohliches Wasser wird in Heilwasser verwandelt (und zwar mit Hilfe der Erde!).

Auch gegen die Auflösung, gegen das Feuer steht Michael als Symbolgestalt. Er bekämpft den feuerspeienden Drachen.

Michael kämpft auch gegen den »Fürsten, der in der Luft herrscht«.[39] Michael ist also der Überwinder der Angst in ihrer vierfachen Bedrohung durch Erde, Wasser, Feuer, Luft.

Michael gab es in allen Völkern und Kulturen, wenn auch unter anderen Namen: In Indien hieß er Indra. Indra ist der Besieger des Flutdrachens. In Babylon war es Marduk, der gegen den Chaosdrachen kämpfte. In Griechenland besiegte Apoll den Erddrachen (die »Python-Schlange«).

Michael ist eine innerseelische Realität. Der angstbekämpfende Archetyp ist eben eine Seite unseres wahren Selbst.

Zusammenfassend können wir sagen:

Angst gehört zum menschlichen Leben. Sie verleiht dem Leben das rechte Maß und bewahrt vor Hochmut und Absturz.

Die Wurzeln der Angst liegen häufig im nicht gelebten Gegenpol zu unserer bewußten Einstellung – aber auch in Bedrohungen, die von außerhalb kommen.[40]

Beim Umgang mit der Angst gilt es darauf zu achten, daß Polarisierungen vermieden werden. Polarisierungen können eine neurotische Verbarrikadierung der eigenen Position darstellen oder eine Flucht in den Gegenpol (wie das z.B. in der manisch-depressiven Psychose der Fall ist, in der der Kranke von der einen Psychoseform in die andere flieht). Solche Einseitigkeiten sind keine Lösung. Es geht vielmehr darum, daß die beiden Pole zusammengebracht werden, damit aus der Polarisierung eine dynamische Polarität entsteht.

Daß wir in diesem Bemühen nicht allein gelassen sind, macht die Gestalt des Erzengels Michael deutlich, der als angstbekämpfender Archetyp eine Erscheinungsform unseres wahren Selbst und damit des Christus in uns ist, des Christus, der gesagt hat: »In der Welt habt ihr Angst, aber seid getrost, ich habe die Welt überwunden.«[41]

Die Edelsteine der Himmelsstadt
Gedanken zum Ewigkeitssonntag

Der Ewigkeitssonntag lenkt unseren Blick auf die Ewigkeit –
insbesondere auf die himmlische Stadt, auf das neue Jerusalem.
Die Grundsteine der Himmelsstadt bestehen aus zwölf Edelsteinen, auf denen die Namen der zwölf Apostel Jesu geschrieben sind. Wir lesen in der Johannes-Offenbarung:

*Die Mauer der Stadt hatte zwölf Grundsteine, und auf ihnen
standen die Namen der zwölf Apostel des Lammes...*
*Die Grundsteine der Mauer um die Stadt waren mit allerlei Arten
von Edelsteinen geschmückt.*
*Der erste Grundstein war ein Jaspis, der zweite ein Saphir, der dritte
ein Chalzedon, der vierte ein Smaragd, der fünfte ein Sardonyx,
der sechste ein Sarder, der siebte ein Chrysolith, der achte ein Beryll,
der neunte ein Topas, der zehnte ein Chrysopras, der elfte ein
Hyazinth, der zwölfte ein Amethyst.*[42]

Nach altorientalischer Überlieferung ist jeder Edelstein einem
Tierkreiszeichen zugeordnet: Der Amethyst dem Widder, der
Hyazinth dem Stier, der Chrysopras dem Zwilling, der Topas
dem Krebs, der Beryll dem Löwen, der Chrysolith der Jungfrau,
der Sarder der Waage, der Sardonyx dem Skorpion, der
Smaragd dem Schützen, der Chalzedon dem Steinbock, der
Saphir dem Wassermann und der Jaspis den Fischen.[43]
Was nun im Text der Johannesoffenbarung auffällt ist die
Tatsache, daß die Edelsteine in umgekehrter Reihenfolge aufgeführt werden. Sie beginnen mit den Jaspis (= Fische) und
enden mit dem Amethyst (= Widder). Bei dieser Reihenfolge
handelt es sich demnach nicht um das Sternenjahr, das mit
dem Widder beginnt und mit den Fischen endet, sondern um
die Weltzeitalter, die den Tierkreis »rückwärts« durchlaufen.
Der Verfasser der Johannesoffenbarung lebte am Anfang des
Fischezeitalters. Für ihn lagen somit die durch die Edelsteine
symbolisierten Weltzeitalter noch in der Zukunft.

Vom himmlischen Jerusalem aus gesehen liegen die Weltzeitalter jedoch in der Vergangenheit. Die Edelsteine bedeuten somit, daß die jeweiligen Weltzeitalter im Laufe der Geschichte zu ihrer endgültigen Gestalt und Reife gefunden haben und jetzt vom Christuslicht durchstrahlt sind.

Den durch die Tierkreiszeichen symbolisierten Weltzeitaltern sind jedoch nicht nur Edelsteine zugeordnet, sondern auch die zwölf Jünger Jesu. Christus als die Zentralsonne durchstrahlt also nicht nur die zwölf Weltzeitalter, sondern auch die durch die zwölf Jünger Jesu symbolisierte Menschheit.

In der Adventszeit haben wir uns mit den einzelnen Tierkreiszeichen in Verbindung mit den vier Elementen und am Gründonnerstag in Verbindung mit den zwölf Jüngern Jesu befaßt. Am Ewigkeitssonntag begegnen uns die Tierkreiszeichen zum dritten Mal, und zwar in Verbindung mit zwölf Edelsteinen. Dabei handelt es sich um die vom Christuslicht durchstrahlte Zusammenschau der zur Reife gekommenen Weltzeitalter und der Menschheit, die durch die zwölf Tierkreiszeichen und durch die zwölf Jünger Jesu symbolisiert sind:

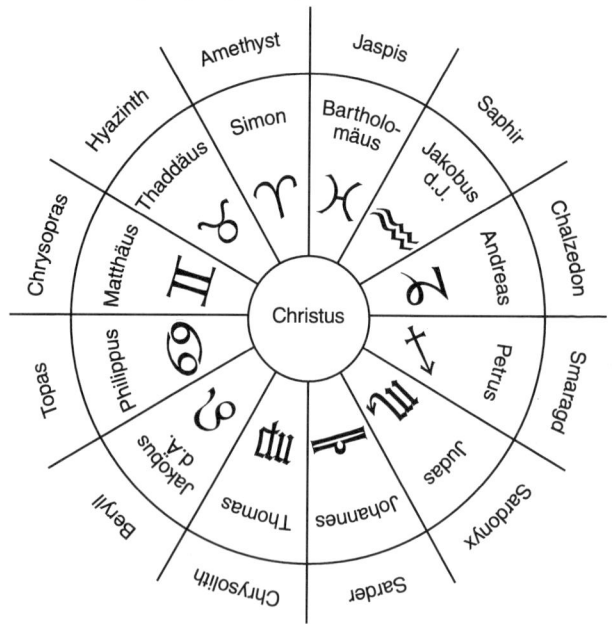

Der Jaspis

Der *Jaspis* gilt als der »höchste« und härteste Edelstein. (Sein Name hat die Grundbedeutung »dauerhaft«.) Er gilt als der übergeordnete Edelstein. Mit dem Namen Jaspis werden deshalb in der Antike (auch in der Bibel) verschiedenartige Edelsteine bezeichnet. In der Himmelsstadt begegnet uns der Jaspis als Heliotrop.[44] (Dieser Name bedeutet: »Der Sonne zugewandt.«) Der Heliotrop-Jaspis ist gekennzeichnet durch ein dunkles, sattes Grün mit roten Eiseneinschlüssen. Wenn wir das Grün als »Ja« deuten, dann können wir das Rot als »Nein« deuten. (Diese Symbolik begegnet uns z.B. bei den Verkehrsampeln.) Das Rot kann aber auch als Blut verstanden werden, das auf die Erde ausgegossen wird, damit sie fruchtbar wird und grünt. Diese Symbolik begegnet uns in vielen Opferriten. Dahinter steht das Wissen, daß aus dem Tod neues Leben entsteht. Der Heliotrop erinnert somit auch an den Tod der Auferstehung »Christi«. Er erinnert uns aber auch daran, daß es immer wieder gilt, »Nein« (rot) zu sagen zum Alten und Überholten und es in den Tod zu geben, damit ein neues »Ja« (grün) entsteht, ein Ja sowohl zu unserer Vergangenheit als auch zu unserer Zukunft.

Der Jaspis ist dem Sternzeichen der *Fische* zugeordnet.

Das Fische-Zeichen ist ein gegenläufiges Zeichen, es wird durch zwei Fische dargestellt, die in gegenläufiger Richtung schwimmen. Dieses Zeichen macht die Gegensatzstruktur alles Geschaffenen deutlich. So steht es auch für den Christus und den Antichristus. Von Jesus wird deshalb gesagt, daß er ein Zeichen ist, »dem widersprochen wird«[45]. Das bedeutet: Christus ruft im Fischezeitalter den Antichristus als seinen Gegenpol auf den Plan. Aber gleichzeitig ist er der Überwinder des Antichristus.

Den Fischen ist der Apostel *Bartholomäus* zugeordnet. Bar-Tholomäus heißt auf hebräisch: »Sohn des Thalmai«. Thalmai kommt im Alten Testament zweimal vor. Er ist einer der Riesen, vor denen die Israeliten sich fürchteten und deshalb nicht wagten, das Land Kanaan zu erobern.[46] Thalmai wurde jedoch später von Josua, dem »Jesus« des Alten Testaments, vertrieben.[47] Der andere Thalmai des Alten Testaments ist der Großvater Absaloms.[48] Dieser Name steht also ebenfalls im Zusammenhang mit dem Widerstand gegen den »Gesalbten Gottes«, nämlich gegen David, der ein Vorläufer des Messias ist. Der Apostel Bartholomäus steht somit für einen von Jesus überwundenen Thalmai-Sohn. Auch Bartholomäus ruft wie Christus den Widersacher auf den Plan, um ihn dann zu vertreiben. In einem alten Text wird der Apostel Bartholomäus gepriesen als »Fischer, der es verstand, geistliche Fische zu fangen«[49].

In einer Hymne an Bartholomäus, der vor allem in Armenien als Apostel gewirkt hat und dort als Märtyrer gekreuzigt worden ist, heißt es: »Du hast die Erde gerötet mit deinem Blut.«[50] Das Rot des Heliotrop erinnert somit nicht nur an den Tod Christi, sondern auch an das Märtyrerblut des Bartholomäus. Wenn wir am Ewigkeitssonntag Rückschau auf das zu Ende gehende Kirchenjahr halten, dann erinnert uns das Rot und Grün des *Jaspis* daran, daß aller Schmerz (rot) dem Neuwerden (grün) dient. So wie es Paulus von Tarsus einmal ausgedrückt hat: »Denen, die Gott lieben, wirken alle Dinge zum Guten mit.«[51]

Der Heliotrop-Jaspis ist Symbol des *Christus*, der uns selber und die Gemeinde erneuert.

Der Saphir

Dem Wort Saphir liegt ein hebräisches Wort zugrunde, das »Schönheit« und »Harmonie« bedeutet. Der Saphir begegnet uns in vielerlei Farben unter verschiedenen Namen. Als dunkelblauer Saphir ist er ein Stein der Mystik, die das Hintergründige wahrnimmt, das man mit den Augen nicht sieht im Sinne des Wortes von Saint Exupéry: »Man sieht nur mit dem Herzen gut, das Wesentliche ist für die Augen unsichtbar.«[52] Der Saphir ist dem *Wassermann* zugeordnet.

Das Wassermannzeitalter ist das Zeitalter des Geistes. Das Wasser des Wassermannes ist Symbol für den Geist. (Der Wassermann gießt nicht Wasser aus, sondern Geist!) Im Wassermannzeitalter geht es um die Überwindung der Gegensätze. Die Gegensätze werden nicht durch Eliminieren des Gegenpols überwunden, sondern durch Integration des Gegenpols. Es geht also im Wassermannzeitalter um die Vereinigung der Gegensätze.[53] Dazu ist es notwendig, daß wir die verborgenen Gegenpole zunächst einmal aufspüren, damit sie nicht in der Projektion zur Polarisierung führen und Unheil anrichten, sondern durch Integration zur polaren Spannung und Harmonie führen.

Zum Wassermann gehört der Apostel *Jakobus der Jüngere*. Jakobus der Jüngere trägt den Namen des Stammvaters Jakob. Das Wort Jakob bedeutet »Überlister« (Genesis 27,36).[54] Jakob ist von Natur aus der Hinterlistige, aber durch das Ringen mit seinem wahren Selbst, wird Jakob zum Israel (Genesis 32,25 ff.). Israel ist der »Gottesstreiter«, der die Gegensätze in sich vereint.[55]

Später war Jakobus der Jüngere der Leiter der Gemeinde von Jerusalem. Nach frühchristlicher Überlieferung war er in seiner äußeren Erscheinung dem irdischen Jesus sehr ähnlich, so daß Menschen zu ihm kamen, um zu sehen, wie Jesus ausgesehen hat.[56] Jakobus war auch ein großer Beter, der Tag und Nacht seine Anliegen vor Gott brachte. Seine Knie waren durch das ständige kniende Beten hart wie die Knie eines Kamels.[57] Jakobus der Jüngere hat im Gebet mit Gott gerungen wie der Erzvater Jakob am Fluß Jabbok. Durch dieses Gebets-Ringen hat er die Gegensätze in sich vereinigt, so daß er auch äußerlich mehr und mehr dem Christus ähnlich wurde.[60]

Der dunkelblaue *Saphir* ist Symbol für Glaube und Vertrauen, für Schweigen und Warten, für Meditation und Gebet. Seiner Substanz nach ist der Saphir reine Tonerde, die in jedem Ackerboden reichlich vorhanden ist, geläutert aber zu einem der kostbarsten Edelsteine wird. Der Saphir wird dadurch zu einem Symbol der durch Glaube und Gebet, durch Schweigen und Meditation geläuterten Materie. Er ist Symbol des *Christus,* der durch den Geist geläutert und ganz von Gott durchdrungen ist.

Der Chalzedon

Der *Chalzedon* ist nach der gleichnamigen kleinasiatischen Stadt genannt, in der ein berühmtes frühchristliches Glaubensbekenntnis formuliert wurde. In diesem Bekenntnis wird gesagt, daß in Christus Menschsein und Gottsein »unvermischt« und »ungetrennt« vereinigt sind.

Der Chalzedon ist ein heller Stein, der vor allem in den Farbtönen weiß und hellblau vorkommt.

Der Chalzedon ist dem *Steinbock* zugeordnet.

Der Steinbock kennzeichnet einen Menschen, der konsequent und unbeirrt seinen steinigen Erdenweg geht – machmal in großer Einsamkeit. Er folgt seinem Entwicklungstrieb, der ihm eingestiftet ist und in lichte Höhen führt, wobei er mit seinen Füßen fest auf der Erde gegründet bleibt.

Der Steinbock ist Symbol des Gottesknechtes, der konsequent seinen Weg geht, der dem inneren Muß folgt. Der Steinbock weicht weder feige dem Weg aus, der ihm vorgezeichnet ist, noch prescht er tollkühn voraus, sondern er geht tapfer *seinen* Weg. Er ist Symbol für die vom himmlischen Christuslicht durchstrahlte irdische Existenz. Die himmlische Helligkeit kann der Steinbock nur deshalb ertragen, weil er als Erdzeichen fest mit dem Boden verbunden ist und als Saturnzeichen um seine Grenzen weiß. Der Steinbock in Verbindung mit dem Chalzedon ist Symbol für einen Menschen, der den himmlischen Schatz in »irdenen Gefäßen« hat.[58]

Zum Steinbock gehört der Apostel *Andreas.* Der Name Andreas bedeutet »der Tapfere«. Tapferkeit ist ein Mittelbegriff zwischen Feigheit und Tollkühnheit. Der Tapfere weiß um die Angst, er tut aber trotzdem das Notwendige, wenn es die Situation erfordert. So wird zum Beispiel vom Apostel Andreas berichtet, daß er gegen sieben gefährliche Geister gekämpft und sie verjagt hat.[59]

Auch der *Chalzedon* steht für die Tapferkeit, die die Angst überwindet. Das Hellblau des Chalzedon bedeutet, daß das Dunkle durchlichtet und daß die Angst aufgelöst ist. Der Chalzedon ist Ausdruck für die Umgestaltung des Menschen und der Welt in das Bild Christi. Eine solche Umgestaltung geschieht dadurch, daß der einzelne Mensch seinem Entwicklungstrieb und damit dem inneren Muß folgt. Er ist Symbol für *Jesus,* den Gottesknecht, der seinen Weg unbeirrt geht und dadurch die Gegensätze vereinigt.

Der Smaragd

Der Name *Smaragd* stammt aus dem Assyrisch-Babylonischen und bedeutet »leuchten«. Der Smaragd ist ein leuchtender, tiefgrüner Stein. Grün ist die Farbe des Wachstums und der Erneuerung. Der heilige Gral, der uns in der Gralslegende begegnet, ist eine Schale aus Smaragd, die die Erneuerung des Lebens symbolisiert und heilende Wirkung hat. Im Grün verbindet sich das Gelb der Sonne und des Feuers mit dem Blau des Geistes.

Der Smaragd ist dem Sternbild *Schütze* zugeordnet.

Der Schütze ist der verwundete Heiler. In der Mythologie begegnet uns das Urbild des Heilers im Kentauren Chiron. Chiron ist durch seinen Pferdeleib fest mit der Erde verbunden, er erhebt sich aber mit seinem menschlichen Oberkörper aus dem Tierreich und zielt mit seinem Pfeil nach dem Göttlichen. Als Feuerzeichen ist der Schütze auch Symbol für Intuition und prophetische Durchsicht.

Zum Schützen gehört der Apostel *Petrus.*

Bei Petrus wird die Doppelfunktion sichtbar. Auch er wächst allmählich aus seiner gar zu ungestümen Tier-Mentalität heraus und wird zu einem Menschen, dem die Gabe der Heilung und der prophetischen Durchsicht gegeben ist.[60]

Das Grün des Smaragds ist ein durchsichtiges Grün. Dies bedeutet, daß das Leben durchscheinend wird für einen hintergründigen Sinn. Der Smaragd symbolisiert somit die prophetische Klarheit und heilende Durchsichtigkeit des *Christus*.

Der Sardonyx

Der *Sardonyx* ist eine Kombination des roten Sarder mit dem schwarzen Onyx. Dazwischen liegt eine weiße Chalzedonschicht.

Im Sardonyx begegnet uns somit die Farbfolge schwarz-weiß-rot, die in der Symbolsprache der Alchemie den seelischen Entwicklungsprozeß von der undifferenzierten Schwärze der Nigredo, über die weiße Zwischenstufe der Albedo, zur roten Endstufe der Rubedo führt.

Der Sardonyx ist dem Sternbild *Skorpion* zugeordnet.

Der Skorpion ist das Zeichen, das die Tiefe auslotet, um in die Höhe vorzudringen. Der Skorpion begegnet uns sowohl als Schlange, die in der Tiefe lebt, als auch als Adler, der in die Höhe aufsteigt. Die Entwicklung des Skorpion geht deshalb von der Schlange zum Adler.

Die Farbfolge schwarz-weiß-rot, die uns im Sardonyx begegnet, kennzeichnet den Weg des Skorpion, der aus der »Tiefe« in die »Höhe« aufsteigt.

Zum Skorpion gehört der Jesus-Jünger *Judas Ischariot*.

Judas wird in jeder Jüngerliste als letzter der Jünger Jesu genannt. Er ist am tiefsten gefallen. Er wird als Verräter, Dieb und Selbstmörder beschrieben, und es heißt von ihm, daß Satan selbst in ihn gefahren ist.[61] Nun wird aber gesagt, daß Jesus all das wußte[62] und den Judas trotzdem in die Schar seiner Jünger berufen hat. Obwohl die Jüngerlisten der Evangelien erst nach Pfingsten aufgezeichnet worden sind, wird Judas in allen Listen als Jünger Jesu aufgeführt. An keiner Stelle wird vermerkt, daß er später durch Matthias ersetzt worden sei. »Unwiderruflich ist die Berufung durch Gott«,

Jaspis

Saphir

Chalcedon

Smaragd

Sardonyx

Sarder

Chrysolith

Beryll

Topas

Chrysopras

Hyazinth

Amethyst

schreibt der Apostel Paulus.[63] Und so wird auch von Judas Ischarioth gelten, daß er den Weg des Skorpion geht von der Schlange zum Adler.

Der Sardonyx symbolisiert in seiner schwarz-weiß-roten Gestalt den Entwicklungsweg eines Menschen, der aus der Schwärze des Urstoffes über die Weiße der Läuterung zur Röte der Geisterfülltheit vordringt. Der Sardonyx ist Symbol für den *Christus,* der in die tiefste Tiefe hinabgestiegen ist und deshalb zur höchsten Höhe erhoben wurde, so wie es die frühe Christenheit gesungen hat:

> »Der hinabgefahren ist in die Tiefe
> in die untersten Örter der Erde…,
> der ist aufgefahren über alle Himmel,
> um das All zu erfüllen.«[64]

Der Sarder

Das Wort *Sarder* stammt vom persischen Wort »serd« und heißt »gelb-rot«. Beim Sarder ist das Gelb mit dem Rot zu einer gelb- roten Einheit verbunden.

Der Sarder steht für die Übereinstimmung des Menschen mit sich selbst und damit für das innere Gleichgewicht. Das leidenschaftliche Rot ist vom Gelb der Christussonne durchlichtet.

Dem Sarder ist die *Waage* zugeordnet.

Die Waage ist Symbol für das Optimum, für das Beste, das aus einer Sache gemacht werden kann. Sie ist Symbol für die Gerechtigkeit. Der Waage geht es um eine Ganzheit, die alle Fakten berücksichtigt. Es geht ihr um Recht und Gerechtigkeit. Das bedeutet, daß nicht vorschnell geurteilt wird, sondern daß alles genau gewogen und eine gute Balance angestrebt wird.

Zur Waage gehört der Apostel *Johannes.*

Der Name Johannes bedeutet »Gott ist gnädig«. Gottes Gnade

besteht darin, daß jedem das Seine zugemessen wird. Auf dem Abendmahlsbild des Leonardo da Vinci – wir sprachen bereits davon – sitzt Johannes zwischen Jesus und Judas. Das bedeutet, daß er beide Seiten in sich vereinigt hat. Aus dem Donnersohn, der Menschen mit Feuer vernichten will, wird der Apostel der Liebe.[65]

Der Sarder ist das Symbol für den Richter, der jedem das Seine zuteilt, so daß sich jeder vollkommen verstanden und zufrieden fühlt. Im Sarder begegnet uns *Christus,* der »Richter.« Die »Gerechtigkeit« dieses Richters besteht darin, daß er jedem das zuteilt, was ihm noch fehlt und was zu seiner Ganzheit gereicht.

Der Chrysolith

Chrysolith heißt wörtlich Goldstein. Der Chrysolith ist ein goldgelber Stein mit zarten Grüntönen. »Es ist wie eine Art aktive und doch zurückhaltende Wechselwirkung zwischen Sonne (goldgelb) und Erde (grün).«[66]

Dem Chrysolith ist die *Jungfrau* zugeordnet.

Das Sternzeichen Jungfrau steht für Gründlichkeit und Perfektion. Der Jungfrau geht es um Einsicht, die durch den Zweifel hindurchgegangen ist und deshalb fest gegründet ist. Zur Jungfrau gehört der Apostel *Thomas.*

Thomas der Zweifler, sieht, spürt und glaubt infolge seines Zweifels mehr als die anderen.[67] Von Thomas wird überliefert, daß er die »Jungfräulichkeit« als »Sicherheit der ewigen Freuden« bezeichnet.[68] Diese »Sicherheit« ist die aus dem Zweifel gewonnene Erkenntnis.

Der Chrysolith symbolisiert die von der himmlischen Sonne durchstrahlte Realität. Das ist die »Perfektion«, um die es letztlich geht. Der Chrysolith ist deshalb Symbol für *Jesus Christus,* den Vollender.

Der Beryll

Das Wort *Beryll* stammt aus dem Indischen und bedeutet »Stein«. Der Beryll ist ein durchsichtiger Stein, aus dem in der Antike Augengläser gemacht wurden. (Vom »Beryll« stammt unser Wort Brille.)

Der Beryll ist dem Sonnenzeichen *Löwe* zugeordnet.

Beim Löwen geht es darum, daß die »Christussonne« unseres wahren Selbst die Sonnenwelt unseres »Ich« und unseres Bewußtseins heilend durchdringt. In der Sprache des Neuen Testaments bedeutet dies, daß der innere Christus unser Leben mehr und mehr durchdringt, so daß wir allmählich umgestaltet werden in das Bild Christi »von einer Klarheit zur andern[69].

Der Löwe ist ein königliches Zeichen. Er symbolisiert den umsichtigen Herrscher, dem man sich anvertrauen kann, weil er die Situation durchschaut und deshalb ein tiefes Verstehen für seine Mitmenschen hat.

Zum Löwen gehört der Apostel *Jakobus der Ältere.*

Jakobus der Ältere hat als erster aus dem Jüngerkreis die Märtyrerkrone erlangt.[70] Er hat als erster der Jesusjünger den Kelch getrunken, den Jesus ihm verheißen hat.[71] Jakobus der Ältere hatte wahrhaft königliche Qualitäten, indem er keinen Menschen überforderte, sondern ihm in feinem Herzenstakt den ihm zukommenden Freiraum ließ. So hat er zum Beispiel seinen Widersacher Hermogenes, den er überwunden hatte, und der »mit großer Scham« vor ihm stand, weder erniedrigt noch an sich gebunden, sondern zu ihm gesagt: »Geh frei wohin du willst, denn es ist unser Brauch nicht, daß wir einen wider seinen Willen bekehren.« Durch diese königliche Freiheit wurde Hermogenes für Christus gewonnen, so daß es von ihm heißt: »Er ward so vollkommen in der Furcht Gottes, daß viele Zeichen durch ihn geschahen.«[72]

Der durchsichtige Beryll symbolisiert klare Durchsichtigkeit und tiefes Verstehen, und somit den königlich-väterlichen Sonnenaspekt *Christi.*

Der Topas

Der Name *Topas* stammt vom griechischen Wort »topazo«, das »den Ort suchen« heißt. Und welchen Ort soll man suchen? Den Ort, von dem der Topas stammt! Und wie heißt dieser Ort? Die Heimat des Topas ist die Insel Topazos im Roten Meer. Und warum soll man diesen Ort »suchen«? Weil die Topas-Insel häufig im Nebel verborgen ist. So sagen es die antiken Autoren. Als Grundstein der Himmelsstadt begegnet uns der strahlend gelbe Topas.

Dem Topas ist der *Krebs* zugeordnet.

Wie die Heimat des Topas zieht sich auch der Krebs gerne ins »Wasser« zurück und hüllt sich in dicken Nebel ein. Man kann die Welt des Krebses kaum besser beschreiben. Der Krebs symbolisiert die mütterliche Mondseite des Menschen. Er ist nach innen gekehrt und lebt im Verborgenen. Und was ist in der Welt des Krebses verborgen? Der strahlend gelbe Topas, der hell wie die Sonne leuchtet!

Im Inneren des mondhaften Krebsmenschen ist der sonnenhafte Topas verborgen. Den gilt es zu suchen. Der Topas sagt uns: Wenn wir in uns gehen und bei uns selber einkehren, dann finden wir in unserer Mondseite den hellen Sonnen-Stein. Dann begegnen sich Sonne und Mond. Krebsmenschen spenden mit ihrem warmen Gefühl Empathie und Geborgenheit.

Zum Krebs gehört der Apostel *Philippus*.

Von Philippus wird berichtet, daß sich in seiner Nähe Menschen geborgen fühlten. So heilte er zum Beispiel eine Schar von Menschen, die vom giftigen Hauch eines Drachens krank geworden waren. Dem Drachen selber gebot er, daß er verschwinde und den Menschen nicht mehr schade, und der Drache folgte seinem Gebot.[73] Philippus ist ein Bild für die Henne, die ihre Küken unter ihren Flügeln bewahrt und sie gegen feindliche Angreifer schützt.

Der hellgelbe Edelstein *Topas* symbolisiert die von der Sonne des wahren Selbst durchdrungene Seele, die die göttliche

Wirklichkeit »schmecken« kann.[74] Der so durchleuchtete Mensch gewinnt deshalb einen neuen »Geschmack«. Der Topas erinnert an das Bibelwort »schmecket und sehet wie freundlich Gott ist«[75] und an die Worte des Psalmes: »Du bereitest vor mir einen Tisch im Angesicht meiner Feinde.«[76] Der Topas drückt die mütterliche Geborgenheit spendende und nährende Seite des *Christus* aus.

Der Chrysopras

Im Edelstein *Chrysopras* werden zwei Gegensätze zusammengebracht. »Chrysos« heißt Gold und »Prason« heißt Lauch. Es werden also ein Stein und ein Gemüse miteinander vereinigt. Es geht dabei um eine Vereinigung des mineralischen und vegetativen Bereichs, um die Verlebendigung eines Steines und damit um die Verlebendigung der Erde. Das kräftige Grün des Lauches ist durchleuchtet vom sonnenhaften Gold, das auf die Vollendung aller Wachstumsprozesse hinweist.
Der Chrysopras ist den *Zwillingen* zugeordnet.
Dem Zwilling geht es darum, die Gegensätzlichkeiten des Lebens zusammenzubringen, und zwar die vielen einzelnen Gegensätze des Lebens. So bemüht er sich z.B., die gegensätzlichen Konfessionen zu einem ökumenischen Miteinander zu bewegen oder die Vielzahl der Charismen in der einen Kirche (im »Leib Christi«) sichtbar werden zu lassen. Der Zwilling ist interessiert am Brückenschlagen und am Verbinden. Im Chrysopras begegnet uns zum zweiten Mal eine ungewöhnliche Kombination. Während beim Chrysolith (»Jungfrau«) ein gewöhnlicher »Stein« mit »Gold« verbunden ist, ist beim Chrysopras das »Gold« mit einem »Gemüse« verbunden.
Sowohl das Sternzeichen Jungfrau als auch das Sternzeichen der Zwillinge ist dem Planeten Merkur, einem Doppelwesen, zugeordnet. Dies ist ein Hinweis auf unsere Doppelnatur. Als Mensch leben wir sowohl auf Erden als auch im Himmel. Der Chrysopras erinnert uns daran, daß es gilt, beiden Bereichen

treu zu sein, dem irdischen (»Lauch«) und dem himmlischen (»Gold«).

Zum Sternbild der Zwillinge gehört der Jesusjünger *Matthäus*. Matthäus heißt auch »Levi«. Levi bedeutet »Anhänglichkeit«. So hat z.B. der Stammvater Levi seine Eltern Jakob und Lea miteinander zu einer neuen »Anhänglichkeit« verbunden.[77] Solche Vereinigungen sind jeweils ein »Geschenk Gottes« (das ist die Bedeutung des Namens »Matthäus«).

Der Chrysopras in Verbindung mit dem Sternzeichen Zwilling und dem Jesusjünger Matthäus ist Symbol für den *Christus*, der alles in sich vereint. Christus ist nicht nur Urbild einer jeglichen menschlichen Gemeinschaft mit den unterschiedlichsten Menschen, sondern er ist selber ein überindividueller Körper (»der Leib Christi«). Als »Haupt« seines »Leibes« ist er nicht nur Herr über seine Gemeinde, sondern auch über den gesamten Kosmos.[78] Der Chrysopras ist Symbol des kosmischen Christus, der alles in sich vereint.

Der Hyazinth

Der Edelstein *Hyazinth* trägt seinen Namen nach dem Liebling des Gottes Apoll Hyakinthos, der beim Diskuswerfen tödlich verunglückte und aus dessen Blut Apoll eine Blume – die Hyazinthe – sprießen ließ. Im Edelstein Hyazinth ist das Rot des Blutes und der Erde mit dem Gelb der Sonne verbunden. Im Hyazinth begegnet uns zum zweiten Mal das mit dem Gelb vereinte Rot (zum ersten Mal begegnete es uns beim Sarder). Im Hyazinth begegnet uns sowohl das Blut des Hyakinthos (rot) als auch die Sonne Apolls (gelb).

Dem Hyazinth ist der *Stier* zugeordnet.

Der Stier steht für die Erdverbundenheit und Sinnenhaftigkeit. Ein Stiermensch ist ein zuverlässiger Mensch, der das Leben bejaht. Ein Stiermensch erträgt standhaft auch schwierige Situationen.

Die beiden rotgelben Steine sind mit dem Planeten Venus verbunden. (Sowohl Stier als auch Waage sind Venuszeichen.) Während beim Hyazinth das Gelb und das Rot »ungetrennt«, aber auch »unvermischt« sind, sind beim Sarder die beiden Farben enger miteinander verbunden und bilden eine gelbrote Einheit. Das ist verständlich: Der Stier, der mit der Erde (rot) verbunden ist, braucht die Sonne (gelb) als Gegenüber. Die Waage dagegen, die mit der Luft verbunden ist, braucht eine stärkere Bindung der oberen Sonnen-Welt an die untere Erd-Welt.

Im Hyazinth verschmelzen die Farben Gelb und Rot nicht zu Orange, sondern sie symbolisieren eine stets neue Begegnung:

> *»Das Rot erinnert an Blut und Tiefe*
> *an Mutter und Liebe und irdisches Sein.*
> *Das Gelb dagegen an Sonne und Höhe,*
> *an Vater und Wandlung und strahlendes Licht.*
> *So bindet der Hyazinth die Pole*
> *zur Polarität des Gleichgewichts.«*

Zum Stier gehört der Apostel *Thaddäus.*
Von Thaddäus wird berichtet, daß er nach der Himmelfahrt Jesu zum schwerkranken König Abgarus von Edessa gesandt worden sei, um ihn zu heilen. Abgarus habe nämlich Jesus einen Brief geschrieben mit der Bitte um Heilung. Jesus habe ihm daraufhin versprochen, einen seiner Jünger zu ihm zu senden. Dieser Jünger war Thaddäus, dessen Angesicht wie eine Sonne leuchtete.[79] Thaddäus heilte jedoch nicht nur den König Abgarus, sondern »in der Kraft Gottes jede Krankheit und Schwachheit«.

Der Hyazinth ist Symbol für den *Christus,* der ganz zur Erde gehört und der in seiner irdischen Existenz von der sonnenhaften Gotteskraft durchdrungen ist.

Der Amethyst

Im *Amethyst* ist das feurige Rot, das Leidenschaft und Aggression symbolisiert, völlig durchdrungen vom kühlen Blau des Denkens und der Besonnenheit. Rot und Blau sind im Amethyst zu einem wunderbaren Violett vereint. Aus den beiden Gegensätzen ist eine vollkommene Einheit geworden.

Der Amethyst steht somit für die kontrollierte Aggression, bei der die Dynamik des Rot mit der klaren Besonnenheit des Blau verbunden ist.

Dem Amethyst ist der *Widder* zugeordnet.

Der Widder steht für den Neuaufbruch. Mit ihm kommt das Alte zu seinem Ende. Neues bricht sich Bahn. Manchmal geht der Widder bei Neuaufbrüchen recht gewaltsam vor – gleichsam mit dem Kopf durch die Wand (der »Kopf« ist dem Widder zugeordnet).

Im reinen Violett des Amethyst ist jedoch die »rote«, hitzige Gewalt des Widders mit der »blauen«, kühlen Welt des Geistes verbunden. Der »A-methyst« (= Nicht-Trunkenheit) offenbart im geläuterten Widder eine kraftvolle Vereinigung der Gegensätze.

Zum Widder gehört der Apostel *Simon*, der nach Pfingsten in Mesopotamien und Ägypten wirkte und dort (zusammen mit Thaddäus) in der Kraft des Geistes viele Wunder vollbrachte; Simon wurde einmal an einem Fürstenhof wegen seiner schlichten Kleidung verachtet. Darauf antwortete er den Spöttern: »Es geschieht oft, daß in Schreinen von Gold und Edelgestein schlechtes Ding verschlossen ist, in schlichten hölzernen Schreinen aber liegt köstlicher Schmuck.«[80] Es geht also nicht darum, den Kasten zu schätzen, sondern den Schatz, der darin ist.

Der *Amethyst* ist Symbol des *Christus,* in dem sich Himmel (blau) und Erde (rot) in einer wunderbaren Harmonie (violett) begegnen. Im Amethyst sind die durch die zwölf Edelsteine symbolisierten Weltzeitalter zusammengefaßt.

Er ist Symbol des *Christus,* der den gesamten Kosmos Gott übergibt, damit Gott sei »alles und allem«[81].

Rückblick und Ausblick

Uralt und geheimnisvoll sind die Bilder und Symbole der christlichen Feste, die den Jahreskreis schmücken und begleiten. Ihre Wurzeln reichen zurück bis in die Anfänge der Menschheitsgeschichte.

Unsere Seele erahnt in diesen Bildern ihr eigenes Geheimnis und erkennt in den christlichen Festzeiten hilfreiche Begleiter auf ihrer inneren Reise.

Die archetypischen Symbole und Gestalten, denen wir auf dem Weg von der Adventszeit bis zum Ewigkeitssonntag begegnet sind, prägen unser Leben und ermuntern uns, auf diesem Weg zur Ganzheit weiterzuschreiten, geleitet von dem in uns wohnenden Zentralarchetyp Jesus Christus, der unser wahres SELBST ist.

Anmerkungen

Die Adventszeit

1 Vgl. hierzu die vier Jungschen Bewußtseinsfunktionen (GW 6) und die vier Riemannschen Typen (F. Riemann, *Grundformen der Angst,* München 1975)

2 Zur Symbolik von Quadrat und Kreis s. I. Riedel, *Formen,* Stuttgart 1985

3 Ez 1,4

4 Ez 1,10

5 Die vier Elemente können auch den vier Jungschen Bewußtseinsfunktionen zugeordnet werden: Denken: Luft; Fühlen: Wasser; Empfinden (= Wahrnehmen der *äußeren* Wirklichkeit): Erde; Intuition (= Wahrnehmen der *inneren* Wirklichkeit): Feuer.
Auch die Riemannschen Typen lassen sich den vier Elementen zuordnen: Schizoider Typ: Luft; depressiver Typ: Wasser; hysterischer Typ: Feuer; zwanghafter Typ: Erde.

6 Vgl. hierzu: A. Bittlinger, *Religion und Kult im Lichte der Analytischen Psychologie* (Metanoia-Verlag, Kindhausen 1995)

7 Mt 21,1-9 i.A.

8 Gen 8,22

9 Vgl. Dt 32,4.15.18.31; 1 Sam 2,2; Ps 28,1; 31,3; 62,8; Jes 51,1 u.a.

10 Dan 2,35.44

11 Ps 121,1. Für den im Exil lebenden Psalmsänger stehen die »Berge« stellvertretend für das »Heilige Land«, d.h. für das Land, in dem Jahwe Gott ist, so wie für Daniel (6,11) »Jerusalem« für den Bereich Gottes steht. Vgl. F. Delitzsch, *Psalmenkommentar* (Erlangen 1867) z. St.

12 Jes 66,13

13 Jes 49,15

14 Ikone aus der Nowgoroder Schule, 15. Jhdt., Staatliche Tretjakow-Galerie, Moskau

15 Daß die Beine Jesu auf der *linken* Seite des Reittiers sind, mag ein weiterer Hinweis auf die *mütterliche* Seite Jesu sein

(links ist die Seite des Unbewußten = des mütterlichen Bereichs). Auf russischen Ikonen wird der »Esel« in der Regel
als Pferd dargestellt.

16 Auch in der Schar der Erwachsenen sind zwei Kleinkinder
zu sehen, die noch getragen werden.

17 Obwohl der soziale Auftrag der Kirche durch die Jahrhun-
derte hindurch eine wichtige Funktion hatte, erhebt sich
heute die Frage, ob in einer über-bemutternden westlichen
Sozialgesellschaft nicht manchmal wieder der *hellenistische*
Dornauszieher betont werden müßte, der sich selber den
Dorn aus dem Fuß zieht! Vgl. hierzu G. Erni, *Christsein
evangelikal und esoterisch* (München 1995).

18 Lk 21,25.27

19 Offb 1,15

20 Mt 3,1-12; Mk 1,1-8; Lk 3,1-6

21 Mk 1,11 f.

22 EKG 14, 5

23 Griech. Ikone, Ende 15. Jhdt., Ikonenmuseum, Recklinghausen

24 Vgl. Gal 5,17; Röm 17,15.23

25 Lk 3,16; vgl. auch Lk 3,9

26 E. Schikaneder, *Die Zauberflöte,* 2. Aufzug, 28. Auftritt

27 Jes 43,2

28 Ps 66,12

29 Ex 24,17

30 Dt 4,24 u.a.

31 Jer 23,29

32 Vgl. hierzu den Mythos von Prometheus, der das Feuer der
Sonne auf die Erde brachte

33 Ps 84,12

34 Sir 25,28

35 Offb 1,16; s. auch Mt 17,2; Offb 10,1; Apg 26,13; vgl. auch
das Auferstehungsbild des Isenheimer Altars von Matthias
Grünewald, auf dem das Haupt des Auferstandenen wie die
Sonne leuchtet

36 Mt 1,20 f.

37 Vgl. A. Rosenberg, *Engel und Dämonen* (München 1967), 113

38 1 Kön 19,12 f.

39 Apg 2,2

40 Mt 1,20; auch Adam wird zu einem lebendigen Menschen
durch Verleihung des göttlichen Geistes: Gen 2,7

41 Lk 1,26 ff.

42 Mt 1,20 f.

43 Lk 2,9-14

44 Z.B. in Ägypten in der Gestalt der Maat oder in Assyrien als geflügelte Palastwächter

45 Zitat in H. Hoerni-Jung, *Maria – Bild des Weiblichen* (München 1991), 53

46 A.M. Fröhlich (Hrsg.), *Engeltexte aus der Weltliteratur* (Zürich 1991), 25

47 Am Brunnen sieht Maria den Engel nicht – sie hört nur seine Stimme.

48 Protevangelium des Jakobus Kap. 11,1-3 (Michaelis, *Die apokryphen Schriften zum Neuen Testament*, Bremen 1956) 81

49 Protev. Jak. 10,2

50 Byzantin. Ikone, 15. Jhdt., Ikonenmuseum, Recklinghausen

51 Als der Volksschauspieler Emil Steinberger in einem Fernseh-Interview zu seinem 60. Geburtstag nach seinem Leben gefragt wurde (das nicht sonderlich geradlinig war!), antwortete er: »In der Rückschau erkenne ich, daß ein roter Faden durch mein Leben läuft.« Vgl. dazu neuerdings H. Morgenroth, *Den roten Faden finden* (München 1995).

52 In der Bibel ist es der himmlische Vater, in dessen Hände wir gezeichnet sind (Jes 49,16) und ohne dessen Willen kein Sperling vom Dach fällt (Mt 10,29; Lk 12,6). Er sorgt dafür, daß für diejenigen, die mit ihnen verbunden sind, *alle* Dinge zum Guten mitwirken (Röm 8, 28). Das bedeutet, daß sich Gottes Plan wie ein »roter Faden« durch unser Leben zieht.

53 Fresko der »Verkündigung«, Sorpe/Spanien, 12. Jhdt.; abgebildet in E. Neumann, *Die Große Mutter* (Olten 1985) 96

54 Oberrhein. Meister, um 1400; abgebildet in E. Neumann, a.a.O., 97

55 Zit. Hoerni-Jung, a.a.O., 59

56 Ikone aus der Schule von Nowgorod, 12. Jhdt.

57 Vgl. hierzu Hoerni-Jung, a.a.O., 53

58 A.a.O., 58

59 A.a.O., 59

60 Dieser Satz wird Ignatius von Loyola zugeschrieben. Ähnlich drückte es einmal Heinz Rühmann in einem seiner Filme aus: »Nicht die Liebe bringt die Welt weiter, sondern der Zweifel.« Die *Liebe* ist als das Verbindende Endpunkt einer jeweiligen Entwicklung; der *Zweifel* dagegen treibt als das Trennende nach vorn zu einer neuen Einheit.

61 S. Anm. 27

62 Leonardo da Vinci, *Verkündigung Mariae*, 1476

63 Apg 17,28; Luther und die Zürcherbibel übersetzen das griech. Wort »kinéomai« einfühlsam mit »weben«

64 M. Grünewald, *Verkündigungsbild des Isenheimer Altars*

65 Jes 7,14
66 Vgl. Joh 1,3
67 Vgl. auch Paulus: »Der Glaube kommt durch das *Hören*, das Hören aber durch das *Reden Gottes*« (Röm 10,17)
68 El Greco, Verkündigung
69 Joh 14,9
70 Vgl. hierzu Otto Adler, *Das Testament der Astrologie* (München 1991) I, 179
71 1 Petr 4,10
72 Vgl. hierzu das Kapitel: *Die Überwindung der Angst*
73 Abgebildet in C.G. Jung, *Das Geheimnis der goldenen Blüte* (Olten 1971), Tafel 5. Der Schweizer Maler Max Hunziker hat ein ähnliches Bild gemalt. Dort ist ein Mann in den Wurzeln verstrickt. Über ihm wächst ein üppig blühender Baum, Symbol für die Möglichkeit der Entfaltung
74 Solche Meditationsformen sind z.B. die vom Verfasser entwickelte Weg-Jesu-Meditation (A. Bittlinger, *Der Weg Jesu als Chakrenmeditation,* München 1995) und die Vaterunser-Chakren-Meditation (A. Bittlinger, *Das Vaterunser – erlebt im Licht von Tiefenpsychologie und Chakrenmeditation, München 3. Aufl. 1992;* G. Erni, *Die Vaterunser-Chakrenmeditation,* München 1994). Auskunft über Kurse zur Einübung in diese Meditation erteilt: Oekumenische Akademie, Tellstr. 2, CH-8004 Zürich.
75 A.a.O., 185
76 Lk 2,49
77 Joh 4,4
78 Mt 16,21 u.a.
79 Gen 2,7; 3. 19; Hiob 10,9
80 So hat z.B. ein Patient in einer psychiatrischen Klink ein eindrucksvolles Tongebilde mit einer engen ringförmigen Öffnung geschaffen. Als ich den Patienten fragte, was das für ihn bedeute, meinte er: »Das bin ich – ich muß durch dieses Loch hindurch in die Freiheit.«
81 So legt es sich nahe, in der ersten Adventswoche gemeinsam in der Familie oder einer Gruppe Krippenfiguren zu modellieren.
82 Vgl. hierzu A. Bittlinger, *Es war einmal – Grimms Märchen im Lichte von Tiefenpsychologie und Bibel* (München 1994) 226
83 O. Adler, a.a.O., 213
84 F. Schiller, *Über die ästhetische Erziehung,* 15. Brief
85 Ein Krebsmensch zieht sich dagegen eher in sich selber zurück und verletzt sich selber.
86 Vgl. hierzu A. Bittlinger, *Heimweh nach der Ewigkeit* (München 1993), 119 ff.

87 O. Adler, a.a.O., 236
88 EKG 4
89 EKG 5,2
90 Vgl. A. Bittlinger, *Das Vaterunser*, 33
91 F. v. Schiller, *Das Lied von der Glocke*, 1799
92 Das Feuer der Sonne wird im Lied z.B. folgendermaßen besungen:

>»Die güldne Sonne
>voll Freud und Wonne
>bringt unsern Grenzen
>mit ihrem Glänzen
>ein herzerquickendes, liebliches Licht...«
>(EKG 346, 1; SKG 77, 1)

Wir singen deshalb im Adventslied:

>»O klare Sonn, du schöner Stern
>dich wollen wir anschauen gern
>O Sonn, geh auf!
>ohn deinen Schein
>in Finsternis wir alle sein«
>(EKG 5, 5)

93 Vgl. hierzu: A. Bittlinger, *Heimweh nach der Ewigkeit*, 97 f. Vgl. auch das Lied:

>»Verzehre Stolz und Eigenliebe
>und sondre ab, was unrein ist
>und mehre jener Flamme Triebe,
>die ganz auf dich gerichtet ist.«
>(EKG 219,4)

>»Schmelz alles, was sich trennt zusammen
>und baue deinen Tempel aus,
>laß leuchten deine heiligen Flammen
>durch deines Vaters ganzes Haus.«
>(EKG 219, 7)

94 Lk 9,62
95 S. Kierkegaard, *Werke* V, 149
96 Das hebr. Wort SCH^{i}MSCH^{o}N kommt von SCH^{e}M^{e}SCH (= Sonne) und heißt »sonnig«
97 Ri 14,5
98 Gal 2,20
99 Nach der griech. Mythologie ist der Kentaur Chiron (das Urbild des »Schützen«) ein großer Heilgott mit erdhaften Zügen (d.h. er verbindet die Gegensätze Erde und Feuer). Er leidet an einer unheilbaren Wunde (Pauly I, 1149).

100 Röm 8,28
101 Lk 9,62; vgl. hierzu auch Lk 9,61 und dazu: A. Bittlinger, *Es war einmal,* 169 f.
102 Vgl. 2 Petr 3,12 f.
103 Ein Luftmensch, dessen Betonplatte zerschlagen worden ist, hat dies einmal in einem Gedicht folgendermaßen ausgedrückt:

> »... zwar sah ich die Blume blühen
> rot im bleichen Sande
> und mein Herze wollt erglühen
> in dem dürren Lande.
> Doch der Boden war zu hart
> für das tiefe Sehnen;
> allzu viel war aufgebahrt:
> ungeweinte Tränen,
> ungelebtes Lebensglück,
> Schuld und Traurigkeiten.
> All dies hielt mein Herz zurück
> in verborgnem Leiden.
> Doch dann traf mich jäher Schmerz,
> schlug mir eine Wunde,
> traf mich mitten in das Herz
> brach sich Bahn zum Grunde,
> schlug die Kerkertür entzwei,
> die dem Sehnen wehrte
> und nun strömt das Leben frei...«

104 KHM 89
105 Vgl. hierzu: A. Bittlinger, *Heimweh nach der Ewigkeit,* 98 f.
106 A.a.O., 151 ff.
107 Da die 4 Elemente die archetypische Grundlage der 4 Bewußtseinsfunktionen sind, die C.G. Jung in *GW 6* ausführlich beschreibt, können wir uns in der Adventszeit in Verbindung mit dem jeweiligen Element auch mit der jeweiligen Bewußtseinsfunktion befassen:

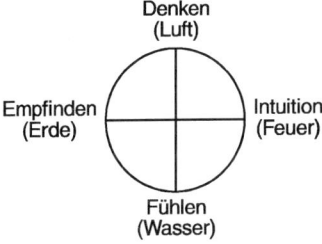

Denken
(Luft)

Empfinden
(Erde)

Intuition
(Feuer)

Fühlen
(Wasser)

Auch die 4 Riemannschen Typen (F. Riemann, *Grundformen der Angst*) können in der Adventszeit bedacht werden:

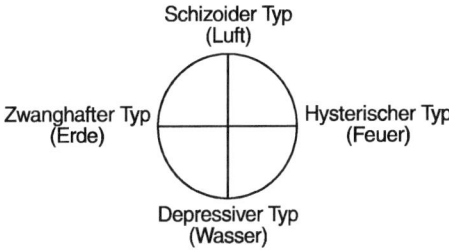

Schizoider Typ
(Luft)

Zwanghafter Typ
(Erde)

Hysterischer Typ
(Feuer)

Depressiver Typ
(Wasser)

Weihnachten und Epiphanias

1 Mt 2,1 f.
2 Vgl. hierzu Alfons Rosenberg, *Zeichen am Himmel* (München 1984) 48
3 Diese Kosmogramme erstellte Irmgard Euen, Höchenschwand
4 C.G. Jung, *Im Zeichen der Fische*, GW 9/2, 127 ff.
5 Amos 5,26
6 Vgl. hierzu F.F. Bruce, *The Acts of the Apostles* (London 1953) 174
7 Apg 7,43; Stephanus zitiert als griechisch sprechender hellenistischer Jude den Septuaginta-Text (= LXX) und verwendet deshalb den Namen »rephan«, der dem altägyptischen »repa« (= dem ägypt. Namen für den Saturn) entspricht. (Die LXX ist in Ägypten entstanden.)
8 Apg 7,42 f.
9 A. Rosenberg, a.a.O., 47

10 GW 9/2
11 Josephus, *contr. Ap.*, II, 7
12 Der griech. Text lautet: »Alexamenos verehrt Gott.«
13 GW 9/2
14 A. Rosenberg, a.a.O., 46 f.
15 Jupiter gilt – entsprechend dem griechischen Zeus – als »oberster Gott« (»theos hypsistos«). Diese Bezeichnung begegnet uns auch in Apg 16,17 (vgl. hierzu A. Bittlinger, *Ratschläge für eine Gemeinde,* Craheim 1970, 14).
16 A. Rosenberg, a.a.O., 46
17 A.a.O., 47
18 Diese Keilschrift-Tafeln wurden 1925 entziffert und publiziert.
19 A. Rosenberg, a.a.O.
20 So hat das Neue Testament Jesus verstanden, z.B. Lk 17,21; 2 Kor 5,17; Hebr 6,5 u.a.
21 A. Rosenberg, a.a.O.
22 Den Hinweis auf diese beiden Konjunktionen verdanke ich der Astrologin Irmgard Euen.
23 Daß Pluto und Neptun zur Zeit der Geburt Jesu noch nicht entdeckt waren, ändert nichts an der Bedeutsamkeit dieser Konjunktion.
24 A. Rosenberg, a.a.O., 48
25 GW 9/2
26 A.a.O.
27 A.a.O.
28 A.a.O.; vgl. auch Hebr 7,27
29 *Pistis sophia,* 89 f. (zit. C.G. Jung, a.a.O.)
30 GW 9/2
31 Bes. 1 Kor. 12-14; vgl. hierzu A. Bittlinger, *Im Kraftfeld des Heiligen Geistes* (5. Aufl. Marburg 1975)
32 GW 9/2
33 A.a.O.
34 A.a.O.
35 A.a.O.
36 K.H. Bierig, *Das Kirchenjahr* (Berlin 1986) 198
37 Pauly V, 259; Kornemann, *Weltgeschichte des Mittelmeerraums* (München 1948) Bd. II, 240 ff.
38 Mal 3,20
39 Vgl. die Kirchenlieder, in denen Jesus Christus auch heute noch als »Sonne« gepriesen wird, z.B. »Sonne der Gerechtigkeit«, »Ich danke dir, du wahre Sonne« u.a.
40 Mt 2,1-12
41 Lk 2,1-16
42 Protevang. des Jak. 17,1-20,4

43 Griechische Ikone, 16. Jhdt; Ikonenmuseum, Recklinghausen

44 H. Hoerni-Jung, a.a.O., 54

45 EKG 14, 5

46 H. Hoerni-Jung, a.a.O., 55; Mario Jakoby bezeichnet die Kugel als »mobiles Selbst«.

47 Protevang. des Jak. 18,1

48 A.a.O. 19,1 ff.

49 Justin, *contr. Tryph.*, 78,5

50 »Hier wurde aus der Jungfrau Maria Jesus Christus geboren.«

51 Mohr, *Symbole*, 138

52 vRGr 26

53 Hesiod, *Theogonie*, 126 ff.

54 So z.B. auf einer Ikone aus St. Clemens in Ohrid (14. Jhdt., Museum Skopje): Vgl. Abb. 33 in A. Rosenberg, *Engel und Dämonen*. Der Strahl der himmlischen Sphaira dringt in die irdische Maria ein. Maria ist somit Abbild der Mutter Erde, die Jesus empfängt.

55 H. Hoerni-Jung, a.a.O., 66; zur »Mandorla« vgl. auch A. Bittlinger, *Wenn Steine reden* (Kindhausen 1993) 49 ff.

56 H. Hoerni-Jung, a.a.O.

57 Lk 1,38; Prot. Ev. Jak. 11,3

58 Mt 1, 23 (Jes. 7,14). Dazu neuerdings H. Hoerni-Jung, *Vom inneren Menschen* (München 1995)

59 E. Fried, *Es ist, was es ist* (Klaus Wagenbach, Berlin 1983)

60 Z.B. auf einer russischen Ikone: Vgl. Abb. in H. Hoerni-Jung, Maria, 60

61 Ovid, *Metamorphosen X*, 508 ff.

62 Die Tränen sind die »Myrrhe« (= das Harz des Myrrhe-Baumes).

63 Lucina ist die Göttin der Entbindung.

64 Sach 12,10 f.: Hadad-Rimmon ist der orientalische Name des griechischen Adonis.

65 Vgl. Carl Schneider, *Geistesgeschichte des antiken Christentums* (München 1954) II, 225

66 Mt 2,11

67 Pauly III, 1524

68 Zu Adonis s. auch die Ausführungen zum Karfreitag

69 Jes 1,3

70 So gehören z.B. in Ägypten Nilpferd und Bär (= Wasser und Land) zur Geburt eines göttlichen Kindes.

71 Mk 1,13; Tiere und Engel symbolisieren Erde und Himmel

72 Elfenbeinrelief, 11. Jhdt.

73 Stier/Ochse/Rind gehören in der Mythologie zusammen.

74 Siehe Ausführungen zum Mittwoch der Karwoche

75 Homer, Od A, 8 f.
76 Ex 32,1-6
77 Vgl. Gen 3,19; Hiob 1,21
78 Vgl. Bileams Esel (Num 22,22-33)
79 Sach 9,9
80 Vgl. W.F. Otto, *Dionysos* (Darmstadt 1960) 154 f.
81 A.a.O.
82 Apuleius, *Metamorph. libr.*, 11
83 KHM 144
84 Vgl. hierzu das Adventslied »Dein *König* kommt in niedren Hüllen, ihn trägt der lastbarn Eslin Füllen« (EKG 12, 1)
85 Schon in der Antike begegnen uns musizierende Esel (»Asinus ad lyram«, LS 157).
    Im Märchen »Die Bremer Stadtmusikanten« (KHM 27; vgl. hierzu auch A. Bittlinger, *Es war einmal*, 295 ff.) ist der Esel Initiator einer Musikantengruppe. In mittelalterlichen Miniaturen sind musizierende Esel ein häufiges Motiv (BP III, 166).
86 Die latein. Dichtung Asinarius ist abgedruckt in BP III, 154 ff.
87 Der Ochse ist dabei Vertreter des Tierkreises (»Stier«) und der Esel (als Attribut des Saturn) Vertreter der Planeten.
88 Vgl. H. Hoerni-Jung, a.a.O., 67
89 Dionysios Areopagita, *Tes ouranias hierarchias* (deutsch: *Die Hierarchien der Engel und der Kirche*, München 1955)
90 Mt 22,30
91 E. Drewermann, *Tiefenpsychologie und Exegese I*, 509
92 Gitta Mallasz, *Die Antwort der Engel*, Zürich 1981, 27 u.a.
93 W. Stählin, *Die Engel-Boten Gottes* (Marburg 1971), 19 f.
94 Mt 2,1
95 Vgl. hierzu A. Bittlinger, *Es war einmal*, 56 ff.
96 S. das Kapitel: Von der Epiphaniezeit zur Passionszeit
97 Vgl. A. Bittlinger, *Das Vaterunser*, 100
98 Joh 10,11
99 1 Petr 2,25
100 Joh 21,25 ff.
101 A.a.O.
102 Vgl. hierzu A. Bittlinger, *Heimweh nach der Ewigkeit*, 79 ff.
103 Mt 1,19
104 R.M. Rilke, a.a.O.
105 Lk 1,35
106 Jes 7,14; Mt 1,23
107 Vgl. Lk 2,34
108 Vgl. Lk 1,29.34

109 Lk 1,38
110 Vgl. hierzu: A. Bittlinger, *Heimweh nach der Ewigkeit*, 98
111 Michel Quoist, *Herr da bin ich* (Graz, 61. Aufl. 1986)
112 1 Petr 4,10
113 Vgl. A. Bittlinger, *Heimweh nach der Ewigkeit*, 149 f.
114 EKG 11, 2
115 A. Saint Exupéry, *Der kleine Prinz* (Düsseldorf, 44. Aufl. 1988)
116 Mt 2,13
117 Lk 4,28 f.
118 Mk 15,15
119 Lk 2,1-2
120 Karl Barth, *Kirchliche Dogmatik* IV/1, 295
121 Mt 9,13
122 Joh 3,5
123 Joh 3,16
124 Den Hinweis auf die alchemistischen Farben der Weihnachtstafeln verdanke ich einem Vortrag von Urs Eisenhut
über den Isenheimer Altar.
125 Vgl. I. Riedel, *Bilder* (Stuttgart 1988), 38 f. Selbst die gelbe
Zwischenstufe, die »Citrinitas«, die den Übergang von der
Albedo zur Rubedo darstellt, hat Grünewald durch den
gelben Strahlenkranz angedeutet, der das Haupt der Maria
umflammt, während sie aus dem Bereich der Albedo in den
Bereich der Rubedo schreitet.
126 Auch der weiße Nachttopf hat mit Reinigung zu tun.
127 Mt 12,43 ff.
128 Vgl. hierzu das Kapitel: *Die Erlösung des wilden Mannes:* Der
»wilde Mann« bringt Verderben, solange er unentdeckt in
der Tiefe des Waldes und des Pfuhles west. Er wird jedoch
zu einer großen, hilfreichen Kraft, sobald er erkannt wird
und seine Dienste in Anspruch genommen werden.
129 Vgl. hierzu A. Bittlinger, *Es war einmal*, 60 ff.
130 Röm 7,18
131 Zur »Rubedo« im Schneewittchen-Märchen vgl. A. Bittlinger,
Es war einmal, 84 f.
132 H. Ahlert, *Krippenspiel*, abgedruckt in »Jungenwacht«
1947/12, 4 ff.
133 Vgl. Mt 13,4-7
134 Hebr 6,4-6
135 Lk 11,9

Karfreitag, Ostern, Pfingsten

1 Z.B. »Der singende Knochen« (KHM 28), »Von dem Machandelboom« (KHM 47) u.a.
2 Hes 37
3 Joh 12,24; vgl. auch 1 Kor. 15,36 ff.
4 Zur »spielenden Weisheit« vgl. Spr 8,30 ff.
5 Gal 2,20
6 Vgl. hierzu A. Bittlinger, *Heimweh nach der Ewigkeit,* 90 ff.
7 1 Kor. 13
8 Euseb, h.e. II, 15
9 Vgl. Carl Schneider, *Prakt. Bibelkunde* (Lahr 1949) 71
10 Zeitangaben finden wir in Mk 11,11.12.19.20; 14,1.12.17; 15,1.25.33.34.42;16,2.
11 Hugo Rahner, *Griechische Mythen in christlicher Deutung* (Darmstadt 1966) 106
12 A.a.O., 105
13 Z.B. »Ich danke dir, du wahre Sonne...« oder »Sonne der Gerechtigkeit...« u.a.
14 Vgl. hierzu Ellynor Barz, *Götter und Planeten* (Zürich 1988) und Fritz Riemann, *Lebenshilfe Astrologie* (München 1984). Diesen beiden Büchern verdanke ich wesentliche Einsichten.
15 Homer, *Odyssee* III/1, *Ilias* XVIII/239, *Homerische Hymnen* 31, u.a.
16 *Hom. Hymn.* 31; ich zitiere nach der deutschen Übersetzung von Anton Weiher (*Hom. Hymn.,* München 1970). Gelegentlich habe ich diese Übersetzung leicht überarbeitet.
17 Homer, *Odyssee* XI/109; *Ilias* III/277; Ovid, *Metamorphosen* II/32/ u.a.
18 Diese Libido entspricht der Kundalini-Kraft; vgl. hierzu A. Bittlinger, *Das Vaterunser – Erlebt im Licht von Tiefenpsychologie und Chakrenmeditation* (München 1990) 11 ff.
19 Kol 1,15
20 Gen 1,26; Röm 8,29; 1 Kor15,49; vgl. hierzu Riemann a.a.O., 157; A. Bittlinger, *Das Vaterunser,* 87 ff.
21 Vgl. Joh 14,23: »Wir werden zu ihm hineingehen ...«
22 Vgl. Joh 14,23: »Wer mich liebt...zu dem werden wir hineingehen.« und Offb 3,20: »Wer meine Stimme *hört* und die Tür *aufmacht* ... zu dem werde ich hineingehen.«
23 *Hom. Hymn.* 32
24 Vgl. Mt 15, 8
25 Vgl. Joh 2,24 f.; Mk 2,8

26 Homer, *Ilias* V/831; die Übersetzung »Bald-so- und-bald-anders« stammt von W. Schadewald (Homer, *Ilias,* Frankfurt/Main 1975. Zum Ganzen vgl. Robert v. Ranke-Graves, *Griech. Mythologie* (Hamburg 1984) 62.

27 *Hom. Hymn.* 8

28 Mertz-Struck, *Astrologie und Tarot* (Interlaken 1981), 120 ff.; vgl. auch E. Barz, a.a.O., 72 ff.

29 Mertz-Struck, a.a.O., 123

30 v. Ranke-Graves, a.a.O., 52 ff.; vgl. auch *Hom. Hymn.* 4

31 Mertz-Struck, a.a.O., 144

32 Riemann, a.a.O., 183

33 Übers. nach Joh. Gottfr. Herder in Otto Seel, *Altklassisches Erbe* (München 1956) 84; griech. Urtext in Otto Seel, *Eiresione* (Stuttgart 1957) 129 f.

34 Apg 17,28

35 Lk 24,26: »*Mußte* nicht Christus solches leiden...?«

36 Vgl. Phil. 2,6 ff.

37 1 Kor 15,28

38 Vgl. A. Bittlinger, *Das Abendmahl im Neuen Testament und in der frühen Kirche* (Craheim 1969)

39 Bei dem im Text abgedruckten Bild handelt es sich um eine Kopie von Raffaelo Morghen. Das von Leonardo da Vinci in Mailand gemalte Fresko ist stark beschädigt.

40 Die Verbindung der einzelnen Jesus-Jünger mit den 12 Tierkreiszeichen hat der Symbolforscher A. Rosenberg (wieder)entdeckt und beschrieben in *Zeichen am Himmel* (München 1984) 87 ff.

41 Vgl. hierzu Joh 20,25

42 Joh 13.38; 18,17.25-27; vgl. auch A. Bittlinger, *Heimweh nach der Ewigkeit,* 79 ff.

43 Lk 22,61 f.; Joh 21,15-17

44 Urbild des Heilers ist der Kentaur Chiron. Petrus ist – wie Chiron – ein verwundeter Heiler. Zur Heilungsgabe des Petrus vgl. Apg 3,6 f.; 5,15 f.; 9,32 ff.

45 Gal 2,9; Petrus legt auf dem Abendmahlsbild seine Hand auf die Schulter des Johannes. Somit sind alle 3 »Säulen« miteinander durch Handauflegung verbunden.

46 Vgl. hierzu A. Rosenberg, *Christliche Bildmeditation* (München 1975) 48 ff.; ders., *Kreuzmeditation* (München 1976)

47 Mertz-Struck, a.a.O., 81

48 Eusebius h.e. IV, 11

49 Carl Schneider, *Mysterien* (Speyer 1976) 21 f.

50 Lk 23,27

51 Homer, *Ilias* VIII/13

52 Vgl. zum Folgenden: Rolf Kaufmann, *Das ewig Christliche* (Olten 1989) 141 ff.

53 KHM 21

54 KHM 62

55 Eph 4,8 ff.

56 R. Kaufmann, a.a.O., 146

57 Vgl. hierzu Phil. 2,6-11

58 Da der Weg der Maria v. Magdala besonders deutlich zum Ausdruck bringt, was Sterben und Auferstehen bedeutet, wiederhole ich hier Gedanken aus meinem Buch *Heimweh nach der Ewigkeit,* 84-89.

59 Mk 15,40.47; 16,1

60 Mk 16,9

61 Mk 14,3-9

62 Abbildung in A. Bittlinger, *Heimweh nach der Ewigkeit,* 85

63 Mk 15,41

64 Abbildung in A. Bittlinger, *Heimweh nach der Ewigkeit,* 87

65 Joh 20,11 ff.

66 Vgl. A. Bittlinger, *Religion und Kult im Lichte der Analytischen Psychologie* (Kindhausen 1995)

67 Vgl. A. Bittlinger, *Es war einmal,* 90 ff.

68 Phil. 2,10 f.

69 Im frühen Christentum wurden diese 7 Wochen gelegentlich den 7 Sphären zugeordnet, durch die Christus »aufgestiegen« ist.

70 Joh 3,14

71 Kol 3,17

72 Phil 4,12

73 Mt 10,16

74 F. Riemann, *Lebenshilfe Astrologie,* 186

75 Neh 8,10

76 F. Riemann, a.a.O., 173

77 Vgl. hierzu: A. Bittlinger, *Ratschläge für eine Gemeinde* (Craheim 1975) 43 ff.

78 Vgl. hierzu: A. Bittlinger, *Heimweh nach der Ewigkeit,* 90 ff.

79 Russische Ikone, Nowgoroder Schule, 16. Jhdt., Kunsthistorisches Museum Nowgorod

80 F. Riemann, a.a.O., 188

81 Griech. »Pentekoste« = »der Fünfzigste«

82 Griech. Ikone, ca. 1544, Kloster St. Neophytos, Zypern

83 Vgl. 1 Kor 12,13

Trinitatis und Allerheiligen

1 Katholische Christen, die das vorliegende Buch als Begleiter durchs Kirchenjahr benützen, können die Allerheiligen-Ikone am 1. November meditieren.
2 Maria und Johannes d. T. begegnen uns in ähnlicher Anordnung auf vielen Kreuzigungsdarstellungen. Der Hinweis des Täufers Johannes auf Christus ist besonders eindrücklich auf dem Kreuzigungsbild des Matthias Grünewald dargestellt.
3 An den tragenden, mütterlichen Urgrund erinnert auch der Sephiroth-Baum der Kabbala. Dort ist die unterste Sephirah die weibliche Malkuth.
4 Vgl. Gen 1,27. Der Wasserkrug erinnert an die Taufe, die Symbol ist für die Wiedergeburt durch den göttlichen Geist (Joh 3,5).
5 Dan 7 und 8
6 Dan 7,27; Offb 21
7 Lk 16,22
8 Gen 32,29; Röm 4,16 f.
9 Lk 23,43: »Du wirst heute mit mir im Paradies sein.« Vgl. die Deutung dieses Kreuzeswortes Jesu in A. Bittlinger, *Der Weg Jesu* (München 1995)

Johannistag, Michaelstag, Ewigkeitssonntag

1 1 Kön 17 ff.
2 Mt 11,14; 17,10-13 u.a.
3 Joh 3,30
4 A.a.O.
5 KHM 136
6 Vgl. Kol 1,24
7 Codex D zu Lk 6,4
8 Mt 10,34; vgl. auch Lk 12,51; in den Aussagen über den Friedensbringer (z.B. Joh 14,27) geht es um den Venus-Aspekt Jesu (Jesus verkörpert alle Archetypen!)
9 Lk 4,28-30
10 Joh 18,6
11 Mt 10,16
12 Apg 23,6 ff. (V. 9!)
13 Lk 5,4

14 Joh 15,13
15 Detlev Block, Abendgebet
16 Vgl. hierzu: A. Bittlinger, *Es war einmal*, 60 ff.
17 Möglicherweise handelt es sich um eine Rückschau auf den
vollendeten Individuationsprozeß.
18 Die folgende Deutung basiert auf R. Bly, *Eisenhans* (München
1991) 281 ff.
19 Joh 16,33
20 KHM 7
21 In: *Isländische Volksmärchen* (Düsseldorf 1923)
22 Num 16,30 ff.
23 Gen 7
24 2 Petr 3,12
25 Außer der durch die »Elemente« verursachten Angst gibt es
noch eine besonders tragische, von außen aufgezwungene
Angst, die sogenannte »Disgregationsangst« von geächteten
und verfolgten Minderheiten. Die Jüdin Lore Herrmann-Pintus schildert diese Angst am Beispiel ihres jüdischen Klavier-
lehrers Dr. Stark:
»Schritte wurden laut auf dem Gang. Er zuckte entsetzt
zusammen. Schweiß trat ihm auf die Stirn. Sie kamen, die
Deutschen, um Gottes willen… Seit Wochen hatten sie Hol-
land besetzt. Jetzt kamen sie, ja jetzt… jetzt… ihn suchten
sie, ihn. Er streckte zitternd die Hand in den Mund, sein
Atem ging keuchend und schnell, seine Augen rannten im
Zimmer umher … wo sollte er sich verstecken, wo, – schnell,
schnell – wo nur? Er lief auf Zehenspitzen zum Schrank und
öffnete ihn. Er war voll mit Landkarten und Büchern. Er
faßte sich an die Stirn, wo war nur ein Ausweg? Die Schritte
kamen ganz nahe heran.
Er fing an zu zittern, er stellte sich mit dem Gesicht zur Wand
wie ein Kind, das meint, wenn es die andern nicht sieht,
dann würde es auch nicht gesehen. Seine Hände krallten
sich fest an der Wand. Er wollte schreien, die Angst überfiel
ihn, ein solches Grauen überkam ihn, aber er konnte nichts
sagen. Er war ganz steif auf einmal geworden, alles war
gespannt und bebende Erwartung auf das Grauen. Die Tür
ging auf. Letzte unerträgliche Minute. Dr. Stark drehte sich
mit letzter Mühe um. Der Pedell schlurfte herein und sagte
brummig und laut: ›Hier sind die Schlüssel, wenn Sie noch
hierbleiben wollen, müssen Sie abschließen.‹ Dr. Stark versuchte zu lächeln, irgendwie blödsinnig versuchte er zu lächeln und fühlte nur, daß er die Zähne fletschte, grimmig
und gemein sah das aus.

Der Pedell verschwand auch sofort. Dr. Stark wankte auf den Stuhl zu, hielt sich da fest.« (Lore Herrmann-Pintus, *Angst – Ein Erlebnisbericht aus dem Untergrund,* Metanoia-Verlag, CH-8963 Kindhausen AG, 13 f.).

26 Fritz Riemann, *Grundformen der Angst* (München 1961)
27 Ps 23,4
28 Jes 43,2
29 Joh 16,33
30 Ps 31,6; Lk 23,46; vgl. die Deutung dieses Wortes in A. Bittlinger, *Der Weg Jesu*
31 KHM 33; vgl. hierzu A. Grün/M. Dufner, *Spiritualität von unten* (Münsterschwarzach 1994) 49 ff.
32 Mt 7,14
33 In unserem Kulturkreis haben sich die 4 Grundsätze im Symbol des Drachens verdichtet. Der Drachen ist mit allen vier Elementen verbunden: Er haust in einer Erdhöhle, er lebt aber ebenso im Wasser und speit todbringendes Wasser aus seinem Maul. Er wird aber auch als fliegender Drachen dargestellt, der die Luft beherrscht und als feuerspeiender Drache, dessen Feueratem tödlich ist. Das Drachensymbol ist Ausdruck der angstmachenden tödlichen Bedrohung, die uns in den vier Elementen begegnet. Michael überwindet den Drachen in seinen vielfältigen Gestalten.
34 KHM 62
35 Vgl. hierzu: E. Schlink, *Oekumenische Dogmatik* (Göttingen 1983) 411 ff.
36 Eph 4,11; vgl. hierzu: A. Bittlinger, *Im Kraftfeld des Heiligen Geistes* (5. Aufl., Marburg 1975) 149 ff.
37 Eph 1,20-23
38 A. Rosenberg, *Engel und Dämonen* (München 1967) 98
39 Eph 2,2; Offb 12,7
40 Vgl. hierzu die »Disgregationsangst«; s. Anm. 25
41 Joh 16,33
42 Offb 21,14.19 f.
43 *International Critical Commentary* (ICC) II, 169 f.; vgl. auch W. Barclay, *The Revelation of John* II, 274
44 Vgl. F. Benesch, *Apokalypse* (Stuttgart 1981), 263. Diesem Buch verdanke ich wesentliche Einsichten.
45 Lk 2,34
46 Num 13,22
47 Jos 15,14
48 2 Sam 3,3; 13,37
49 LA 633
50 A.a.O.

51 Röm 8,28
52 St. Exupéry. Der Kleine Prinz, franz. Original in »Oeuvres« (Paris 1959), 474
53 GW 9/2, 127 ff.
54 Gen 27,36
55 Gen 32,25 ff.; vgl. auch die Vereinigung von Himmel und Erde im Traum des Jakob, Gen 18,12 ff.
56 LA 340
57 LA 341
58 2 Kor 4,7
59 LA 18
60 Z.B. Apg 3,6 ff.; 5,3 ff.
61 Joh 13,27
62 Joh 2,25
63 Röm 11,29
64 Eph 4,9 f.
65 Vgl. hierzu: A. Bittlinger, *Heimweh nach der Ewigkeit*
66 Benesch, a.a.O., 289
67 Joh 20,25.27 f.
68 LA 41
69 2 Kor 3,18
70 Apg 12,2
71 Mt 20,20 ff.
72 LA 489 f.
73 LA 338
74 Benesch, a.a.O., 296
75 Ps 34,9
76 Ps 23,5
77 Gen 29,34; vgl. hierzu: S.R. Hirsch, *Pentateuch I* (Frankfurt 1986) 388
78 Eph 1,20 ff.
79 LA 815
80 LA 817
81 1 Kor 15,28

Abkürzungen

EKG	Evangelisches Kirchengesangbuch (1952)
Euseb	Eusebius Pamphili (263-339), Kirchengeschichte. Griech. Text (Hrsg. E. Schwartz), Leipzig 1922; deutscher Text (übers. v. Haeuser) München 1937
GW	Gesammelte Werke von C.G. Jung
KHM	Kinder- und Hausmärchen der Gebrüder Grimm
LA	Die Legenda aurea des Jacobus de Voragine, deutsch von R. Benz (9. Aufl. Heidelberg 1979)
SKG	Schweizerisches Kirchengesangbuch (1952)

Die biblischen Bücher werden im Anmerkungstext nach den üblichen Richtlinien abgekürzt.

Auskünfte über
Kurse und Veranstaltungen mit Arnold Bittlinger erteilt:

Studiengemeinschaft, Postfach 1269, D-79767 Klettgau

oder

Studiengemeinschaft, Postfach 7, CH-8219 Trasadingen

Die Studiengemeinschaft gibt auch Informationen über weitere Veröffentlichungen von Arnold Bittlinger.

Quellenverzeichnis

9, 10, 11, 32, 61, 218, 221, 234, 257: Grafiken von Christoph Dormann, Kindhausen AG/Schweiz – **12** Tetramorph, 1213, Kloster Watopudi, Athos – **15** Christi Einzug in Jerusalem, Russische Ikone, Nowgoroder Schule, 15. Jhdt., Staatliche Tretjakow Galerie, Moskau – **18** Christi Taufe, Griechische Ikone, Ende 15. Jhdt., Ikonen-Museum, Recklinghausen – **25** Maria Verkündigung, Byzantinische Ikone, 15. Jhdt., Ikonen-Museum, Recklinghausen – **26** links: Verkündigung, Fresko, 12. Jhdt., Sorpe, Spanien; rechts: Oberrheinische Meister, um 1400 – **27** Verkündigung an Maria, Russische Ikone, Nowgoroder Schule, 12. Jhdt. – **28** Leonardo da Vinci, Verkündigung Mariae, 1476, Uffizien, Florenz – **30** El Greco, Verkündigung an Maria, um 1610, Museum der Schönen Künste, Budapest – **35** C.G. Jung, in: Das Geheimnis der goldenen Blüte, Olten 1971, Tafel 5 – **36 - 58** Die Tierkreis-Illustrationen auf diesen Seiten stammen von Johfra, V.O.C. Angel Books, Amsterdam 1981 – **68** Nachzeichnung eines Spottkreuzes, Kösel-Archiv – **geg. 80** Geburt Christi, Griechische Ikone, 16. Jhdt., Ikonen-Museum, Recklinghausen – **87** Geburt des Adonis, Fresko von Bernardino Luini, um 1500, Pinacoteca di Brera, Mailand – **geg. 88** Matthias Grünewald, Verkündigung an Maria, Isenheimer Altar, 1513/15, Unterlindenmuseum, Colmar. Foto: Archiv für Kunst und Geschichte, Berlin – **89** Geburt Christi (Ausschnitt), Elfenbeinrelief, um 1140, Schnüttgen-Museum, Köln – **geg. 96** Matthias Grünewald, Engelskonzert, Isenheimer Altar, 1513/15, Unterlinden Museum, Colmar. Foto: Archiv für Kunst und Geschichte, Berlin – **geg. 104** Matthias Grünewald, Maria mit dem Kind, Isenheimer Altar, 1513/15, Unterlindenmuseum, Colmar. Foto: Archiv für Kunst und Geschichte, Berlin – **111** Ausschnitt aus: Matthias Grünewald, Maria mit dem Kind, Isenheimer Altar, 1513/15. Unterlindenmuseum, Colmar – **155** Raffaelo Morghen, Stich nach Leonardo da Vincis Abendmahl-Fresko, Maria delle Grazie, Mailand – **geg. 176** Andrej Rublev, Dreifaltigkeits-Ikone, um 1420, Staatliche Tretjakow Galerie, Moskau – **178** Himmelfahrt Christi, Russische Ikone, Nowgoroder Schule, 16. Jhdt., Kunsthistorisches Museum, Nowgorod – **180** Pfingsten, Griechische Ikone, um 1544, Kloster St. Neophytos, Zypern – **184** Allerheiligen, Griechische Ikone, 17. Jhdt., Ikonen-Museum, Recklinghausen – **231** Erzengel Michael, um 980, Ausschnitt aus einer Miniatur des Menologion des Basileios II Bulgaroktonos, Vatikanische Bibliothek, Rom – **zwischen 240/241** Edelsteine, aus: Friedrich Benesch, Apokalypse, Verlag Urachhaus, Stuttgart 1981, Foto: Studio Karl Hartmann, Sobernheim

Das Weltbild der Astrologie

Alfons Rosenberg
ZEICHEN AM HIMMEL
Das Weltbild der
Astrologie
227 Seiten. Mit
zahlreichen Abbil-
dungen. Kartoniert
ISBN 3-466-20246-9

D ie Astrologie findet auf breiter
Basis großes Interesse. Alfons
Rosenberg, profunder Kenner der
astrologischen Symbolik, entfaltet das
Weltbild der Astrologie und ihren
vergessenen Zusammenhang mit der
christlichen Spiritualität.